W0319776

WILHELM
VON HUMBOLDT

BILDUNGSTRIEB UND FREIHEITSDRANG

ÜBER DIE ERZIEHUNG ZUR MÜNDIGKEIT

Herausgegeben von
Jürgen Overhoff
Mit einem Vorwort von
Manfred Geier

KLETT-COTTA

MIX
Papier | Fördert gute Waldnutzung
FSC® C083411

Dieses E-Book basiert auf der aktuellen Auflage der Printausgabe.

Klett-Cotta
www.klett-cotta.de
© 2022 by J. G. Cotta'sche Buchhandlung Nachfolger GmbH,
gegr. 1659, Stuttgart
Alle Rechte vorbehalten
Cover: Rothfos & Gabler, Hamburg
unter Verwendung einer Abbildung von
DEEPOL by plainpicture/VITTA GALLERY
Gesetzt von Dörlemann Satz, Lemförde
Gedruckt und gebunden von CPI – Clausen & Bosse, Leck
ISBN 978-3-608-98670-9
E-Book ISBN 978-3-608-11921-3

Bibliografische Information der Deutschen Nationalbibliothek
Die Deutsche Nationalbibliothek verzeichnet diese Publikation in der Deutschen Nationalbibliografie; detaillierte bibliografische Daten sind im Internet über http://dnb.d-nb.de abrufbar.

INHALT

II. SELBSTBILDUNG ALS LEBENSPRINZIP. 1791–1802

VORWORT
VON MANFRED GEIER

BRUCHSTÜCK EINER SELBSTBIOGRAPHIE

Nach seiner Teilnahme am Wiener Kongress zur Neuordnung des europäischen Staatensystems und an den Friedensverhandlungen in Paris nach der endgültigen Niederlage Napoleons war der bald 49-jährige Wilhelm von Humboldt, geboren am 22. Juni 1776 in Potsdam, von November 1815 bis Januar 1817 als Bevollmächtigter Preußens an den Territorialverhandlungen in Frankfurt am Main beteiligt. Es galt Gebietsstreitigkeiten zwischen den süddeutschen Staaten zu schlichten. Doch es ging ihm zu dieser Zeit nicht nur um die Klärung der nationalstaatlichen Verhältnisse in Europa und Deutschland. Er wollte sich auch über seine eigene Stellung in der Welt klar werden, über seinen Charakter und die Antriebskräfte seines Denkens und Handelns. Zwar hatte er schon mehrmals in Briefen und Tagebüchern sich selbst zum Gegenstand autobiographischer Selbstreflexion gemacht. Aber jetzt, im Januar 1816, wollte er endlich seine Selbstbiographie zu Papier bringen, um auch den Menschen, denen er sich verbunden fühlte, ein offenherziges Bild seiner selbst zu vermitteln, damit sie wissen konnten, mit wem sie es eigentlich zu tun hatten. Sie ist, wie so vieles aus seiner Feder, zwar nur ein Bruchstück geblieben, dennoch erhellend in ihrer skizzenhaften Kürze.

Bereits in früheren Selbstreflexionen hatte sich Wilhelm von Humboldt in der komplementären Person seines zwei Jahre jüngeren Bruders Alexander gespiegelt. Während es diesen schon früh nach draußen in die Welt trieb, auch wenn es anfänglich nur der Park und die Umgebung des familiären Besitzes in Tegel waren, und er sich eifrig um soziale Anerkennung und seine Wirkung auf andere Menschen kümmerte, war Wilhelm stärker auf sich selbst konzentriert. Auch er war zwar geschmeidig genug, sich äußeren Herausforderungen anzupassen. Aber er war doch stets bemüht, innerlich immer der zu bleiben, als der er sich für sich verstand. Er empfand sich schon früh als ein »innerlicher Mensch« der Selbstbeherrschung, der alles, was er als äußere Welt der Tatsachen erfahren konnte, in seine eigene Individualität transformieren wollte, über deren inneren Wert er sich selbstbewusst sicher war. Nur so glaubte er auch, seine Einsamkeit und Fremdheit in der Welt bewältigen zu können.

Zwar sollte auch diese selbstbezogene Charaktereigenart ganz aus seinem inneren Antrieb entstanden sein. Doch es war keine neutrale Information, dass Humboldt in seinem autobiographischen Bruchstück seine »unbedingteste Selbstbeherrschung« durch die Altersangabe »seit meinem 12. Jahre« spezifizierte. Auch in anderen Versuchen einer Selbstcharakterisierung hatte er mehrmals darauf hingewiesen, dass er bis in sein zwölftes Lebensjahr ein ganz »natürlicher« Junge gewesen sei. Erst seit diesem Schicksalsjahr habe er sich in sich selbst und in die Lektüre der Bücher zurückgezogen, in denen er zu finden hoffte, was er in der Welt und bei den Menschen nicht finden konnte. Das lässt sich als Hinweis auf das unerwartete Ereignis entschlüsseln, das am 6. Januar 1779 geschah und den jungen Zwölfjährigen traumatisierte. Denn an diesem Tag war sein Vater gestorben, die einzige Person, die durch ihre lebensfrohe Heiterkeit den familiären Zusammenhang belebte.

Es überrascht deshalb nicht, dass der junge Humboldt auf Begriffe und Denkweisen des griechischen Altertums zurückgriff, um bewältigen zu können, was ihn beunruhigte und verstörte. Den sicheren Punkt seiner Selbstbeherrschung fand er in der Philosophie der antiken Stoiker. Seit seinem zwölften Jahre begann er die stoischen Selbstermahnungen von Seneca, Epiktet und Marc Aurel zu lesen, die ihm einen Weg zeigten, wie man trotz aller Schicksalsschläge seine Seele beruhigen und in Sicherheit bringen kann. Im Stoizismus fand Humboldt die Rettung dessen, was als einziges zählt, wenn alles verloren scheint: ein autonomes Selbstsein, das ohne Gott und Herrn seine eigene Festung gegen alle Angriffe schützen kann. Sei dein eigener Befreier, der nur die Selbstbeherrschung, aber keine Macht außer oder über sich, als Antriebskraft anzuerkennen bereit ist; und sorge dich moralisch nur um das, worüber der menschliche Wille frei verfügen kann, während all das für gleichgültig zu halten sei, das jedem Menschen nur von außen zustoßen kann. Nur so lasse sich auch die Angst vor dem Tode bewältigen, der seinen Schrecken verliert, wenn man stoisch zu sterben gelernt hat.

Humboldts Willensherrschaft und Selbstbewahrung zwangen ihn jedoch nicht, sich aus der Welt zurück zu ziehen. Er blieb in der Welt tätig. Und so konnte er in seiner Selbstbiographie daran festhalten: »Was aber die Welt betrifft, so habe ich, statt mich von ihr zu trennen, immer soviel, als möglich, von ihr zu kennen und zu sehen gesucht, und nur mitten in ihr fremd werden wollen. Das Auffassen der Welt in ihrer Individualitaet und Totalitaet ist ja gerade durchaus mein Bestreben, und liegt selbst der Willensherrschaft, als Zweck, zum Grunde.«

AUF DEM WEG ZUR MÜNDIGKEIT. 1767–1790

Ideen haben eine Geschichte. Auch Wilhelm von Humboldts Idee der Bildung fiel nicht vom Himmel. Sie fand ihre lebenslang tragende Begründung im Jahr 1785. Denn in diesem Jahr vollzog der achtzehnjährige Wilhelm, zusammen mit seinem zwei Jahre jüngeren Bruder Alexander, jenen entscheidenden Schritt in die Welt, der sie aus der glücklosen Einsamkeit und Einengung befreite, unter der sie als Kinder gelitten hatten, besonders nach dem überraschenden Tode ihres Vaters. Sie hatten keine Schule besucht, keine Klassenkameraden kennengelernt, mit denen sie spielen und ihre kindlichen Freuden und Sorgen hätten teilen können. Ständig waren sie unter der Aufsicht von Erwachsenen, die zwar das Beste für sie wollten, aber ihre Empfindungen nicht mitvollzogen. Der Familiensitz in Tegel, weit draußen vor den Toren der Stadt Berlin, wo sie die Sommer zubrachten, war ihnen nur ein ödes Schloss der Langeweile. Ihre Erziehung wurde, wie es in vielen vornehmen und begüterten Familien üblich war, zunächst von wechselnden Hauslehrern (Joachim Heinrich Campe, Johann Heinrich Koblank, Johann Clüsener) gelenkt, seit 1777 dann zwölf Jahre lang durch Gottlob Johann Christian Kunth, bis sie beide ab 1789 in Göttingen gemeinsam zu studieren begannen und endlich eigene Schritte ohne Gängelband unternehmen konnten. »Er leitete meine ganze Kindheit«, wird Wilhelm am 22. Mai 1789 rückblickend seiner Geliebten Caroline von Dacheröden mitteilen. »Wie ich jetzt bin, so ward ich, nicht durch ihn, aber bei ihm, auf seine Veranlassung.«

Kunth war es auch, der den Brüdern den Zugang zu gesellschaftlichen Kreisen öffnete, die ihnen einen Ausweg aus der jugendlichen Unmündigkeit bieten konnten. Denn 1785 traten sie in das Bildungsmilieu der Berliner Aufklärung ein. Sie lernten jenen harten Kern von etwa 30 Persönlichkeiten kennen, die ein kulturelles Netzwerk mit vielen Querbezügen bildeten und jenen besonderen Konversationsstil kultivierten, der für die Aufklärung in Preußen charakteristisch war: Gelehrte Menschen, die ihren eigenen Verstand mutig zu gebrauchen wussten, versuchten durch respektvolles dialogisches Argumentieren herauszufinden, was man gemeinsam für vernünftig halten kann.

Ihr Eintritt ins öffentliche Leben der Stadt Berlin führte die jungen Adeligen zunächst in den Salon Herz, der zu Beginn der 1780er Jahre von dem jüdischen Arzt Marcus Herz, der bei Immanuel Kant in Königsberg studiert hatte, und seiner Frau

Henriette eingerichtet worden war. Es war eine Form gemischter Geselligkeit, in der Adel und Bürgertum, Männer und Frauen, Christen und Juden, Theologen und Freigeister, Staatsbeamte und Künstler, Wissenschaftler und Philosophen zwanglos zusammenkamen, um sich im Geist der Aufklärung gemeinsam zu bilden. Neben dem Salon Herz gab es noch eine besondere Lesegesellschaft, die sich regelmäßig beim Kastellan des Königlichen Schlosses traf, wobei Wissensdurst und Lebensfreude, geistige Aufklärung und gesellige Kultivierung zusammenspielten. Und nicht unerwähnt bleiben darf auch die sogenannte »Mittwochsgesellschaft«, die sich, wie es der Name sagt, jeweils mittwochs reihum in wechselnden Privatwohnungen traf, um zunächst im geschlossenen Kreis ihre Gedanken zur Lösung vielfältiger politischer, moralischer oder religiöser Probleme fruchtbar zu machen. Als öffentliches Publikationsorgan stand dieser Gesellschaft von Freunden der Aufklärung die *Berlinische Monatsschrift* zur Verfügung, die 1783 gegründet worden war und alle Mitglieder der Mittwochsgesellschaft zu ihren Autoren zählte.

Einige von ihnen wurden zu Humboldts privaten Lehrern. Christian Wilhelm von Dohm, Geheimer Staatsrat im Departement für Auswärtige Angelegenheiten, führte ihn in die Prinzipien der Politischen Geographie und Freihandelspolitik ein. Der Kammergerichtsrat Ernst Ferdinand von Klein, der in der *Berlinischen Monatsschrift*, April 1784, ein flammendes Plädoyer gegen die frömmelnde Dummheit tyrannischer Geistlicher und für die eigenständige Denk- und Druckfreiheit gehalten hatte, machte ihn vor allem mit dem Naturrecht vertraut. Den stärksten Eindruck hinterließ der Dritte im Bunde: Johann Jakob Engel, der sich als populärer »Philosoph für die Welt« einen Namen gemacht hatte und seinen Schüler zum richtigen Gebrauch der Vernunft in der Erkenntnis der Wahrheit anleitete. Er war Mitglied zur Reformierung des preußischen Unterrichtswesens, die dem königlichen Leitspruch Friedrichs des Großen folgte: »Wer zum besten raisonieren kann, wird immer zum weitesten kommen, besser als der, der nur falsche Schlüsse zieht.« Räsonieren war dabei nicht als nörgelnde Vernünftelei gemeint, sondern als ein Denken, das sich an der Vernunft orientiert und auf klare Begriffe, begründete Urteile und stimmige Schlussfolgerungen setzt.

Zur gleichen Zeit, 1785/86, wurden die Brüder Humboldt mit einigen Schriften Immanuel Kants bekannt, der im fernen Königsberg als Professor der Philosophie arbeitete und dort auch Lehrer von Marcus Herz gewesen war. Für die *Berlinische Monatsschrift* hatte er seine *Beantwortung der Frage: Was ist Aufklärung?* geschrieben, die in der Dezemberausgabe 1784 erschienen war und in den Berliner Kreisen aufmerksam besprochen und gelesen wurde. Bemerkenswert war vor allem Kants philosophischer Ansatz, die strittige Frage nach der Aufklärung mit der wesentlichen Bestimmung des Menschen zu verknüpfen. Was ist der Mensch? Er ist, antwortete Kant, ein mündiges Wesen, das aus der ihm zur zweiten Natur gewordenen Unmündigkeit einen Ausweg finden kann. Er kann lernen, allein und selbstverantwortlich durch das Leben zu gehen und seinen eigenen Verstand zu gebrauchen, befreit aus der Vormundschaft staatlicher, religiöser und weltanschaulicher Autoritäten. »Sapere aude!« Zu denken habe Mut! Dabei war es vor allem der öffentliche Vernunftgebrauch des Gelehrten, den Kant mit diesem Leitspruch der Aufklärung einforderte. Er mochte dabei an seine eigene geistige Arbeit und moralische Verantwortung gedacht haben. Aber es konnte auch für Wilhelm von Humboldt zum Leitspruch seiner geistigen Arbeit werden. Durch Kant, vermittelt über die Berliner Freunde der Aufklärung, war ihm der Zugang zu einer Welt geöffnet worden, in der er seinen Verstand bilden und gebrauchen konnte. Vor sich sah er ein Gelehrtenleben in größtmöglicher Freiheit. An Mut und Entschließung hat es ihm nicht gefehlt.

Doch nicht nur sein Verstand hatte durch den Kontakt mit der

Aufklärung seine nachhaltige Orientierung gefunden. Auch sein Herz fühlte sich durch neu gewonnene Freundschaften und Liebeleien angesprochen. Er verliebte sich schwärmerisch in die charmante und geistreiche Henriette Herz, deren Berliner Salon die beiden Humboldts zu seinen begeisterten Gästen zählen konnte. Der erhoffte erotische Genuss mit dieser geliebten Freundin blieb ihm jedoch versagt. Stattdessen bot ihm Henriette Ende des Jahres 1787 an, dem »Tugendbund« beizutreten, den sie zusammen mit ihrer Freundin Brendel (»Brenna«) Veit, Moses Mendelssohns ältester Tochter, und dem jungen, äußerst schönen Karl Laroche gegründet hatte zum Zweck einer gegenseitigen sittlichen und geistigen Bildung. Doch zu seinem Glück wird ein Jahr später auch Caroline von Dacheröden zu diesen Tugendbündlern stoßen, die für Humboldt nicht mehr nur geistig-sittliche Gefährtin sein sollte, sondern seine wirkliche Geliebte und Ehefrau wurde.

Nach nur einem Semester, das die Brüder Humboldt, noch immer angeleitet durch ihren langjährigen Erzieher Kunth, an der Universität in Frankfurt an der Oder zubrachten, begann Wilhelm schon im April 1788 – bis 1789 zunächst noch ohne seinen Bruder Alexander – allein an der Universität in Göttingen zu studieren, die als »deutsches Athen« einen ausgezeichneten Ruf besaß. Zwar war er nur als »studiosus juris« immatrikuliert, aber er studierte alles, was ihn interessierte. Bei Johann Georg Heinrich Feder arbeitete er sich in Logik und Metaphysik ein. Er lernte Christian Gottlob Heyne kennen, den führenden Analytiker und Interpreten der antiken Sprachen und Literaturen, der die spezialisierte Philologie zu einer umfassenden kulturgeschichtlichen Altertumswissenschaft erweitert hatte. Auch an Vorlesungen Georg Christoph Lichtenbergs nahm er teil, der sich für eine Aufklärung aus dem Geist der Experimentalphysik engagierte.

Und er besuchte Vorlesungen und Übungen des Professors für Medizin und Naturgeschichte Johann Friedrich Blumenbach, der ihn mit seiner Theorie eines organischen »Bildungstriebes« (nisus formativus) vertraut machte. 1781 hatte Blumenbach in seinem Werk *Über den Bildungstrieb und das Zeugungsgeschäft* diesen besonderen Trieb eingeführt, der zu den Lebenskräften gehöre und bei der Erzeugung, Gestaltung und Regeneration von lebenden Organismen die Hauptrolle spiele. Aus einem noch ungeformten männlich-weiblichen Zeugungsstoff bilden sich unter Leitung dieser besonderen Triebkraft, die von mechanischen Kräften physischer Körper unterschieden werden müsse, stets neue Organismen zu ihren individuellen Gestaltformen: »Daß in allen belebten Geschöpfen vom Menschen bis zur Made und von der Ceder bis zum Schimmel herab, ein besondrer, eingebohrner, lebenslang würksamer Trieb liegt, ihre bestimmte Gestalt anfangs anzunehmen, dann zu erhalten, und wenn sie ja zerstört worden, wo möglich wieder herzustellen.«

Wilhelm von Humboldt wird später Blumenbachs biologischen Bildungsbegriff ins Kulturelle und Geistige übertragen, und er wird dabei nicht zufällig von einer »organischen Natur der Bildung« sprechen. Das lässt sich durchaus wörtlich verstehen. Seine eigene Theorie der Bildung wird er gleichsam als Überbau auf einem lebenswissenschaftlichen Fundament entwickeln. Doch den wichtigsten Impuls für seine geistige Entwicklung während seines Göttinger Jahres, April 1788 bis April 1789, bot die eigenwillige Lektüre der Schriften des Königsberger Weltweisen Immanuel Kant. Für sich studierte er dessen *Kritik der reinen Vernunft*, deren zweite Auflage 1787 erschienen war und deren angestrengte, konzentrierte Durcharbeitung ihm ein hochgradiges geistiges Vergnügen bereitete. Intensiv begann er sich auch mit der praktischen Philosophie Kants zu beschäftigen, dessen *Grundlegung zur Metaphysik der Sitten* 1785 publiziert worden war, 1788 gefolgt von der *Kritik der praktischen Vernunft*. Die reine theoretische Vernunft war durch einen »reinen guten Willen« ergänzt worden, der als regulative Idee vorzeigte, wie zu leben sei, wenn man ein gutes Leben in moralischer Hinsicht führen will.

Recht zufrieden mit dieser kantischen Reinigung scheint Humboldt nicht gewesen zu sein. Denn sie verdrängte alles, was den 21-jährigen Studenten, endlich befreit aus dem Gängelband familiärer Vormundschaft und hofmeisterlicher Erziehung, reizte: Sinnlichkeit, Leidenschaft, Lebensfreude und Genuss. Henriette Herz hatte es schon früh erkannt. Ihr junger Verehrer habe zwar oft, mit stoischer Abgeklärtheit, die Seelenruhe und selbstbezogene Willensfreiheit als Grundbedingung seiner idealischen Existenz gepriesen. Doch ebenso gern habe er sich auf den Pfaden der ausschweifenden Sinnlichkeit bewegt und nach »Genußliebe« gestrebt. Das Leben in Berlin und Tegel hatte ihm dazu allerdings kaum Gelegenheiten geboten. Jetzt aber war er allein in Göttingen und freute sich über jede Gelegenheit, ungeleitet seiner Neigung, seiner Begierde und seiner Leidenschaft folgen zu können.

Die erste bot sich ihm im Haus des Altphilologen und Altertumswissenschaftlers Heyne, wo er nicht nur in die Dichtungen Homers eingeführt wurde, sondern sich auch mit Heynes Tochter Therese anfreundete. Sie soll zwar keine Schönheit gewesen sein, aber eine geistige Schnelligkeit und leidenschaftliche Energie ausgestrahlt haben, die den verliebten Wilhelm überwältigte und schwärmen ließ. Dabei schien es ihn kaum gestört zu haben, dass Therese seit drei Jahren mit dem Naturforscher Georg Forster verheiratet war, der durch seine mit James Cook 1772 bis 1775 unternommene Reise um die Welt allgemeines Ansehen gewonnen hatte und fast zu einer Legende geworden war. Wie sehr bedauerte er, dass die begehrte Therese mit ihrem Mann nach Mainz übersiedeln musste, wo Georg Forster den Posten des Universitätsbibliothekars erhalten hatte. Aber schon bald gab es die Gelegenheit, sie dort zu besuchen und mit ihr lange Gespräche über Freundschaft und Liebe, eheliches Glück und Unglück zu führen.

Denn die universitären Herbstferien 1788 nutzte Wilhelm von Humboldt, ausgerüstet mit einem dicken Bündel von Empfehlungsbriefen, zu einer politisch-philosophischen Reise nach dem Reich, die ihn über Marburg an der Lahn, Frankfurt am Main und Darmstadt nach Mainz führte, wo er am 7. Oktober gleich zu den Forsters ging. Während der nächsten Tage hatte er nicht nur das Glück, mit Therese allein sein zu können und den Diskurs der Liebe zu genießen. Aber wirklich freigeistig, politisch interessant und geistig herausfordernd waren nun die Diskussionen mit Georg Forster, mit dem er während der vier Tage seines Mainzer Aufenthalts eine enge Freundschaft schloss. Die Erfahrungen und Ansichten des republikanischen Weltbürgers und weitgereisten Forschers schärften sein eigenes Urteilsvermögen. Anlass dazu bot vor allem das am 9. Juli 1788 erlassene staatliche Edikt, die Religionsverfassung in den preußischen Staaten betreffend, durch das eine dogmatisierte christliche Lehre ganz unter staatliche Kontrolle gebracht wurde, um sie vor aufklärerischen Irrlehren zu schützen. Der eigene Verstandesgebrauch, der Humboldt durch Kants *Beantwortung der Frage: Was ist Aufklärung?* zur selbstbewussten Programmidee geworden war, sollte durch staatliche Vormundschaft außer Kraft gesetzt werden. Mit diesem geistigen und kulturellen Rückschlag für Preußen wollten sich weder Forster noch Humboldt abfinden.

Ende Oktober 1788 reiste Humboldt von Mainz über Aachen, wo er sich mit Christian Wilhelm von Dohm, seinem ehemaligen Lehrer aus der Berliner Aufklärung, traf und lange Gespräche über die Grenzen der Staatsgewalt führte, nach Pempelfort, einem kleinen idyllischen Landsitz in der Nähe Düsseldorfs. Forster hatte ihn auf seinen Freund Friedrich Heinrich Jacobi neugierig gemacht, der sich in diese ländliche Ruhe zurückgezogen hatte, um mit all seinen Empfindungen und Gefühlen sowohl dem sinnlichen Dasein der Dinge wie dem übersinnlichen Dasein Gottes nahe kommen zu können. Das war für Humboldt eine radikal neue Sicht auf die Welt, die sich nicht durch trockene Begriffsanalyse und strenge Urteilslogik eingrenzen ließ. Zu den Gegenständen selbst! Jacobi, der empfindsame Glaubensphilosoph, versuchte ihm nahe zu bringen, dass es nicht darauf ankomme, in der Schmelzküche einer reinen Vernunft alles Erfahrbare in Nichts aufzulösen. Es gehe vielmehr darum, sich Gott und die Welt durch unmittelbare Anschauung zu eigen zu machen.

In Erinnerung an die vier glücklichen, unvergesslichen Tage in Pempelfort, 31. Oktober bis 3. November 1788, schrieb Humboldt am 17. November an Jacobi einen Dankesbrief, in dem er ihm zunächst zustimmte: »Wendet man sich zu den Gegenständen selbst, hält man nichts eher für wahr, als bis man es selbst angeschaut hat; so mag der Weg vielleicht langsamer sein, aber er ist auch sichrer und reizender und der Stoff des Nachdenkens ebenso unerschöpflich, als die Menge der Gegenstände in der Natur.« Doch Humboldt war nicht bereit, Jacobi in jenes außersinnliche Reich zu folgen, wohin es diesen gläubigen Schwärmer trieb. Sein aufgeklärter, durch intensive Kant-Lektüre geschulter Verstand hinderte ihn daran, die unmittelbare Offenbarung eines Übernatürlichen, das Jacobi als Tatsache »ES IST = GOTT« zum Wesen aller Wesen erklärte, anzuerkennen oder für möglich zu halten. Die Immanenz der Welt kann nicht mit der Transzendenz eines göttlichen Daseins kurzgeschlossen werden.

Neun Monate später war es wieder eine Reise, die Humboldt auf neue Gedanken kommen ließ. Sie führte ihn nicht »nach dem Reich«, sondern über die Grenze nach Frankreich. Sein erster Erzieher Joachim Heinrich Campe, der sich als populärer Kinder- und Jugendbuchautor, erfolgreicher Verleger und praktisch orientierter Bildungsreformer einen Namen gemacht hatte, lud seinen ehemaligen Zögling ein, mit ihm nach Paris zu reisen, um Augenzeugen der revolutionären Ereignisse sein zu können, die den Sturz des dekadenten Ancien Régime in Gang setzten.

Gedacht, getan! Am Vortag der historischen Sitzung der Nationalversammlung, in der das Feudalsystem aufgehoben wurde, kamen die Reisenden am 3. August 1789 in Paris an. Sie erlebten den Freiheitsdrang des französischen Volkes, das sich aus den Fesseln der absolutistischen Herrschaft befreien wollte. Der Mut der Bürger und der Geist, der sie zum Aufstand trieb, faszinierten sie, auch wenn Humboldt wahrnehmen konnte, dass die Ideale der Freiheit, Gleichheit und Brüderlichkeit an elenden Lebensbedingungen, maßlosem Machtstreben und einer allgemeinen Gesetzgebung, ohne Rücksicht auf besondere Anwendungsfälle, zu scheitern drohten.

Alle Erfahrungen und Gedanken, die ihn vor allem seit Beginn seines selbstständigen Studiums in Göttingen beschäftigten und herausforderten, verdichtete Humboldt in seiner ersten größeren Schrift. Seine sinnlichen erotischen Erlebnisse und sein Studium von Kants Vernunftphilosophie im Geist der kritischen Aufklärung, sein Bildungstrieb und Freiheitsdrang, seine Kritik des autoritären Religionsedikts, das Ende des Jahres 1788 durch ein intolerantes Zensuredikt flankiert worden war, seine Gespräche mit dem welterfahrenen Natur- und Menschenforscher Georg Forster und dem gottseligen Glaubensphilosophen Friedrich Heinrich Jacobi, schließlich der unmittelbar erlebte Beginn der Französischen Revolution: all das fand seinen reflektierten Ausdruck in seinen 1790 zu Papier gebrachten Ideen *Über Religion und Gesetzgebung*, in denen innerlich wirksamer, selbsttätiger Bildungstrieb und nach außen gerichteter, selbstbewusster Freiheitsdrang zusammenspielen. Sie richteten sich gleichermaßen gegen jede befohlene, durch Autorität beglaubigte Religion und alle Staatsgewalt, die den Menschen nicht als seinen eigenen Zweck schätzt, sondern nur als Mittel staatlicher Maßnahmen instrumentalisiert. Im Zeitalter der Aufklärung stehe die Freiheit sich selbst bildender Bürger über einer vorgeschriebenen Religion und einer staatlich verordneten Gesetzgebung. »Daher muss es immer des Gesezgebers eifrigstes Streben bleiben, die Bildung der Bürger bis dahin zu erhöhen, dass sie alle Triebfedern zur Beförderung des Zweks des Staats allein in der Idee des Nuzens finden, welche ihnen die Staatseinrichtung zu Erreichung ihrer individuellen Absichten gewährt. Zu dieser Einsicht aber ist Aufklärung und hohe Geistesbildung nothwendig, die da nicht emporkommen können, wo der freie Untersuchungsgeist durch Geseze beschränkt wird.«

SELBSTBILDUNG ALS LEBENSPRINZIP. 1791–1802

Was Wilhelm von Humboldt 1790 programmatisch entworfen hatte, sollte auch seinem eigenen Leben zur Orientierung dienen. Ein Jahrzehnt lang war er bestrebt, selbst nach den Maximen zu handeln, über die er in seiner ersten größeren Schrift, die erst 1903 veröffentlicht wurde, Rechenschaft abgelegt hatte. Es war das Jahrzehnt eines freischwebenden Intellektuellen auf der Suche nach den Antriebskräften der menschlichen Natur. Freiberuflich konzentrierte er sich auf anthropologische und historische Forschungen, auf Charakterstudien zu individuellen, geschlechtsspezifischen und nationalen Eigenarten, sowie auf eine philosophisch fundierte Theorie der Bildung des Menschen.

Doch zunächst begann er Anfang 1790, nach Abschluss seines Jurastudiums, bei verschiedenen Gerichten in Berlin zu arbeiten. Einer erfolgreichen Karriere im Staatsdienst schien nichts im Wege zu stehen; und da er sich am 16. Dezember 1789 mit seiner geliebten Caroline von Dacheröden verlobt hatte, wäre auch für seine Familienplanung eine feste Anstellung im Justiz- und Auswärtigen Departement von Nutzen gewesen. Auch gewann er während seiner Berliner Zeit neue Freunde, die staatspolitisch tätig waren und ihn in das gesellschaftliche Berliner Leben mit seinen libertinen, lustvollen Möglichkeiten hineinzogen: den Geheimen Staats- und Kriegsrat Friedrich von Gentz und

Carl Gustav Freiherr von Brinckmann, Legationssekretär bei der Schwedischen Gesandtschaft. Doch weder der Staatsdienst noch die freizügige Geselligkeit konnten ihn von seinem Streben nach Freiheit und Bildung abbringen, das er in sich selbst als seine eigene Kraft drängen fühlte. Weihnachten 1790 schien die Entscheidung gefallen zu sein, ein berufsloses Leben als Privatgelehrter zu führen, der sich nur den Programmideen der Aufklärung verpflichtet fühlte. Auch Caroline stellte sich dem Freiheitsstreben ihres Verlobten nicht in den Weg. Bereits im Mai 1791 reichte er dem König sein Entlassungsgesuch ein, das er lakonisch mit zwingenden Familienangelegenheiten begründete. Es wurde bewilligt. Und am 29. Juni 1791 fand in Erfurt die Hochzeit zwischen »Li« und »Bill« statt, wie sie sich vertraut ansprachen.

Er hatte sich von allen Geschäften frei gemacht, Berlin verlassen und sich mit Caroline auf ländliche Güter seines Schwiegervaters in Burgörner und Auleben zurückgezogen, um dort, wie er Georg Forster mitteilte, »in einer unabhängigen, selbstgemachten, unendlich glücklichen Existenz« zu leben, die durch zwei starke subjektive Prinzipien geleitet war, die ihn durch sein ganzes Leben führen sollten: »Die Sätze, daß nichts auf Erden so wichtig ist als die höchste Kraft und die vielseitigste Bildung der Individuen und daß daher der wahren Moral erstes Gesetz ist: Bilde dich selbst, und nur ihr zweites: Wirke auf andere durch das, was du bist; diese Maximen sind mir zu eigen, als daß ich mich jemals von ihnen trennen könnte.«

Humboldts erste Arbeit als freiberuflicher Gelehrter betraf ein politisches Problem, worüber er selbst erstaunte. Aufmerksam hatte er die Ereignisse in Frankreich verfolgt, und er sympathisierte mit den Idealen der Freiheit und der Volkssouveränität, die revolutionär verwirklicht werden sollten. Aber er gab in einem langen Brief an seinen Berliner Freund Gentz, August 1791, zu bedenken, dass diese Revolution scheitern werde, weil sie gleichsam durch ein von außen verordnetes System von Gesetzen gesteuert werde, ohne auf die inneren Kräfte der Menschen in ihren besonderen gesellschaftlichen und geschichtlichen Situationen zu achten. Auch in politischer Hinsicht hat Humboldt in seinen brieflich skizzierten *Ideen über Staatsverfassung, durch die neue französische Constitution veranlasst* die Aufmerksamkeit auf die menschlichen Kräfte gerichtet, die etwas hervorbringen können. Ohne sie seien die Werke nur wie Blüten, die man mit Fäden an Pflanzenstängel angebunden habe und die bei der ersten Morgensonne versengt seien. Humboldts Brief, der 1792 in der Januarausgabe der *Berlinischen Monatsschrift* veröffentlicht wurde, bot genügend Stoff, um zu einem größeren Werk ausgearbeitet zu werden. So kam es zu seinem »Grünen Buch«, den *Ideen zu einem Versuch, die Gränzen der Wirksamkeit des Staats zu bestimmen*, diesem Schlüsseltext des modernen Liberalismus, in dem Humboldt die Frage zu beantworten versuchte, wie sich die menschlichen Kräfte in ihrer freien Selbsttätigkeit am besten und wirksamsten bilden lassen? Und welche Rolle soll dabei dem Staat zukommen, der sich um das Zusammenleben seiner Bürger zu sorgen habe und es gesetzlich regeln müsse? Seine Ideen konzentrierten sich positiv auf geistige Aufklärung und bildende Kultur. Sie erklärten »die höchste und proportionirlichste Bildung seiner Kräfte zu einem Ganzen« zum wahren Zweck des Menschen, einer Bildung, die auf Freiheit und vielfältige Anregungen angewiesen sei. Negativ dagegen schnitten Humboldts Ideen aus dem Machtanspruch des Staates alles ab, was nicht seine wesentliche Aufgabe sein sollte. Am Ende dieses Reduktionsverfahrens blieb nur eine eng begrenzte Wirksamkeit des Staates übrig: er habe sich nicht um das physische Wohl seiner Bürger zu sorgen, nicht um ihren religiösen Glauben und moralischen Gemeinsinn, auch nicht um eine öffentliche Erziehung, die für die Vielfalt der Ausbildung hinderlich und nachteilig sei. Er solle Humboldt zufolge keinen Schritt weiter gehen, als zur Sicherheit der Bürger gegen sich selbst und gegen auswärtige Feinde notwendig ist. Zu keinem anderen Endzweck dürfe er die Freiheit der Menschen und die anregende »Mannigfaltigkeit der Situationen« einschränken, aus denen allein sich eine fruchtbare Entwicklung der inneren menschlichen Kräfte ergeben könne. »Die Freiheit erhöht die Kraft, und führt, wie immer die grössere Stärke, allemal eine Art der Liberalität mit sich. Zwang erstikt die Kraft, und führt zu allen eigennüzigen Wünschen, und allen niedrigen Kunstgriffen der Schwäche.«

Vielleicht war es Humboldt selbst während der Arbeit an seinen Ideen bewusst geworden, dass das zurückgezogene Leben in der ländlichen Ruhe und Einsamkeit nicht mannigfaltig genug war, um seine eigenen Kräfte weiterbilden zu können. Er blieb mit seiner Caroline und ihrer ersten Tochter, die im Mai 1792 geboren worden war, zwar noch ein weiteres Jahr in der Abgeschiedenheit von Auleben, wo er sich verstärkt Gedanken machte *Über das Studium des Alterthums, und des griechischen insbesondere*. Am politischen Handeln, historischen Forschen, ästhetischen Dichten, metaphysischen Philosophieren und sinnlichen Genießen der »Alten« wollte er die bildende Kraft und treibende Energie aufzeigen, die den »Neueren« verloren zu gehen drohe, die sich vordringlich nur um ihren Wohlstand und Besitz sorgten, also das Hervorgebrachte höher schätzten als das Hervorbringende, Ergon mehr als Energeia.

Vielleicht war es auch dieser Blick zurück in die Antike, der Humboldt neue menschliche Beziehungen knüpfen ließ. Er nahm Kontakt auf mit Friedrich August Wolf, dem Altphilologen und Begründer der Homer-Kritik, der im benachbarten Halle lebte. Er machte sich mit Christian Gottfried Körner bekannt, dem alten und beständigsten Freund Friedrich Schillers, der sich der Philosophie Kants verpflichtet fühlte. Und er intensivierte seine Bekanntschaft mit Schiller selbst, dem er zum ersten Mal am Weihnachtsabend 1789 begegnet war, als Schiller offiziell seine Verlobung mit Charlotte von Lengefeld bekannt gegeben hatte, die wiederum Caroline von Dacheröden zu ihren

Freundinnen zählte und auch mit dem Berliner »Tugendbund« verbandelt war.

Jedenfalls entschied sich Humboldt, nach zweieinhalb Jahren seine unabhängige, selbst gewählte und unendlich glückliche Existenz auf dem Lande aufzugeben. Im Februar 1794 zog er mit Frau und Tochter nach Jena, um Friedrich Schiller nahe zu sein. Sie lebten nun nachbarschaftlich und konnten sich täglich treffen, oft mehrmals am Tage und bis spät in die Nacht hinein. Worüber sie gemeinsam nachdachten und disputierten, lässt sich in Schillers Briefen *Über die ästhetische Erziehung des Menschen* nachlesen, die er im Herbst 1794 zu schreiben begann, wobei ihm Humboldt anregend begleitend zur Seite stand. Denn auch Schiller war ein Liebhaber von Ideen, die er aus sich selbst zu entwickeln versuchte, Kants Wahlspruch der Aufklärung folgend: »Sapere aude! Erkühne dich, weise zu sein!« Und wie Humboldt blickte auch er von der Gegenwart, in der voneinander getrennte, auf Einzelheiten spezialisierte Individuen als Elemente einer gesellschaftlichen Maschinerie vordringlich an ihren nützlichen Werken interessiert waren, zurück in eine ganzheitliche griechische Kultur, deren großes Idol nicht der Nutzen war, sondern das freie Zusammenspiel von Kräften und Energien. Schillers ästhetische Erziehung wollte einen spielerischen Bildungstrieb zur Geltung bringen, in dem sich sinnlicher Trieb und geistiger Formtrieb vermittelten. Die Kunst galt ihm als Tochter der Freiheit, und er dachte sich den Bau einer wahren politischen Freiheit als das vollkommenste aller Kunstwerke.

Schiller publizierte seine Ideen Anfang 1795 in den ersten Heften seiner neu gegründeten Kulturzeitschrift *Horen*, zu deren Mitarbeit er die besten Köpfe der Zeit eingeladen hatte, um über alles schreiben zu können, was »der schönen Welt zum Unterricht und zur Bildung, und der gelehrten zu einer freien Forschung der Wahrheit und zu einem fruchtbaren Umtausch der Idee« dienen sollte. Auch von Humboldt wünschte er sich einen Beitrag mit kultiviertem Geschmack und philosophischem Geist. Also schrieb sein Freund für den ersten Band der *Horen* seinen Aufsatz *Über den Geschlechtsunterschied und dessen Einfluß auf die organische Natur*. Wie erotische Doppelgänger von Schillers Stoff- und Formtrieb, die im freien Spiel zur Geltung kommen, brachte er anschaulich die Energien des Weiblichen und des Männlichen ins Spiel, die ganzheitlich zusammenwirken, um ein ideales Gegenbild zur wirklichen Welt in ihrer Vereinzelung, Zersplittertheit und Begrenztheit denk- und erlebbar zu machen.

An der Verschiedenheit der Geschlechter wollte er demonstrieren, wie es der Natur selbst gelingt, aus der Ungleichartigkeit und endlichen Begrenztheit ihrer Kräfte und Formen ein Ganzes herstellen zu können. Er rief den Geschlechtsbegriff, in dem Blumenbachs Bildungstrieb und Zeugungsgeschäft ihre Spuren hinterlassen haben, als organischen Zeugen für ein dialektisches Naturschauspiel auf, in dem ungleichartige Kräfte durch Wechselwirkung zusammenfinden, um etwas Neues schaffen zu können. Aber es war nicht nur die Erinnerung an seinen Göttinger Professor, die hier naturgeschichtlich zur Geltung kam. Es war auch das Liebesglück, das Humboldt mit seiner Frau erleben konnte, in gegenseitig gewährter Freiheit und ersehnter Harmonie; und wie eine Liebeserklärung an Caroline klingt der letzte Satz seines *Horen*-Beitrags, in dem der Gott Eros zur Sprache kam: »So gehorcht daher die Natur derselben Gottheit, deren Sorgfalt schon der ahndende Weisheitssinn der Griechen die Anordnung des Chaos übertrug.«

Der Umzug aus der selbst gewählten Einsamkeit, wo er nur seinen eigenen Gedanken nachhängen konnte, ins gesellige Jena, das auch Johann Wolfgang von Goethe seit diesem Wunderjahr 1794 gern besuchte, um seine Freundschaft mit Friedrich Schiller zu kultivieren, veränderte Humboldts Lebenseinstellung. Er wollte sich nicht mehr durch den Rückzug in seine Innerlichkeit eingrenzen lassen. Ab jetzt drängte es ihn nach draußen in die Welt. Seine Leselust und geistige Selbsttätigkeit wurden durch eine Reiselust supplementiert, die er jedoch nicht befriedigen konnte, solange seine Mutter noch lebte und seine Hilfe einforderte. Im Schloss Tegel und in Berlin, wohin er im Winter 1795/96 zog, fühlte er sich zu Freudlosigkeit und Untätigkeit verdammt. Aus seiner geistigen Lähmung befreite ihn der Tod Marie Elisabeth von Humboldts, die am 14. November 1796 starb. Wilhelm von Humboldt war vermögend geworden und konnte nun, wie auch sein Bruder Alexander, endlich ungebunden die Reisepläne verwirklichen, die beide geschmiedet hatten.

Die nächsten Jahre war Humboldt mit seiner immer größer werdenden Familie in Europa unterwegs. Nach einer Zwischenstation in Wien zogen sie im Winter 1798 nach Paris, das ihnen durch den 1795 in Basel geschlossenen Sonderfrieden zwischen Preußen und Frankreich zugänglich war. Ein Jahr später reisten sie nach Spanien und fanden auch Gelegenheiten, das Land der Basken besuchen zu können. Humboldt war wieder produktiv geworden, auch wenn er mehrere seiner neuen Projekte nicht zu Ende führte. Bemerkenswert ist jedenfalls, dass er in seinen neuen Arbeiten weiterhin den Motiven folgte, die er vor seiner Reise entworfen hatte. Vor allem den Geschlechtsunterschied, auf den er sich konzentriert hatte, um ein ganzheitliches Bildungskonzept als organisch begründet zu verdeutlichen, erweiterte er in diesen Jahren durch sprachbezogene, anthropologische, zeitgeschichtliche und philosophische Studien.

So folge auch das Spannungsverhältnis zwischen *Denken und Sprechen*, reiner geistiger Tätigkeit und hörbaren Sprachzeichen, dem Wechselspiel zwischen Sinnlichkeit und Form, um zu einem holistischen Sprach-Denken finden zu können. Wie die vergleichende Anatomie von männlicher und weiblicher Menschengestalt lasse sich ebenso eine *Vergleichende Anthropologie* konzipieren, welche die Verschiedenheiten von Individuen und Menschenklassen untersucht, die alle zu der einen menschlichen Gattung gehören. *Das achtzehnte Jahrhundert* diente Humboldt als Anschauungsmaterial, um in ihm das Beste und Höchste zu suchen, wozu menschliche Kräfte und Energien in der Lage sind, wenn sie alles, was in verschiedenen Richtungen getan und erfahren wurde, zu einem Ganzen gestalten können. Und schließlich schlug er einen doppelten Weg ein, um das Große fassen zu können, zu dem der *Geist der Menschheit* aufsteigen kann. Der Erfahrungsweg sollte ihn zu denjenigen Individuen führen, welche in ihrer Verschiedenheit »den besten und höchsten Begriff vollendeter Menschheit geben«; während der Vernunftweg ihn zu einer Bestimmung des Menschen als eines freien und selbsttätigen Wesens führen sollte, dessen lebendige Kraft des Geistes allein in ihm selbst enthalten ist und sich nur durch sein inneres Streben als tätig und wirksam erweisen kann.

AUF DEN SPUREN DER ANTIKE. ROM 1802–1808

Schon zu Beginn seiner Reiselust hatte Wilhelm von Humboldt den Plan gefasst, Italien zu besuchen, um auf den Spuren von Goethes *Italienischer Reise* die antike Aura nacherleben zu können. Auch hatte er sich danach gesehnt, das ewige Rom zu besuchen, das ihm als die Hauptstadt der alten Welt galt. Doch der Feldzug der Französischen Revolutionsarmee Napoleons nach Italien ließ die Reise nach Rom zunächst als zu gefährlich erscheinen. Doch schließlich war zu seinem Glück ein Posten im diplomatischen Dienst frei geworden, der ihm die Chance bot, sich mit seiner Familie in Rom niederzulassen. Nach zehn Jahren kehrte Wilhelm von Humboldt in den preußischen Staatsdienst zurück, von dem er sich 1791 nur hatte »beurlauben« lassen, um sich allein um seine geistige Selbstbildung und seine kultur- und sprachwissenschaftlichen Studien kümmern zu können. Er bewarb sich um die Stelle des »Preußischen Residenten beim Päpstlichen Stuhl«, und am 15. Mai 1802 wurde er von König Friedrich Wilhelm III. zum Regierungsvertreter am Vatikan ernannt.

Am 25. November kamen Wilhelm, Caroline und ihre mittlerweile fünf Kinder Caroline (geboren 1792), Wilhelm (1794), Theodor (1797), Adelheid (1800) und Gabriele (1802) in Rom an. Sie wohnten zunächst in der Villa de Malta, die sich schon bald als viel zu klein für die Familie erwies. Im Frühjahr 1803 zogen sie in den Palazzo Tomati an der Via Gregoriana, nahe der Spanischen Treppe. Sie freuten sich über die schöne Aussicht auf ganz Rom. Es war zwar keine glänzende Stelle mit großem Renommee, die Humboldt einnahm. Diplomatisch hatte er allgemeine Kirchenfragen zwischen Preußen und dem Vatikan zu klären, wobei es besonders die Verhältnisse zwischen den katholischen preußischen Staatsbürgern und Papst Pius VII. zu regeln galt. Aber es war ja auch nicht der Posten, der ihn nach Rom gelockt hatte. Rom galt ihm als der ausgezeichnete Ort, an dem sich für ihn das ganze griechische und römische Altertum in einer Gestalt verdichtete. Wilhelm und Caroline verschlossen ihre Augen nicht vor dem Elend der Bevölkerung und der Verschmutzung der Stadt, deren enge Straßen voller Unrat waren. Doch alle negativen Seiten wurden aufgehoben durch die Spuren, die das große und imposante Altertum in der italienischen Metropole hinterlassen hatte. Die aktuellen Wahrnehmungen waren durch eine antike Aura geschichtsgesättigt, die auf Schritt und Tritt zu erleben war.

Die Stellung als preußischer Resident wurde gut bezahlt. Seine Geschäfte ließen Humboldt genügend Zeit, zusammen mit seiner Frau den Palazzo Tomati zu einem gesellschaftlichen Treffpunkt zu machen, an dem sich die politische, wissenschaftliche, künstlerische und literarische Elite traf, um sich im Geist des klassischen Altertums gemeinsam zu bilden. Zu den Gästen gehörten unter anderen Lucien Bonaparte, der Bruder Napoleons, und der bayerische Kronprinz Ludwig, die Bildhauer Bertel Thorvaldsen, Christian Rauch und Christian Friedrich Tieck, auch der spätere Baumeister Karl Friedrich Schinkel, sowie August Wilhelm Schlegel, der Begründer der literarischen Romantik in Deutschland, in Begleitung von Madame de Stael.

Während sich seine diplomatische Tätigkeit in engen Grenzen hielt, konnte sich seine Bildungswelt erweitern und vertiefen. Es waren sechs glückliche Jahre in Rom, weil Humboldt hier erleben konnte, was ihn seit Beginn seiner Existenz als Privatgelehrter begeisterte. Seinen Freund Carl Gustav von Brinckmann informierte er, dass sich ihm alles, was er in Rom sah und studieren konnte, in »Form der Kunst und der Phantasie« zeigte. Jedes Einzelne lenkte den Blick auf etwas Allgemeines. Es zersplitterte und vereinzelte nicht die Wahrnehmungen und Gedanken, sondern versammelte sie auf jenes »Ganze«, das schon der junge Wilhelm seinem Bildungstrieb als Ziel vorgezeichnet hatte.

Doch dieses Glück war nicht ungetrübt. Deprimierende Ereignisse drohten ihn zu überwältigen. Der plötzliche Tod seines ältesten Sohnes Wilhelm Mitte August 1803 ließ ihn am Leben in seiner Sterblichkeit verzweifeln. Dann entschloss sich Ende Februar 1804 seine über alles geliebte Frau, mit zwei ihrer Kinder Rom zu verlassen und nach Paris zu ziehen, um dort ihrem Liebhaber, dem schlesischen Grafen Gustav von Schlabrendorff, nahe zu sein. Und schließlich starb Anfang Mai 1805 Friedrich Schiller, der, wie Humboldt am 8. Juni 1805 an den gemeinsamen Freund Christian Gottfried Körner schrieb, der »Leitstern aller meiner intellektuellen Richtungen« gewesen war. »Alles Beste in mir war immer an ihn gerichtet, und zugleich gab er mir auch immer die Stimmung und die Kraft.«

Gegen all diese Verlusterfahrungen, die ihn von außen beunruhigten, vermochte er sich jedoch mit dem stoischen Gedanken zu trösten, dass es doch eigentlich nicht darauf ankomme, in der Welt glücklich zu leben, sondern sein eigenes inneres Wesen festzuhalten und in sich selbst zu bilden, um mit einer Art schonungsloser Kühnheit im äußeren Leben bestehen zu können. Man kann es nachlesen in den zwei großen Arbeiten, in denen sich Humboldt in die Ideenwelt der altgriechischen Kultur versenkte, um dort zu finden, was ihm innere Sicherheit und Seelenruhe bieten konnte.

Um 1806 begann er *Latium und Hellas oder Betrachtungen über das classische Altertum* zu schreiben, um jenen Genuss bewusst zu machen, den er in der Sprache, Kunst und Literatur, in der Geschichte und der Lebensform der römischen und griechischen Antike zu finden glaubte. Wie Beschwörungen klangen seine Darstellungen des griechischen Menschen, den er bewunderte, weil er sich nicht auf die Welt als Gesamtheit vereinzelter Dinge und Tatsachen beschränkte, sondern in allem, was er tat, empfand und dachte, eine ganzheitliche Menschlichkeit anstrebte. In *Latium und Hellas* versuchte Humboldt, die Ideale und Ideen des klassischen Altertums für die Moderne zu vergegenwärtigen. Er versuchte, das Streben und die Sehnsucht, die Energien und Kräfte bewusst zu machen, die einst gewirkt hatten und die es wieder zu erwecken galt, um im Heute bestehen zu können.

Dass dieser Appell auch politisch gemeint sein konnte, dokumentiert Humboldts große Untersuchung der *Geschichte des Verfalls und Unterganges der Griechischen Freistaaten*, die er 1807/08 anstellte. Sie wurde angeregt durch die katastrophalen Niederlagen Preußens in den Schlachten bei Jena und Auerstedt am 14. Oktober 1806. Denn auch in dieser Arbeit ging es wesentlich darum, gegen die äußeren Verhältnisse, die in den Untergang und die Verzweiflung zu reißen drohten, jene inneren Energien bewusst zu machen, die einst in der griechischen Kultur und Charaktereigenschaft vorbildlich zum Ausdruck gekommen waren. Die Geschichte der griechischen Freistaaten sollte als Muster für die geistig und politisch anzustrebende Entwicklung Deutschlands dienen. Es galt, einen geistigen und sittlichen Bildungstrieb zu reaktivieren, um den gewaltsamen, übermächtigen Verhältnissen widerstehen zu können, und einen Drang zur Freiheit lebendig zu halten, der vielleicht nie sein Ziel erreichen kann, aber gerade deshalb eine immerwährende Sehnsucht zu evozieren vermag, die gegen alle widrigen äußeren Ereignisse innere Ruhe und Heiterkeit bewahren hilft.

Doch trotz all seiner bewundernden Rückblicke in das klassische Altertum war es Humboldt klar und deutlich bewusst, dass es zwischen vergangener und gegenwärtiger Welt eine »Kluft« gab, die nicht zu überbrücken war. War es also nur seine subjektive Illusion, wenn er Rom als den Ort für »die höchste und proportionierlichste Bildung seiner Kräfte zu einem Ganzen« erlebte? In seinem ausführlichen Brief vom 23. August 1804 an Goethe beantwortete er diese selbstkritische Frage mit dem doppelsinnigen Hinweis, dass eine phantasievolle Einbildungskraft wirksam sein müsse, wenn man, wie er selbst und sein Freund Goethe, Rom als den Ort vergangener Größe sieht: »Wie Homer sich nicht mit andern Dichtern, so läßt sich Rom mit keiner andern Stadt, Römische Gegend mit keiner andern vergleichen. Es ist allerdings das Meiste an diesem Eindruck subjectiv, aber es ist nicht bloß der empfindelnde Gedanke zu stehen, wo jener oder dieser große Mann stand. Es ist ein gewaltsames Hinreißen in eine von uns nun einmal, sey es auch durch eine nothwendige Täuschung, als edler und erhabener angesehene Vergangenheit; eine Gewalt, der selbst, wer wollte, nicht widerstehen kann, weil die Oede in der die jetzigen Bewohner das Land lassen, und die unglaubliche Masse der Trümmer selbst das Auge dahin führen, und da nun diese Vergangenheit dem innern Sinn in einer Größe erscheint, die allen Neid ausschließt, an der man überglücklich sich fühlt nur mit der Phantasie Theil zu nehmen, ja an der keine andere Theilnahme nur denkbar ist.«

So war Rom für den Bildungsbürger Humboldt nicht nur der Ort, an dem er die glücklichsten Jahre seines Lebens verbrachte. Es war auch das Symbol einer Vergänglichkeit, der sich die erhabene Größe der antiken Kultur nicht entziehen konnte; und zugleich das Symbol eines Weltzusammenhangs, wie er einst geistig und ästhetisch bestanden hatte und im gegenwärtigen Rom nacherlebt werden konnte, obwohl nur mit dem wehmütigen Gefühl, dass der moderne Mensch sich mit den leblosen Trümmern und Spuren zufrieden geben müsse, wenn er sich auf die Suche nach der verlorenen Ganzheit begibt, in der Hoffnung, dass sie dennoch lebendig vergegenwärtigt werden könne. In seiner 61 Strophen langen, Vergangenheit und Gegenwart vermittelnden Elegie *Rom* hat er dafür die Worte gefunden:

»Denn es soll vergehn des Menschen Treiben;
Ewig währet nur, was leblos starrt.
Nichts soll von der langen Vorzeit bleiben,
Was nicht lebend trägt die Gegenwart;
Kraft an Kraft sich funkensprühend reiben,
Hauch beleben Hauch, nach Geisterart.
Der selbst, von dem alles Leben stammet
Ist nur ewig, weil stets neu er flammet.«

Es waren persönliche Gründe, die Humboldt schließlich im September 1808 einen »Heimaturlaub« beantragen ließen. Ein paar Eigentumsverhältnisse mussten geklärt werden. Am 14. Oktober verließ er das geliebte Rom, in der Hoffnung, bald zurückkehren zu können. Ohne es zu wollen, geriet der Urlauber in eine Problemsituation, die alles ändern sollte. Wilhelm von Humboldt hat Rom nicht wiedergesehen. Nach sechs Jahren war ihm das Glück seiner römischen Existenz für immer verloren gegangen. Stattdessen konnte er in Preußen in nur fünfzehn Monaten, von Februar 1809 bis Juni 1810, eine herausragende bildungspolitische Leistung vollbringen, die von ihm weder gewünscht noch geplant gewesen war.

DER BILDUNGSPOLITIKER. 1808–1810

Als Humboldt in seiner alten Heimat ankommt, gerät er in eine Reformbewegung, die nach Preußens katastrophaler militärischen Niederlage im Krieg gegen Frankreich unausweichlich geworden ist. Auch eine Bildungsreform ist notwendig. König Friedrich Wilhelm III. soll gesagt haben: »Der Staat muß durch geistige Kräfte ersetzen, was er an physischen verloren hat.« Deshalb ist im Innenministerium eine »Sektion des Kultus und des öffentlichen Unterrichts« eingerichtet worden, mit einem Geheimen Staatsrat als Sektionschef. Karl Freiherr vom Stein schlägt Humboldt als Chef des preußischen Erziehungswesens vor. Das sei ein gebildeter Mann mit Welterfahrung. Außerdem sei er Jurist und in Verwaltungsfragen kompetent. In Berlin oder in Königsberg könne er nützlicher sein als im fernen Rom auf einem unbedeutenden Posten.

Humboldt will die Stellung nicht. Es sind schlimme Dinge, die er seiner Caroline in Rom mitteilt. Er fühlt sich wie ein Opfer, ohne großen Nutzen. Er ist doch religiöser Freigeist, und jetzt soll ausgerechnet er sich um den christlich-protestantischen Kultus kümmern. Außerdem habe er in seinem ganzen Leben noch keine Schule besucht, und jetzt erwartet man von ihm, den öffentlichen Schulunterricht in ganz Preußen zu reformieren, wo man zudem so wenig Geld hat. Am 17. Januar 1809 schreibt er einen Absagebrief an König Friedrich Wilhelm III. Er sei zu lange von Deutschland entfernt gewesen, kenne sich in den preußischen Verhältnissen nicht aus, könne deshalb eine so bedeutende Verantwortung nicht auf sich nehmen. Der König lässt Humboldts Ausflüchte nicht gelten. Humboldt weist das wiederholte Angebot zurück. Der König setzt sich über seine Bedenken hinweg. Mit Kabinettsorder bestimmt er ihn am 10. Februar zum Sektionsleiter der Kultus- und Erziehungsbehörde.

Was tun? Humboldt muss zusagen, und er wählt einen doppelten Weg, um seiner Aufgabe gerecht zu werden. Er sucht sich enge Mitarbeiter, mit denen er einen kollegialen Arbeits- und Denkzusammenhang bilden kann, wobei er besonderen Wert darauf legt, dass die vier Staatsräte seiner Sektion (Georg Heinrich Ludwig Nicolovius, zuständig für den religiösen Kultus-Bereich; Johann Wilhelm Süvern; Wilhelm Uhden; und Johann Heinrich Schmedding) vom Geist der Aufklärung durchdrungen sind. Und er nutzt seine ausgeprägte Fähigkeit, Ideen entwickeln, vergleichen und verarbeiten zu können, weil für ihn, wie er seiner »lieben Li« mitteilt, das eigentliche Leben doch nur in den Ideen und im Idealen bestehe.

Also greift Wilhelm von Humboldt auf seine Idee der Bildung zurück, die nicht auf staatliche Interessen oder spezialisierten Nutzen gerichtet ist, sondern auf den Menschen selbst mit all seinen körperlichen, intellektuellen und sittlichen Kräften. Er knüpft programmatisch an das an, was ihm selbst schon früh klar geworden ist, angeregt durch Immanuel Kant und Johann Jakob Engel, Johann Friedrich Blumenbach und Georg Forster. Nichts auf Erden sei so wichtig »als die höchste Kraft und die vielseitigste Bildung der Individuen.« Sein eigener Bildungstrieb und Freiheitsdrang hatten ihn eine private Existenz als Selbstdenker wählen lassen, der in Schiller den geistesverwandten Freund fand, der das Beste in ihm herausfordern konnte. Und auch seine römischen Untersuchungen zum ganzheitlichen griechischen Geist, der gegenüber den neueren Spezialisierungen zu bevorzugen sei, sind ihm ja noch unmittelbar präsent. An all das kann er nun anknüpfen, es weiter entwickeln und praktisch fruchtbar werden lassen. Sollte es nicht möglich sein, seine eigenen Maximen zur Grundlage einer allgemeinen Erziehungspolitik zu machen?

Gegen Ende Juli 1809 entwirft Humboldt einen *Königsberger Schulplan*, in dessen Mittelpunkt »die vom Schulunterricht allemal zu fordernde allgemeine Uebung der Hauptkräfte des Geistes« steht. Im *Litauischen Schulplan*, geschrieben am 27. September 1809, ist von der »allgemeinen Menschenbildung« die Rede, durch die »die Kräfte, d.h. der Mensch selbst gestärkt, geläutert und geregelt werden sollen«, wobei diese Kräfte in einen ganzheitlichen Wirkzusammenhang gerückt werden, für den Kant die Stichworte liefert: »Denn im Gemüth und in der Wissenschaft (die nur sein von allen Seiten vollständig gedachtes Object ist) steht jeder einzelne Punkt mit allen vorigen und künftigen in Contact, ist kein Anfang und kein Ende, ist alles Mittel und Zweck zugleich, und also jeder Schritt weiter Gewinn, auch wenn unmittelbar dahinter eherne Mauern gezogen würden.«

Diese allgemeine Idee hat Humboldt in drei einzelne Stadien ausdifferenziert. Im Elementarunterricht soll der Schüler lernen, Gedanken zu äußern und zu verstehen, sie schriftlich zu fixieren und zu entziffern. Damit ist die Grundlage geschaffen, um überhaupt lernen und einem Lehrer folgen zu können. Im Schulunterricht geht es vor allem um den Erwerb sprachlicher, mathematischer und geschichtlicher Kenntnisse, wobei zugleich das Lernen des Lernens geübt wird. Sein Ziel ist es, den Lehrer überflüssig zu machen. Während also der Elementarunterricht den Lehrer möglich mache, werde er durch den erfolgreichen Schulunterricht schließlich entbehrlich. Damit ist die dritte Stufe erreichbar: der Universitätsunterricht. Er ist für Humboldt die Krönung eines ganzheitlichen Bildungsprozesses, in dem der wahre Zweck des Menschen seine höchste Gestaltung finden kann. Hier kann der Universitätslehrer nicht mehr nur Lehrer sein, der Studierende nicht mehr nur Lernender. Denn der Student »forscht selbst, und der Professor leitet seine Forschung und unterstützt ihn darin. Denn der Universitätsunterricht setzt nun in Stand, die Einheit der Wissenschaft zu begreifen und hervorzubringen, und nimmt daher die schaffenden Kräfte in Anspruch.« Dazu aber ist, so sieht es Humboldt in Erinnerung an seine eigenen Universitätsstudien, zweierlei notwendig und nützlich: Freiheit, um seine Kräfte ohne äußeren Zwang entfalten zu können; und Einsamkeit, weil jedes Individuum sich selbst bilden muss und seine eigene Individualität ausprägen soll, jedoch in der Erwartung, dass sich dabei »ein ungezwungenes und absichtsloses Zusammenwirken« des einen mit dem anderen ergibt.

Wilhelm von Humboldt kennt den Vorwurf der Nützlichkeitsdenker, dass seine Ideen für das Leben nichts taugen. Eine spezialisierte Ausbildung und ökonomische Anforderungen seien wichtiger als die vielseitigste Bildung der Individuen. Vielleicht sei es deshalb am besten, die Universitäten als Orte des gelehrten Unterrichts und freien Forschens ganz abzuschaffen. Für die Forschungen genügten Akademien der Wissenschaften und Gelehrte Gesellschaften; und für die praxisnahe Ausbildung gibt es Fachhochschulen, die auf klar definierte Berufsfelder vorbereiten. Um 1800 steht es in Deutschland schlecht mit der altehrwürdigen Einrichtung der Universität. Viele sind geschlossen worden, und in Preußen kommt erschwerend hinzu, dass nach der Niederlage im Krieg gegen Frankreich nur noch zwei Universitäten übrig geblieben sind: die alte Albertina in Königsberg, die 1804 mit Kant ihren einzigen Lehrer von Weltruf verloren hat, und die recht provinzielle Viadrina in Frankfurt an der Oder.

Angesichts dieser dramatischen Verfallsgeschichte erscheint Humboldts Idee der Universität als völlig illusionär. Sie soll ein Ort sein, an dem der junge Mensch, zwischen Schule und Berufsleben, »der Freiheit und Selbstthätigkeit überlassen werden kann und, vom Zwange entbunden, nicht zu Müssiggang oder zum praktischen Leben übergehen, sondern eine Sehnsucht in sich tragen wird, die ihm bis dahin nur gleichsam von fern gezeigt war.« So steht es in Humboldts Denkschrift *Ueber die innere und äußere Organisation der höheren wissenschaftlichen Anstalten in Berlin*, die er zu Beginn des Jahres 1810 geschrieben hat, während er sich äußerst engagiert und erfolgreich für die Gründung einer dritten preußischen Universität einsetzt. Sie ist seine bildungspolitische Großtat, die ihn zugleich als einen ideenreichen Denker und zielstrebigen Organisator erkennen lässt.

Die ersten Pläne zur Einrichtung der Berliner Universität stammen nicht von Humboldt. Andere haben mühevolle Vorarbeit geleistet. Sein alter Philosophielehrer Johann Jakob Engel gehörte dazu, auch der Philosoph Johann Gottlieb Fichte, der Altphilologe Friedrich August Wolf und der Theologe Friedrich Schleiermacher. Doch erst Humboldt fasst mit großem Elan diese Vorbereitungen zusammen. Er klärt finanzielle und räumliche Probleme. Als Gebäude wird schließlich das prächtige, Unter den Linden gelegene Palais des Prinzen Heinrich von Preußen überlassen, des jüngeren Bruders Friedrichs des Großen. Humboldt macht eine kluge kollegiale Kommissionspolitik und beruft mit diplomatischem Geschick die besten Köpfe in die neu zu gründende Universität, was ihn oft an den Rand der Verzweiflung treibt, wie er seiner Frau nach Rom schreibt: Die Gelehrten seien doch »die unbändigste und am schwersten zu befriedigende Menschenklasse – mit ihren sich ewig durchkreuzenden Interessen, ihrer Eifersucht, ihrem Neid, ihrer Lust zu regieren, ihren einseitigen Ansichten, wo jeder meint, daß nur sein Fach Unterstützung und Beförderung verdiene.«

Alles geht recht schnell. Am 12. Mai 1809 hat Humboldt in Königsberg, wohin sich der König mit seinem Hof zurückgezogen hat, einen ersten Antrag auf Errichtung der Universität Berlin geschrieben, am 24. Juli eine überarbeitete zweite Fassung. Nicht ganz ein Jahr später, am 30. Mai 1810, wird durch Kabinettsorder die Gründung der Universität zu Berlin in seinem Sinne beschlossen, im Lauf des Oktobers bis Mitte November wird der Universitätsbetrieb aufgenommen. Mehr als alles andere hat Wilhelm von Humboldt die Gründung der Berliner Universität für sein persönliches Werk gehalten, das ihm viel Freude bereitete.

Als jedoch durch Kabinettsorder sein Entscheidungsspielraum als Leiter der Sektion des Kultus und des öffentlichen Unterrichts eingeschränkt und er dem vorgesetzten Minister des Inneren unterstellt wird, fühlt er sich »tief gekränkt« und richtet am 29. April 1810 sein Entlassungsgesuch an den König mit der »ehrfurchtsvollen Bitte, mich nicht länger in einer Lage zu lassen, in der ich an sich den Geschäften nicht mehr nützlich werden kann, in der es mir ausserdem nicht mehr möglich ist, mit Muth und Freudigkeit zu arbeiten, und die aus diesen beiden Gründen mein Leben nothwendig verbittern müsste.«

Wilhelm von Humboldt will sich in sein Privatleben zurückziehen, wobei er seine geliebte Caroline ganz bei sich an seiner Seite fühlt, auch wenn sie schon seit zwei Jahren getrennt leben, weil sie in Rom geblieben ist, während er sich in Berlin und Königsberg festgehalten fühlte. Und wie schon so oft vertraut er mit stoischer Seelenruhe und gelassener Heiterkeit wieder auf die Kraft, über die sein »inneres Sein« verfügt. »Daran muß man aber unablässig arbeiten, und dies innere Rückwirken auf sich selbst muß nie einen Stillstand erleiden.« Denn nur mit dieser inneren Energie, die sich selbst zu beherrschen gelernt hat, ließen sich im Äußeren so manche Widerstände überwinden, an denen der Mensch zu zerbrechen drohe. »So, mein ewig teures, holdes Wesen, verstehe ich das Leben des Menschen. Erreichen werde ich nur wenig davon, aber man muß darum nicht minder die Bahn wandeln, die einsam genug ist.«

* * *

Der endgültige Rückzug aus dem öffentlichen Leben in die private Einsamkeit und geistige Arbeit musste noch ein Jahrzehnt lang warten, das Humboldt weiterhin mit allen seinen Kräften in der politischen Welt tätig war. Im September 1810 trat er seinen Dienst als Staatsminister und Gesandter in Wien an. Er nahm 1813 als Unterhändler am Prager Kongress teil und fuhr im August 1814 als zweiter Vertreter Preußens, neben Karl August Freiherr von Hardenberg, zum Wiener Kongress, wo um die Neuordnung des europäischen Staatensystems gestritten wurde. Nach der Niederlage Napoleons besuchte er die Friedensverhandlungen in Paris, Juli bis November 1815. Anschließend war er dann bis Januar 1817 preußischer Vertreter in der Territorialkommission zu Frankfurt am Main, um süddeutsche Gebietsstreitigkeiten zu klären. Nach einigen Teilnahmen an Staatsratssitzungen in Berlin arbeitete er von Oktober 1817 bis Oktober 1818 als Gesandter in England. Dann war er Beobachter auf dem Aachener Kongress, schließlich ab dem 9. August 1819 Minister für die Ständischen Angelegenheiten in Preußen. Konflikte mit Hardenberg führten zu seiner Entlassung aus dem Ministeramt und Staatsrat am letzten Tag des Jahres 1819. Damit war sein politisches Wirken beendet, das er durch mehrere bedeutsame staatspolitische Denkschriften flankiert hatte.

Am 1. Januar 1820 kehrte Wilhelm von Humboldt in die Lebensform zurück, die seinen Neigungen besser entsprach als die öffentliche politische Tätigkeit. Die letzten fünfzehn Jahre seines Lebens verbrachte er in seinem Tegeler Schloss als ein Privatgelehrter, der in Freiheit und Einsamkeit sich auf das konzentrierte, was ihm als höchster und allgemeinster Zweck des menschlichen Geistes galt. Sein Studium zahlreicher Sprachen und ihres Einflusses auf die geistige Entwicklung des Menschengeschlechts sollte dazu helfen, »dass die Menschheit sich klar werde über sich selbst und ihr Verhältnis zu allem Sichtbaren und Unsichtbaren um und über sich.« In den vielen Sprachen, die er erforschte, waren ihm die Welt und ihre Bewohner näher als in seinem tatsächlichen gesellschaftlichen Umgang. Sein geistiger Horizont weitete sich ins Unermessliche, während sich der Raum des Lebens zunehmend verengte.

Zwar füllte sein Forschen, Denken und Schreiben Humboldts Tage aus. Doch es gab auch Zeiten, in denen ihn eine unbefriedigende Arbeitsphase und schmerzhafte Bitternis zu überwältigen drohten. Am liebsten brachte er sie in Sonetten zur Sprache, um sie geistig-poetisch bewältigen zu können. Schon während seiner Königsberger Zeit (1809/10) hatte er damit begonnen, zunächst nur sporadisch, bevor er sich zum Neuen Jahr 1832 entschloss, täglich zum Ende jeden Tages ein Sonett zu dichten, das durch Universalitätsanspruch, verdichteten Ideengehalt und Reflexionsstruktur charakterisiert war und zu einer Sonettistik der Einsamkeit beitrug, die am Ende, bis wenige Tage vor seinem Tod, insgesamt 1183 Sonette umfasste. Etwa um 1825 entstand das Sonett Nr. 125, in dem der nun bald 60-jährige Humboldt auf seine »rüstige Kraft« und sein »starkes Herz« hinwies, mit denen er die Mühseligkeiten seines Alters ertragen zu können hoffte:

»Im Alter nun von hohen funfzig Jahren
hab' ich im langen Leben Viel erfahren.
was mir nicht an der Wiege ward gesungen,
hat mir in schwerer Lebensmüh geklungen,
Doch rüstge Kraft die Glieder noch bewahren,
und in den dicken, dunkelbraunen Haaren
sind wenig graue nur, erst eingedrungen,
wenn mit zu saurer Arbeit ich gerungen.
Allein was sind auch bittrer Tage Leiden?
Ein starkes Herz sie kräftig überwindet,
und bei des Lebens ruhumquollnem Scheiden
an sie die leiseste Erinnrung schwindet.
Der Schmerz an höhren Ernst die Seele bindet,
und mit sich fort die Zeit reisst Leid und Freuden.«

Nach dem Tod Carolines am 26. August 1829 versank Wilhelm von Humboldt immer mehr in seinen Erinnerungen, seiner sprachwissenschaftlichen und -philosophischen Arbeit und seiner Einsamkeit. Lebendig und forschungsstrategisch vorwärtsweisend blieb jedoch seine ursprüngliche Einsicht in die Energie eines Bildungstriebes, der immer wieder Neues zu erzeugen vermag. Und auch seine Gedanken *Über den Geschlechtsunterschied und dessen Einfluss auf die organische Natur*, die er sich in Schillers Nähe gemacht hatte, verbunden durch Konstellationen der Liebe, hinterließen deutlich erkennbare Spuren in seinen späten Betrachtungen des menschlichen Sprachvermögens.

In seinen *Bemerkungen über die Natur und Beschaffenheit der Sprache überhaupt* finden sich die prägnantesten, auch populärsten Formulierungen seiner spracherotischen Einsichten. Die Natur der Sprache werde durch das Prinzip der doppelten Gliederung bestimmt. In allen Sprachen gebe es gedankliche Einheiten und artikulierte Sprachformen. Wie das Männliche und das Weibliche sind sie voneinander geschieden und gehören dennoch organisch zusammen. Gemeinsam werden sie durch eine generative Kraft angetrieben, die es ermöglicht, von begrenzten Mitteln einen unbegrenzten kreativen Gebrauch zu machen. »Die Sprache ist das bildende Organ des Gedankens. Die intellectuelle Thätigkeit, durchaus geistig, durchaus innerlich und gewissermaßen spurlos vorübergehend, wird durch den Laut in der Rede äusserlich und wahrnehmbar für die Sinne. Sie und die Sprache sind daher Eins und unzertrennlich von einander. Sie ist aber auch in sich an die Nothwendigkeit geknüpft, eine Verbindung mit dem Sprachlaute einzugehen; das Denken kann sonst nicht zur Deutlichkeit gelangen, die Vorstellung nicht zum Begriff werden. (…) Wie das Denken in seinen menschlichen Beziehungen eine Sehnsucht aus dem Dunkel nach dem Licht, aus der Beschränkung nach der Unendlichkeit ist, so strömt der Laut aus der Tiefe der Brust nach aussen und findet einen ihm wundervoll angemessenen, vermittelnden Stoff in der Luft, dem feinsten und am leichtesten bewegbaren aller Elemente, dessen scheinbare Unkörperlichkeit dem Geiste auch sinnlich entspricht.«

Am Nachmittag des 8. April 1835 ließ Wilhelm von Humboldt sich ein Bild seiner Frau zeigen, auf das er einen sehnsüchtigen Blick warf. Dann traten die Symptome ein, die den nahen Tod erwarten ließen. Um sechs Uhr abends, als gerade die untergehende Sonne ihre letzten Strahlen ins Zimmer warf, starb er, ganz so, wie er es sich früher gewünscht hatte: »In keinem Augenblick, glaube ich, stürbe man leichter.« Vier Tage später wurde er neben Caroline unter der Statue der Hoffnung im Park von Tegel beerdigt.

WILHELM VON HUMBOLDT

BILDUNGSTRIEB UND FREIHEITSDRANG.
ÜBER DIE ERZIEHUNG ZUR MÜNDIGKEIT

BRUCHSTÜCK EINER SELBSTBIOGRAPHIE.

Frankfurt am Main, 29. Januar 1816

[...] Ich will damit anfangen, ein kurzes Bild meiner selbst zu entwerfen, in dem mein Wesen auf einmal, wie in einem Spiegel, erscheinen soll.

Die hervorstechenden Seiten an mir sind: vollkommene Herrschaft des Willens über mich selbst; vorwaltende, innerhalb gewisser Schranken und in einer bestimmten Art sehr bedeutende, und nimmer ermüdende Denkkraft; bei gar keiner Neigung auf das Aeussere, als solches, leidenschaftliches Verlangen nach innerer, auf ganz eigenthümliche Weise idealischer Beschäftigung mit und in mir selbst.

Aus diesen drei Stücken folgt unmittelbar, dass ich ein durchaus innerlicher Mensch bin, dessen ganzes Streben nur dahin geht, die Welt in ihren mannigfaltigsten Gestalten in seine Einsamkeit zu verwandeln.

Ich werde jetzt jeden dieser einzelnen Punkte näher bestimmen.

Die Selbstbeherrschung hat seit meinem 12. Jahre wo ich sie, ganz aus innrem Antrieb, anfieng, bis jetzt, wo ich sie noch nicht verschmähe zu üben, nie einen andren Zweck gehabt, als sich selbst. Ich habe nicht meine Leidenschaften besiegt, um tugendhaft zu seyn, nicht ihre Ausbrüche unter meine Gewalt gebracht, um geschickter durch das Leben zu kommen, es hat mich kein Zweck getrieben, mit Abziehung von allen übrigen Gegenständen, nur Einen Punkt zu verfolgen, keine Begeisterung, die, indem sie eine Idee heraushebt, alle übrigen niederschlägt. Ich habe aber von jeher einen Abscheu davor gehabt, mich in die Welt zu mischen, und einen Trieb, frei von ihr, als ihr Beschauer, und Prüfer, zu stehen, und habe natürlich gefühlt, dass nur die unbedingteste Selbstbeherrschung mir den Punkt ausser der Welt schaffen könnte, dessen ich bedurfte; dann liegt auch in dieser, den reinen inneren Willen ehrenden Nüchternheit für mich das eigentlich Edle des Menschen. Geweckt wurden diese Begriffe zuerst in mir durch das Alterthum, an das hernach wieder sie mich auf immer geknüpft haben; und ich gieng zuerst von dem reinen Begriff der Stoiker aus, zu wollen, weil man will.

Meine Selbstbeherrschung und mein Zurücktreten aus der Welt sind aber durchaus von dem ascetischen Tödten der Begierde, und dem einsiedlerischen Entfernen vom Weltlichen verschieden. Ich lasse der Begierde ungescheut den Zügel schiessen, und erkenne in dem Genuss, selbst in dem, den viele ausschweifend nennen würden, eine grosse, und wohlthätig fruchtbare Kraft; die Begierden aber, wie Zorn, Hass, Rachsucht, durch deren Befriedigung der Mensch bloss gewinnt, dass er sich ihrer kochenden Glut entladet, sind mir theils fremd gewesen, theils habe ich sie von mir willkührlich entfernt. Wenn sie zu rechtfertigen, und heilsam in ihren Folgen sind, so sind sie es nur entweder in denen, in welchen der reine, von Hass und Erbittrung getrennte Rechtsbegriff zu schwach wirken würde, oder um Wirkungen hervorzubringen zu denen, auch bei dem stärksten, das Gemüth nur in diesen seinen Krankheiten Kraft genug hat; und dann erhält der Mensch die Gestalt einer Naturkraft, die ich wohl bewundre, und nicht misbillige, aber selbst nicht annehmen mag. Was aber die Welt betrift, so habe ich, statt mich von ihr zu trennen, immer soviel, als möglich, von ihr zu kennen und zu sehen gesucht, und nur mitten in ihr ihr fremd werden wollen. Das Auffassen der Welt in ihrer Individualitaet und Totalitaet ist ja gerade durchaus mein Bestreben, und liegt selbst der Willensherrschaft, als Zweck, zum Grunde.

Die Herrschaft des Willens hat einen negativen, und positiven Theil. Die Besiegung der Schmerzen, die Unabhängigkeit von Genüssen und selbst Bedürfnissen, die Bezähmung der Begierden, ist das Leichteste und Gewöhnlichste im ersteren. Allein in seiner ganzen Ausdehnung, und ich habe ihn nie anders genommen, erfordert er die nie unterbrochne Besonnenheit, die immer mit Nüchternheit sieht, und immer unbedingt Herr ist, welche Empfindung sie zulassen, und was sie äusserlich thun will. Sie besteht daher im Erkennen des Wahren, und im Thun des Rechten, wenigstens des Consequenten. Darum ist es ganz falsch, wenn man meynt, dass diese Beherrschung mit natürlicher Kälte, oder Schwäche der Begierden zusammenhängt. Diese erleichtert nur den schlechtesten Theil der Selbstbeherrschung, die blosse Bezähmung der Leidenschaften; aber die Besonnenheit, die für Wahrheit und Recht fruchtbar werden soll, braucht eine eigne, aus dem durchaus reinen Theile der Seele fliessende Kraft. Mit der Selbstbeherrschung ist Abwesenheit der Furcht, wenigstens Muth verbunden. Dieser ist in mir nie instinctartig gewesen, und darum kann ich gewiss seyn, jede Art in jedem Augenblick zu besitzen.

Den positiven Theil der Willensherrschaft habe ich erst spät erworben. Ich möchte ihn wieder in zwei Arten theilen. Die eine ist das Vermögen, jede einzelne bestimmte intellektuelle, oder praktische Aufgabe, die nur nicht zu sehr ausser dem Gebiete des Talents, oder der Uebung liegt, zu einem bedeutend befriedigenden Grade zu lösen. Von früh an fehlte mir diese ganz. Ich konnte fast nie etwas zu Stande bringen, weil ichs wollte, und bedurfte zu allem der von selbst eintretenden Stimmung. Selbst ein Brief wurde mir auf diese Weise schwer, einen Vers, einen Reim hätte ich nie zu Stande gebracht. Erst als ich in Rom war, bei der Vollendung der Uebersetzung des Agamemnon, hernach bei Geschäften habe ich diese Fähigkeit, und zwar in sehr hohem Grade, meiner Natur abgewonnen. Ich kann jetzt ziemlich in dieser Art was ich will, oder die Umstände erheischen. Die andre Gattung positiver Willensherrschaft geht auf das Handeln, und das Durchsetzen Zeit fordernder Plane. Darauf hat mich zuerst, einige Jahre nach meiner Verheirathung, die Lesung, ich weiss nicht welcher Lebensbeschreibung gebracht. Ich habe damals, mehrere Jahre vor meiner Anstellung, den festen Vorsatz gefasst, in Dienst zu gehen, und eben zu dem Höchsten zu gelangen, was mir erreichbar wäre, und ich habe es erlangt. Aehnliche Dinge sind mir hernach im Privat- und im öffentlichen Leben gelungen. Meine Manier dabei ist aber nicht das blosse, unablässige und unmittelbare Betreiben, sondern sie geht tiefer, und sucht mehr das Wesen der Dinge selbst zu zwingen. Ich thue sehr oft und lange gar keinen sichtbaren Schritt, aber habe meinen Zweck unaufhörlich vor Augen, bereite den Boden vor aus dem er, wie durch die Natur der Dinge selbst hervorgehen muss, lausche jedem etwas versprechenden Augenblick auf, wähle den wahren, und handle dann mit unermüdetem Eifer, lasse mich durch kein augenblickliches Fehlschlagen irre machen, sondern leite wieder jedes selbst zu meinem Ziel. Ausser dem Blick und der Gewandtheit, denen nur die mechanische Ausführung angehört, beruht das Meiste dabei auf unermüdeter Anstrengung für das Bemühen, und hoher Gleichgültigkeit gegen den Erfolg, als solchen, durch deren Vereinigung man unglaublich viel durchsetzen kann. Die meisten Menschen verfehlen ihre Absicht, weil ihnen am Erfolg zu viel liegt, und sie im Ringen danach zu leicht erschlaffen.

Zum Schluss muss ich hier noch bestimmen, ob mir das eigen ist, was die Menschen: *Charakter haben* nennen. Die einfache Antwort ist: als Natureigenschaft gar nicht, wenn ich aber will, im höchsten Grade. Ich gehe, ohne alle Schwierigkeit, von Behauptungen, Vorsätzen, Planen, Wegen sie durchzusetzen ab, und wechsle darin bei selbst geringem Widerstande, wie ich überhaupt eine Neigung habe, im Auessren Andren nachzugeben, die grösstentheils aus meiner Sicherheit herstammt im Innern doch so zu bleiben, wie ich will. Aber aus Vorsatz des Willens giebt es nicht leicht einen mehr eisernen Eigensinn, als ich habe, da selten ein Mensch so die tiefe Ueberzeugung hat, dass sich jede äussere Folge an der Strenge einer Idee in Trümmer zerschellen muss. Ich bediene mich aber dieser ehernen Unnachgiebigkeit selten, weil ich weiss, dass sie nur in wenigen Fällen eine brauchbare Waffe ist. Die Eigenthümlichkeit meiner Selbstbeherrschung liegt also in ihrer Geschmeidigkeit, dass sie nicht selbst wieder steif und pedantisch sogenannten höheren Zwecken dient, und dass ich auch sie wieder beherrsche nach Willkühr.

Gegen meinen Verstand, und die Vorzüglichkeit meiner Geisteskräfte lassen sich sehr bedeutende, und schwer zu widerlegende Einwendungen erheben. Ich habe gar keine Schnelligkeit und Leichtigkeit, die verschiedenen Beziehungen der Dinge und Ideen auf einander zu fassen, es mögen ausgelassene Mittelbegriffe, oder auch sehr unmittelbare Folgerungen seyn. Bei Geschäften verbessre ich diesen Fehler nur durch Fleiss, Nachforschen und Berathschlagung mit andren, und darin ist mir die grösseste Aufmerksamkeit zur andern Natur geworden. Ich habe gleich wenig den Geist des Rathens, Verbindens, Vermuthens, habe nie ein einziges Kartenspiel nur leidlich gelernt, und nie in der Philologie zur Kritik getaugt. Dieser Mangel schadet mir beim Gesandtenleben erstaunlich, er lässt sich durch nichts ersetzen, nur mehr, oder minder verstecken. Ich bin gar nicht erfinderisch, es stellt sich mir Alles mehr, als Ordnung, denn als Mannigfaltigkeit dar; daher habe ich selbst im Schreiben und Reden eine gewisse Einförmigkeit, die mir sogar oft dieselben Worte wiederbringt; eine gewisse Fülle der Gedanken reiht sich höchstens schlagweise auf witzige Art in mir an einander, aber fliesst nicht mit Leichtigkeit aus einander her. Ich habe viel zu selten die eigentliche Sicherheit der Wahrheit, und schwanke sehr leicht zwischen zwei Reihen von Ideen, so dass ich immer die andre für vorzüglicher halte, wenn ich im Begriff bin, die eine anzunehmen.

Ich habe nie von mir selbst die Ueberzeugung gehabt, und habe sie auch an andren über mich nicht bemerkt, dass ich die wahre Fähigkeit hätte in die eigentliche synthetische Metaphysik einzugehen. Ich bin entschieden nicht zum Dichter gebohren, und meine Einbildungskraft wird bald von der Trockenheit des Verstandes, bald von dem Stoff der Empfindung überwältigt. Ich habe auch in meiner Kindheit, und bis ich bei Engel ein philosophisches Collegium hörte, und selbst da noch im Anfang für einen langsamen, wenig von der Natur begünstigten Kopf gegolten, vorzüglich verglichen mit meinem Bruder Alexander. Ich habe noch manchmal, nur dass es glücklicherweise nicht bemerkt, oder der Zerstreuung, oder andren Ursachen zugeschrieben wird, in Gesellschaft und in Geschäften einfältige, alberne, gehaltleere Momente, und zwar solche, die für diese Art von Momenten bei weitem zu lang sind. Ich kann indess nicht sagen, dass meine Geisteskraft mit dem Zunehmen der Jahre gesunken wäre; sie ist viel mehr gewachsen, und gestiegen. Aber wahr bleibt es gewiss, dass sowohl ehemals, als jetzt, mein Kopf ursprünglich langsam, dürftig an Mannigfaltigkeit, und zu wenig lebendig ist. Dazu kommt nun, dass ich ihm wenig Stoff von aussen mittheile. Denn ich habe unglaublich wenig gelesen, und finde noch keine Freude daran, weiss sehr wenig Dinge, viel weniger, als die Welt meynt, mit Gewissheit, und habe sehr viel Zeit mit zu sehr mechanischem, dem Kopf wenig fruchtbarem Studium zugebracht. Soweit die Anklagen und die Mängel. [...]

I.

AUF DEM WEG ZUR MÜNDIGKEIT
1767–1790

AN JOACHIM HEINRICH CAMPE

Tegel, 31. August 1781

[... unge]fehr diese: Einmal eine gewisse Abneigung gegen den Soldatenstand, die mir mein seliger Vater, meine Mutter, und meine übrigen Verwandten – die mir immer vom Studieren vorsprachen – verursacht haben. Dann meine wenig dauerhafte Gesundheit; und endlich darf ich auch dahin einige Liebe zu den Wissenschaften rechnen, die mir Herr Kunth eingeflößt hat.

Ich schreite jezt zur Beantwortung Ihrer zweiten Frage. Ich habe bei Herr Koblank und Herr Clüsener fast gar nichts in den Wissenschaften gethan. Herr Koblank ließ es zwar nicht am Fleiße fehlen, machte mir aber den Unterricht nicht angenehm genug; und Herr Clüsener bekümmerte sich fast gar nicht darum, ob ich etwas lernte, oder nicht. Ich wußte daher fast gar nichts, als Herr Kunth zu uns kam. Um Ihnen nun zu sagen, wie viel ich in den viertehalb Jahren seines Aufenthaltes bei uns gelernt habe, will ich jede Wissenschaft besonders durchgehen.

Sprachen: Ich habe nur in drei Sprachen Unterricht gehabt, in der deutschen, lateinischen und französischen. Die deutsche Sprache hab' ich nach keiner Grammatik gelernt. Herr Kunth hat nur immer die Fehler, die ich im Schreiben oder

Sprechen machte, verbessert, und ich selbst bin beim Lesen deutscher Bücher aufmerksam gewesen. Dadurch habe ich es dahin gebracht, daß ich im Schreiben wohl nur äußerst selten, und auch im Sprechen nicht häufig Fehler gegen die Grammatik mache. Damit ich aber ziemlich und zusammenhängend schreiben lerne überseze ich oft Stellen aus lateinischen Schriftstellern ins Deutsche, wobei ich denn meinen Ausdruck dem lateinischen, so viel als möglich, anzupassen suche. Bisweilen mache ich auch kleine, deutsche Ausarbeitungen, die Herr Kunth korrigirt. Und überdis sieht Herr Kunth darauf, daß ich die lateinischen Schriftsteller, die wir zusammen lesen, in gutes reines Deutsch überseze. Beim Lateinischen bediene ich mich der Langenschen Grammatik. Diese habe ich nun zwar noch nicht ganz im Kopfe; ich lerne sie aber täglich besser. Ich lese jezt mit Herm Kunth den Jugurthinischen Krieg des Sallust. Ich bereite mich täglich vor der Stunde auf einige Kapitel vor. In der Stunde überseze ich erst das Kapitel vor, und Herr Kunth verbessert mich, wenn ich nicht richtig, oder nicht in gutes Deutsch überseze, und endlich gehen wir das Kapitel noch einmal durch, und Herr Kunth erklärt mir, mit Hülfe der Grammatik, die schwersten Konstruktionen, und was mir sonst noch unverständlich ist. Neben dem Sallust lese ich auch noch mit Herrn Kunth einzelne Oden aus dem Horaz. Diese übersezen wir erst, und dann zeigt mir Herr Kunth den Plan und den Zusammenhang der Ode, und macht über sie Anmerkungen, die theils die Geschichte, theils die Geographie, theils die Mithologie, theils Antiquitäten, theils rednerische oder grammatische Figuren, theils auch die verschiedenen Lesarten betreffen. Diese Anmerkungen muß ich nebst der Uebersezung der Ode nach der Stunde aufschreiben. Auch erklärt mir Herr Kunth bei jeder Ode das Silbenmaaß, und sucht mich mit dem Unterschiede der lateinischen und deutschen Silbenmaaße, wie auch der lateinischen und deutschen Dichtkunst überhaupt, bekannt zu machen. Außer diesen beiden

Schriftstellern lese ich noch kursorisch den lateinischen Theil von Schüzens Elementarwerk mit Herrn Kunth. Ferner überseze ich auch vom Deutschen ins Lateinische, und bin darin nicht ganz ungeübt. Ich thue es jezt aus Königs neuer Chrestomathie. Ich muß Ihnen nun auch sagen, welche Schriftsteller ich schon gelesen habe. Von den Prosaikern: den Kornelius, Eutropius, den Gallischen Krieg des Cäsar, den Katilinarischen Krieg des Sallust, einige Bücher der Episteln des Cicero, und seinen Lälius; von den Dichtern: den Phädrus, einige wenige Fabeln ausgenommen, und ein Paar Bücher der Sittensprüche des Kato. Auch den Virgil habe ich zu lesen angefangen; weil aber Herr Kunth keine gute Ausgabe hatte, so legte er ihn wieder an die Seite. Die Französische Sprache habe ich, wie die deutsche, nicht nach einer Grammatik, sondern durch Lesen und vieles Sprechen gelernt. Die Bücher, die ich darin noch lese und gelesen habe, sind: Gellerts Briefe, von Huber übersezt, Telemach, die Uebersetzung des ersten Theil Ihres Robinson, ein Auszug aus Rollins allgemeiner Weltgeschichte, und Mannsteins Geschichte von Rusland. Auch habe ich oft aus dem Deutschen ins Französische übersezt, und französische Briefe gemacht.

Wissenschaften: Ich fange mit der Theologie an. Herr Kunth lehrt sie nach Dietrichs Unterweisung zur Glückseligkeit nach der Lehre Jesu. Er hat dis Büchelchen oft mit mir durchgenommen, und ich habe es daher auch so ziemlich im Kopfe. Wenn Sprüche aus der Bibel darin angeführt werden, so schlage ich sie immer auf. In der Geschichte, sowohl der alten, als der neuen giebt mir Herr Kunth nach Schrökhs Lehrbuch der allgemeinen Weltgeschichte Unterricht. Aber noch außerdem lerne ich sie durch häufiges Lesen von Geschichtsbüchern. Die Geschichte überhaupt lerne ich aus Millots allgemeiner Weltgeschichte, (die ich sehr fleißig lese) und weil dis Werk nur erst die alte Geschichte enthält, so weiß ich auch diese besser, als die neuere. Die deutsche Geschichte insbesondere lehrt uns Herr Kunth nach Pütters Begrif der deutschen Reichsgeschichte, zu dem er noch Anmerkungen aus Pütters weitläuftigerem Werke über die deutsche Reichsgeschichte, und aus Schmidts Geschichte der Deutschen hinzufügt. Dazu lese ich noch fleißig den dritten Theil von Schrökhs allgemeiner Weltgeschichte für Kinder, der die deutsche Geschichte enthält. Für die Brandenburgische Geschichte, vorzüglich für die Geschichte der Kurfürsten aus dem Hause Hohenzollern hat mir Herr Kunth einen Auszug aus Baumanns Geschichte des Kurhauses Brandenburg und den Mémoires de Brandebourg gemacht, den ich auch fast ganz weiß. Die Gelehrten Geschichte mache ich mir aus Schröckhs Lehrbuche, von dem ich schon oben geredet habe, und aus den Charakteren deutscher Dichter und Prosaisten bekannt. Auch darf ich nicht vergessen, daß ich fleißig Schröckhs Biographien lese. Außer dem Lesen bediene ich mich noch eines andern Mittels, die Geschichte recht gut zu lernen. Ich entwerfe nemlich manchmal Abschilderungen großer und berühmter Männer, die Herr Kunth korrigirt. Die Geographie lerne ich noch, außer dem gewöhnlichen Unterricht, dadurch, daß ich häufig Karten abkopire, und mir so die Lage der Länder, Provinzen und Städte einpräge. Von der Logik hat mir Herr Kunth durch Ihre Seelenlehre, die er mit mir und meinem Bruder ganz durchgenommen, und die uns sehr amüsirt hat, einige Begriffe beigebracht. In der Mithologie giebt mir Herr Kunth keinen besonderen Unterricht, sondern erklärt mir sie, wenn in den Oden des Horaz, die wir nehmen, etwas daraus vorkommt. Auch die Mathematik hab' ich vorigen Winter gelernt, und die Arithmetik und einen großen Theil der Geometrie durchgenommen. Ich habe aber nur wenig davon behalten, vorzüglich darum, weil der Lehrmeister, den ich hatte, zu geschwind fortging, und fast gar nicht wiederholte; so daß ich die Menge der Sachen nicht behalten konnte. Doch werde ich wohl wieder künftigen Winter Unterricht darin bekommen. Die Naturgeschichte lerne ich aus Rafs Naturgeschichte für Kinder, in der ich oft lese. Die Botanik insbesondere lehrt mich

Herr Heim. Weil er uns aber nicht oft genug besucht, so bin ich auch noch nicht sehr weit darin gekommen. Meinen Stil hat Herr Kunth durch kleine Ausarbeitungen und Briefe, die er mich hat machen lassen, und die er nachher korrigirt hat, zu verbessern gesucht.

Es bleibt mir jezt nur übrig, Ihre dritte Frage zu beantworten, die nemlich, welche Bücher ich gelesen habe, und noch lese? Zum Theil habe ich sie schon beantwortet, nemlich in Ansehung der lateinischen und französischen Bücher. Jezt will ich Ihnen auch die deutschen Bücher nennen, die ich theils gelesen habe, theils noch lese. Diese sind vorzüglich: Ihre Seelenlehre, Ihr Robinson, Ihre Kinderbibiliothek, Gellerts Briefe, Schüzens Elementarwerk, Trapps Unterredungen mit der Jugend, Millots allgemeine Weltgeschichte, von Christiani übersezt, Schröckhs Biographien, desselben allgemeine Weltgeschichte für Kinder, Hallers Versuch schweizerischer Gedichte, Kleists Gedichte, Wezels Buch über die deutsche Litteratur und Charaktere deutscher Dichter und Prosaisten. Zu diesen Büchern kommt nun noch Ihre Entdekkung von Amerika, die wir vor einigen Tagen empfangen haben, und auf die ich mich sehr freue. Bisweilen giebt mir auch Herr Kunth eine gelehrte Zeitung zu lesen.

Sie schreiben mir noch ferner in Ihrem ersten Briefe, daß Sie von meinem seligen Vater, meinem Bruder, und mir Abbildungen zu haben wünschten. Meines Bruders und meinen Schattenriß schikke ich Ihnen hier mit. Von meinem lieben seligen Vater haben wir zwar auch ein recht gut getroffenes Gemälde, aber wir haben nur noch keinen gefunden, der es abkopirt hätte. Indeß sein Sie versichert, daß ich Ihnen, sobald sich einer dazu finden wird, eine Kopie davon mittheilen werde.

Unser ganzes Haus empfiehlt sich Ihnen und Ihrer Frau Gemahlin. Dieser bitte, auch mich zu empfehlen.

Jezt eile ich zum Schluß. Denn ich sehe, daß mein Brief schon ungeheuer lang ist. Verzeihen Sie dis – doch wozu Entschuldigungen? Sie würden meinen Brief nur verlängern. Ich will mich also lieber gar nicht entschuldigen, sondern nur gleich schließen und Ihnen sagen, daß ich beständig bin

der Ihrige,

Wilhelm von Humboldt.

AN HENRIETTE HERZ

Frankfurt a. d. Oder, Sonntag Abend, Februar 1788

... Ich habe heute durch Kunth Ihren Brief erhalten. O liebe, teure Freundin, Sie nehmen zu herzlichen Anteil an meinem Schicksale! Sie wünschen mich glücklich machen zu können? O Gott, bin ich es nicht und – ich will nicht undankbar sein, ich bin es doch sehr oft – bin ich es denn nicht allein durch Sie, meine Teure? Habe ich wohl eine recht frohe, heitre Stunde, die ich Ihnen, Ihrer Freundschaft, Ihrer Liebe nicht dankte? O Henriette, Sie können mich glücklich machen, und Sie tun es. Könnte ich nur immer bei Ihnen, wenigstens nur in Ihrer Nähe sein, dann wäre ich auch glücklicher.

Aber so, Liebe, so bin ich nun schon vier Monate lang hier allein, ohne eine einzige Seele, die ganz, die so wie Sie mit mir, sympathisierte, der ich mich so ungescheut, so ganz ohne Rückhalt anvertrauen könnte. Und wenn nun zu dieser Empfindung das Gefühl von Kränklichkeit oder wenigstens von geringerer Fähigkeit zu langer, angestrengter Arbeit hinzukommt; ja nun, da muß es freilich manchmal finstrer in der Seele aussehn, als es eigentlich sollte. Aber fürchten Sie nichts, meine Beste, lassen Sie mich nur erst wieder bei Ihnen sein; gewiß, es wird bald wieder die Heiterkeit zurückkehren, die ich hier zehn Meilen fern von Ihnen – so wie ich nun einmal denke und empfinde, und wollten Sie wohl, daß ich anders dächte und empfände? – nun freilich vermissen muß. Nennen Sie mich auch nicht eigentlich unglücklich. Das bin ich nicht und habe nicht Ursach, es zu sein. Aber ich war ja nie von ganz heitrem Temperament. Ich gehörte ja immer zu den Menschen, die entweder auf der einen oder der andern Seite ausschweiften. Und so ist's im Ganzen wohl auch noch. Nun freilich, zu lustig, zu ausgelassen bin ich wohl hier in Frankfurt noch nicht gewesen!

Machen Sie mir auch keine Vorwürfe, meine liebe Henriette, wegen meines zu vielen Arbeitens. Es ist freilich wahr, ich habe mehr getan, als meine Kräfte erlaubten. Aber denken Sie ja nicht, daß bloß meine Lebensart hier in Frankfurt an dem Übel schuld ist. Ich habe schon immer zu viel gesessen, und wenn ein Fehler verzeihlich ist, so ist's wohl dieser in meiner Lage. War ich nicht unglücklich genug, in meiner eigenen Familie mit Leuten immer sein zu müssen, mit denen ich so wenig stimmte, daß mir nichts, gar nichts übrig blieb, als mich in mich selbst zurückzuziehen und das bei Büchern zu suchen, was ich bei Menschen nicht fand? Geriet ich nicht hernach in Verbindungen, die mich oft so viel Zeit und Muße kosteten, daß ich manche, sonst einer besseren Erholung oder dem Schlafe gewidmete Stunde aufopfern mußte, um nur das wieder einzubringen? Nicht in Verbindungen, von denen ich mit Recht fürchten mußte, daß sie ein schlechtes Licht auf meinen Charakter werfen mußten, so daß mir nichts übrig blieb, als wenigstens dafür zu sorgen, daß meine Kenntnisse und mein Kopf nicht eben so sehr verachtet würden als meine Aufführung und mein Herz, das man doch aber wahrlich oft verkannte? Da, liebe Henriette, da haben Sie die treue Schilderung der Ursachen meines größeren Fleißes in meinen früheren Jahren. Und hernach, nun seitdem mich Ihre Freundschaft jenen Verbindungen, Ihr und Brennas [Brendel Veits] Umgang jener Langenweile in meiner Familie entrissen hat, ja seitdem hat mich nun eine, vielleicht durch Gewohnheit entstandene Liebe zur Arbeit und zur Beschäftigung, das Gefühl, daß ich noch in so manchen Stücken so weit zurück bin, und nicht Eitelkeit – dazu kennt mich Henriette – aber der innere Stolz, doch wenigstens nicht weniger als andre junge Leute meines Alters wissen zu wollen, dies alles, sag ich, hat mich seitdem zu einer anstrengenden Arbeit angetrieben.

Und nun gar hier in Frankfurt? O ich kann es Ihnen nicht beschreiben, wie mir in der ersten Zeit war. Ich hatte niemand, mit dem ich recht gern gewesen wäre, niemand, dem ich nur das, was mich so schwer drückte, hätte klagen können. War es da nicht verzeihlich, wenn ich die Veranlassung ergriff, die sich darbot, mich beinah ganz vereinzeln, mich beinah ganz auf meine Stube einschränken zu können? Schon ehe ich nach Frankfurt kam, liebte ich es mehr als alles, allein, ungestört von allen Menschen zu sein. Diesen Hang konnte ich hier befriedigen. Ich konnte des Nachts so ruhig sitzen, konnte so ungestört meiner Henriette jede Empfindung meiner Seele vertrauen, brauchte nicht, wie jetzt, immer Acht zu geben, ob auch nicht jemand hereinkäme. Konnte mich das nicht reizen? Und ich hatte ja noch immer Bewegung, noch immer Erholungsstunden, wie konnte ich denken, daß mein Körper es so wenig aushalten würde?

Also, sehen Sie, meine Teure, bin ich an dem jetzigen Übel so viel nicht schuld. Und dann ist das Übel auch so groß nicht. Ich bin doch nun ganz wieder besser, wenn ich auch manchmal etwas Kopfschmerzen habe. Die hatte ich ja auch oft vorher.

Leben Sie nur wohl, meine herzlichgeliebte Henriette. Grüßen Sie unsre Lieben und denken Sie an Ihren Wilhelm, der in sieben Wochen von hier Ihnen selbst sagt, wie innig er Sie liebt.

AN FRIEDRICH HEINRICH JACOBI

Göttingen, 17. November 1788

[...] Noch nie war eine so kurze Zeit für mich so reich an interessanten Gesprächen. Ihre Art, metaphysische Untersuchungen anzustellen, hat, noch abgerechnet, daß sie uns der Wahrheit näher bringen muß, so unendlich viel mehr Reiz, als jene Methode, die durch die Wolffische Schule so allgemein verbreitet worden ist. Ich gestehe Ihnen, daß ich in der Zwischenzeit, da ich Wolff nun so ziemlich gefaßt hatte, und ehe ich Kant las, beinah einen Widerwillen gegen meine Metaphysik empfand. Es kam mir alles so trocken, so bloßes Gerippe, ohne Geist und Leben, vor, ich demonstrierte und demonstrierte, und nie brachten doch die Resultate eigentlich Überzeugung hervor. Wie konnten nun gar Männer von Scharfsinn und Tiefsinn – wie Sie einmal, dünkt mich, sehr glücklich unterschieden – Geschmack daran finden, völlig allgemeine Begriffe so lange zu zergliedern, zu vergleichen, und, um mich eines Kantischen Ausdrucks zu bedienen, in der Schmelzküche der Vernunft zu kochen und zu läutern, bis der Geist verfliegt und endlich ein Nichts zurückbleibt? Überhaupt ist es mir in der Tat ein Phänomen, wie man, statt die Gegenstände selbst in ihrem ganzen Leben und ihrer Wahrheit anzuschauen, seine Augen vor ihnen verschloß, und analysierte, wie man das, was gar nicht auf Verhältnissen beruht, das Dasein der Dinge, durch etwas andres, als durch Erfahrung zu erkennen glaubte. Der logischen Verhältnisse zwischen den Begriffen gibt es eine bestimmte Anzahl, man muß also da notwendig einmal auf einen Punkt kommen, von dem aus keine Erweiterung der Kenntnisse mehr möglich ist. Wendet man sich hingegen zu den Gegenständen selbst, hält man nichts eher für wahr, als bis man es selbst angeschaut hat; so mag der Weg vielleicht langsamer sein, aber er ist auch sichrer und reizender und der Stoff des Nachdenkens ebenso unerschöpflich, als die Menge der Gegenstände in der Natur.

Nur Eine Frage wünschte ich hier recht genau und vollständig beantwortet. Da bei dieser Art zu philosophieren alles auf Anschauung, auf Gefühl, also auf etwas ankommt, das nicht so ganz mehr mit Worten ausgedrückt werden kann, so muß auch dabei Irrtum eher, als da, wo bloß von Verhältnissen die Rede ist, möglich sein. Vielleicht läßt sich analogisch von den äußeren Sinnen auf das innere Anschauungsvermögen schließen. So wie jene oft zu empfinden glauben, ohne daß ein Gegenstand der Empfindung wirklich da ist, eben so kann es wenigstens auch bei diesem der Fall sein. Wie ist nun da Wahrheit von Täuschung zu unterscheiden? Ich glaube durch kein anderes Mittel, als indem man den Gegenstand immerfort herumwendet und wieder von neuen Seiten betrachtet. Denn Analyse der Begriffe kann, dünkt mich, da sie uns nie, auch nur mit dem kleinsten Schritte, aus dem Formalen heraus in das Materielle der Erkenntnis hinüberführt, auch nicht einmal von kritischem Gebrauche hierbei sein. Ferner verdienten die Grenzen unseres Anschauungsvermögens wohl eine eigene Untersuchung; ob wir dadurch bloß das Dasein sinnlicher Gegenstände erkennen und das der außersinnlichen nur mittelbar durch diese, wie z. B. das Dasein Gottes durch das Dasein der Welt, gleichsam als das Zeichen davon, oder ob auch außersinnliche unmittelbar sich uns offenbaren? Mir scheint das Letztere unmöglich. Sinnlichkeit ist, glaub ich, die einzige Bedingung, unter der wir neue Begriffe von außen her erhalten können, jede Anschauung, die sich weder mittelbar noch unmittelbar auf Sinnlichkeit bezöge, würde ich für Sensation, nicht für Perzeption halten.

Verzeihen Sie dies lange, vielleicht sehr wenig philosophische Geschwätz. Aber Sie haben mich verwöhnt, teuerster Freund. Ich sehe Sie einmal als meinen Lehrer an, und ein Schüler hat das Recht. seine Ideen vorzutragen, um sie der Berichtigung zu unterwerfen. Aus diesem Gesichtspunkt sehen Sie allein diese Stelle meines Briefes an [...]

AN CAROLINE VON DACHERÖDEN

Göttingen 22. Mai 1789

[...] Du sahst in diesen Tagen, Li, einen Menschen bei Dir, der Dich gewiß sehr lebhaft an mich erinnerte. Ich meine Kunth. O! Lina, was der Name für Bewegungen in mir erregt, so oft ich ihn nur aussprechen höre, kannst Du nicht glauben. Er erinnert mich an Szenen, deren Andenken mich ewig erschüttern wird. Er leitete meine ganze Kindheit. Wie ich jetzt bin, so ward ich, nicht durch ihn, aber bei ihm, auf seine Veranlassung. Wenn Du den ganzen Gang meiner Begriffe wüßtest, wenn Du alle die Schritte sähest, die ich durchwandern mußte, alle die Lagen, die mich endlich zu dem sonderbaren Gemische guter und böser Eigenschaften, froher und kummervoller Empfindungen machten, das ich jetzt bin, gewiß, Du würdest Deinen Wilhelm bedauern und den Gott segnen, der Dir ihn erhielt. Du kennst mich noch nicht, Lina, und der Gedanke quält mich schon lang. Wenn ich es mir denke, daß es Seiten in mir gäbe, die nicht harmonierten mit Deinem Wesen, daß Deine Liebe sich getäuscht fühlte – o! – laß ihn mich nicht vollenden den grauenvollen Gedanken. Nicht alle, meine Lina, urteilen von mir wie Du, wie Caroline, wie die Weiber und Carl. Es gibt Menschen, die mich fühllos, mürrisch, menschenfeindlich nennen, und wenn ich dann manchmal denke: und wer weiß, vielleicht haben sie recht, dann gesellt sich der Gedanke hinzu, Eurer Liebe nicht wert zu sein, und stürzt mich in tiefe Melancholie. Aber dann rechne ich wieder auf Eure Verzeihung, rechne auf das volle, selige Gefühl inniger Liebe, das mich für Euch alle füllt, und nach und nach kehren Ruhe und Frieden in meine Seele zurück.

Öde und freudenlos ist meine Kindheit dahingewelkt, in den Jahren des Jünglings hab ich hohe Wonne genossen – ich war ja bei Dir, fühlte ja das ungestüme Pochen Deines Herzens an dem meinigen – aber auch immer habe ich mit entgegenstrebenden Kräften, Besorgnissen, Schwierigkeiten zu kämpfen gehabt, wie werden die Tage des Mannes sein? Ich werde glücklich sein, wenn ich Gutes wirken kann, denn ich werde dann zufrieden mit meiner Existenz sein. Aber mehr erwarte ich nicht. Gibt mir das Schicksal mehr, schenkt es mir die Wonne, einmal glücklich zu sein im Kreise einer glücklichen Familie, in Deiner und unserer übrigen Lieben Nähe, o! dann soll mein warmer Dank hinaufglühen zum Vater, der mir das gab. Empfange ich das nicht, nun – so bin ich gewohnt, zu entbehren, so will ich Verzicht tun auf den Genuß und will wenigstens durch mich genießen lassen, was durch mich des Genusses fähig ist. Ach, es ist mir ein reizender Gedanke, wie wir nach 30, 40, Jahren zurückblicken werden auf unsere Jugend, wie wir uns freuen werden, früher als andere der wahren Lebensweisheit näher getreten zu sein, wie das alles in uns fester, bestimmter, ausgebildeter sein wird, wie wir dann so nah auf die himmlische Wonne ewiger Vereinigung hinblicken werden.

Das höhere Alter war von jeher ein Gegenstand meiner sehnlichsten Wünsche. Man nennt mit Unrecht das Alter des Greises das Alter der Untätigkeit. Der Wirkungskreis mag enger, eingeschränkter sein, aber vielleicht ist er auch schöner, vielleicht ist das Gute auch reiner, das Gute, das man wirkt und das man genießt, und vor allem der Rückblick in die Vergangenheit, die nahe Aussicht auf die Zukunft hin! –

AN GEORG FORSTER

Den 8. Februar 1790

Der Heynesche Ausspruch, womit Sie Ihren Brief anfangen, ist ganz der meinige; nur würde ich ihn anders ausdrücken. Jeder Mensch ›muß in das Große und Ganze wirken‹, nur, was dies Große und Ganze genannt wird, darin liegt, meinem Gefühl nach, so viel Täuschung. Mir heißt, in das Große und Ganze wirken, auf den Charakter der Menschheit wirken, und darauf wirkt jeder, so bald er auf sich und bloß auf sich wirkt.

Wäre es allen Menschen völlig eigen, nur ihre Individualität ausbilden zu wollen, nichts so heilig zu ehren als die Individualität des andern; wollte jeder nie mehr in andere übertragen, hie mehr aus andern nehmen, als von selbst aus ihm in andere und aus andern in ihn übergeht, so wäre die höchste Moral, die konsequenteste Theorie des Naturrechts, der Erziehung und der Gesetzgebung den Herzen der Menschen einverleibt. Man sei nur groß und viel, so werden die Menschen es sehn und nutzen; man habe nur viel zu geben, so werden die Menschen es genießen, und der Genuß wird Vater neuer Kraft sein. Wenn unter uns so wenig geschieht, so ist es nicht, weil unsre Lagen und Verhältnisse uns hinderten zu wirken, sondern weil sie uns hindern zu werden und zu sein. Ich tadle die nicht, welche über

Eingeschränktheit des Wirkungskreises klagen. Leider haben die meisten Menschen nur Talent, und das bedarf der äußeren Verhältnisse, um sich zu zeigen und nützlich zu werden. Aber der wahrhaft große, d.i. wahrhaft intellektuell und moralisch ausgebildete Mann wirkt schon dadurch allein mehr als alle anderen, daß ein solcher Mann einmal unter den Menschen ist oder gewesen ist.

ÜBER RELIGION UND GESETZGEBUNG. 1790

[...] Die Mittel, welche der Gesezgeber anwendet, um die moralische Bildung seiner Bürger zu befördern, sind immer in dem Grade zwekmässig und nüzlich, in dem sie die innere Entwicklung der Fähigkeiten und Neigungen begünstigen. Denn alle Bildung hat ihren Ursprung allein in dem Innren der Seele, und kann durch äussre Veranstaltungen nur veranlasst, nie hervorgebracht werden. Dass nun die Religion, welche ganz auf Ideen, Empfindungen und innrer Ueberzeugung beruht, ein solches Mittel sei, ist unleugbar. Wir bilden den Künstler, indem wir sein Auge an den Meisterwerken der Kunst üben, seine Einbildungskraft mit den schönen Gestalten der Produkte des Alterthums nähren. Eben so muss der sittliche Mensch gebildet werden durch das Anschauen hoher moralischer Vollkommenheit, im Leben durch Umgang, und durch zwekmässiges Studium der Geschichte, endlich durch das Anschauen der höchsten idealischen Vollkommenheit im Bilde der Gottheit. Aber diese leztere Ansicht ist, wie ich im Vorigen gezeigt zu haben glaube, nicht für jedes Auge gemacht, oder, um ohne Bild zu reden, diese Vorstellungsart ist nicht jedem Charakter angemessen. Wäre sie es aber auch; so ist sie doch nur da wirksam, wo sie aus dem Zusammenhange aller Ideen und Empfindungen entspringt, wo sie mehr von selbst aus dem Inneren der Seele hervorgeht, als von aussen in dieselbe gelegt wird. Veranlassung, mit Religionsideen vertraut zu werden, Begünstigung des freien Untersuchungsgeistes, Leitung desselben auf diese Gegenstände sind folglich die einzigen Mittel, deren der Gesezgeber sich bedienen darf; geht er weiter, nimmt er gewisse bestimmte Ideen in Schuz, fodert er statt wahrer Ueberzeugung Glauben auf Autorität; so hindert er das Aufstreben des Geistes, die Entwiklung der Seelenkräfte, so bringt er vielleicht durch Gewinnung der Einbildungskraft, durch augenblikliche Rührungen Gesezmässigkeit der Handlungen seiner Bürger, aber nie wahre Tugend hervor. Denn wahre Tugend ist unabhängig von aller und unverträglich mit befohlner, und auf Autorität geglaubter Religion.

Wenn jedoch gewisse Religionsgrundsäze auch nur gesezmässige Handlungen hervorbringen, ist diess nicht genug um den Staat zu berechtigen, sie, auch auf Kosten der allgemeinen Denkfreiheit, zu verbreiten? Die Absicht des Staats wird erreicht, wenn seine Geseze streng befolgt werden; und der Gesezgeber hat seiner Pflicht ein Genüge gethan, wenn er weise Geseze giebt und ihre Beobachtung von seinen Bürgern zu erhalten weiss. Ueberdiess passt jener aufgestellte Begriff von Tugend nur auf einige wenige Classen der Mitglieder eines Staats, nur auf die, welche ihre äussre Lage in den Stand sezt, einen grossen Theil ihrer Zeit und ihrer Kräfte dem Geschäfte ihrer innren Bildung zu weihen. Die Sorgfalt des Staats muss sich auf die grössere Anzahl erstrekken, und diese ist jenes höheren Grades der Moralität unfähig.

Ich erwähne hier nicht mehr der Säze, welchen ich den ersten Theil dieses Aufsazes gewidmet habe, und die in der That den Grund dieser Einwürfe umstossen, der Säze nemlich, dass die Staatseinrichtung an sich nicht Zwek, sondern nur Mittel zur Bildung des Menschen ist, und dass es daher dem Gesezgeber nicht gnügen kann, seinen Aussprüchen Autorität zu verschaffen, wenn nicht zugleich die Mittel, wodurch diese Autorität bewirkt wird, gut, oder doch unschädlich sind. Es ist aber auch unrichtig, dass dem Staate allein die Handlungen seiner Bürger, und ihre Gesezmässigkeit wichtig sei. Ein Staat ist eine so zusammengesezte und verwikkelte Maschine, dass Geseze, die immer nur einfach, allgemein, und von geringer Anzahl sein müssen, unmöglich allein darin hinreichen können. Das Meiste bleibt immer den freiwilligen einstimmigen Bemühungen der Bürger zu thun übrig. Man braucht nur den Wohlstand kultivirter und aufgeklärter Nationen mit der Dürftigkeit roher und ungebildeter Völker zu vergleichen, um von diesem Saze überzeugt zu werden. Daher sind auch die Bemühungen aller, die sich je mit Staatseinrichtungen beschäftigt haben, immer dahin gegangen, das Wohl des Staats zum eignen Interesse des Bürgers zu machen, und den Staat in eine Maschine zu verwandeln, die durch die innere Kraft ihrer Triebfedern in Gang erhalten würde, und nicht unaufhörlich neuer äussrer Einwirkungen bedürfte. Wenn die neueren Staaten sich eines Vorzugs vor den alten rühmen dürfen; so ist es vorzüglich, weil sie diesen Grundsaz mehr realisirten. Selbst dass sie sich der Religion als eines Bildungsmittels bedienen, ist ein Beweis davon. Doch auch die Religion, insofern nemlich durch gewisse bestimmte Säze nur gute Handlungen bewirkt werden sollen, wie es hier der Fall ist, ist ein fremdes, von aussen einwirkendes Mittel. Daher muss es immer des Gesezgebers eifrigstes Streben bleiben, die Bildung der Bürger bis dahin zu erhöhen, dass sie alle Triebfedern zur Beförderung des Zweks des Staats allein in der Idee des Nuzens finden, welchen ihnen die Staatseinrichtung zu Erreichung ihrer individuellen Absichten gewährt. Zu dieser Einsicht aber ist Aufklärung und hohe Geistesbildung nothwendig, die da nicht emporkommen können, wo der freie Untersuchungsgeist durch Geseze beschränkt wird.

Nur dass man sich überzeugt hält: ohne bestimmte geglaubte Religionssäze könne auch äussre Ruhe und Sittlichkeit nicht bestehn, ohne sie sei es der bürgerlichen Gewalt unmöglich, das Ansehen der Geseze zu erhalten, macht, dass man jenen Betrachtungen kein Gehör giebt. Und doch bedürfte der Einfluss, den Religionssäze, die auf diese Weise angenommen werden, haben sollen, wohl erst einer strengeren und genaueren Prüfung. Bei dem roheren Theile des Volks rechnet man von allen Religionswahrheiten am meisten auf die Ideen künftiger Belohnungen und Bestrafungen. Diese mindern den Hang zu unsittlichen Handlungen nicht, befördern nicht die Neigung zum Guten, verbessern also den Charakter nicht; sie wirken bloss auf die Einbildungskraft, haben folglich, wie Bilder der Phantasie überhaupt, Einfluss auf die Art zu handlen, ihr Einfluss wird aber auch durch alles das vermindert und aufgehoben, was die Lebhaftigkeit der Einbildungskraft schwächt. Nimmt man nun hinzu, dass diese Erwartungen so entfernt, und darum, selbst nach den Vorstellungen der Gläubigsten, so ungewiss sind, dass die Ideen von nachheriger Reue, künftiger Besserung, gehofter Verzeihung – welche durch gewisse Religionsbegriffe so sehr begünstigt werden – ihnen einen grossen Theil ihrer Wirksamkeit wieder nehmen; so ist es unbegreiflich, wie diese Ideen mehr wirken sollten, als die Vorstellung bürgerlicher Strafen, die nah, bei guten Polizeianstalten gewiss, und weder durch Reue, noch nachfolgende Besserung abwendbar sind, wenn man nur die Bürger von Kindheit an eben so mit diesen, als mit jenen Folgen sittlicher und unsittlicher Handlungen bekannt machte. Unleugbar aber wirken freilich auch weniger aufgeklärte Religionsbegriffe bei einem grossen Theile des Volks auf eine edlere Art. Der Gedanke, Gegenstand der Fürsorge eines allweisen und vollkommnen Wesens zu sein, giebt ihnen mehr Würde, die Zuversicht einer endlosen Dauer führt sie auf höhere Gesichtspunkte, bringt mehr Absicht und Plan in ihre Handlungen, das Gefühl der liebevollen Güte der Gottheit giebt ihrer Seele eine ähnliche Stimmung; kurz die Religion flösst ihnen Sinn für die Schönheit der Tugend ein. Allein wo die Religion diese Wirkungen haben soll, da muss sie schon in den Zusammenhang der

Ideen und Empfindungen ganz übergegangen sein, welches nicht leicht möglich ist, wenn der freie Untersuchungsgeist gehemmt und alles auf den Glauben zurückgeführt wird; da muss auch schon Sinn für bessere Gefühle vorhanden sein, da entspringt sie mehr aus einem nur noch unentwikkelten Hange zur Sittlichkeit, auf den sie hernach nur wieder zurükwirkt. Und überhaupt wird ja niemand den Einfluss der Religion auf die Sittlichkeit ganz ableugnen wollen; es fragt sich nur immer, ob er von einigen bestimmten Religionssäzen abhängt? und dann ob er so entschieden ist, dass Moralität und Religion darum in unzertrennlicher Verbindung mit einander stehn? Beide Fragen müssen, glaub' ich, verneint werden. Die Tugend stimmt so sehr mit den ursprünglichen Neigungen des Menschen überein, die Gefühle der Liebe, der Verträglichkeit, der Gerechtigkeit haben so etwas Süsses, die der uneigennüzigen Thätigkeit, der Aufopferung für andre etwas so Erhebendes, die Verhältnisse, welche daraus im häuslichen und im gesellschaftlichen Leben überhaupt entspringen, sind so beglückend, dass es weit weniger nothwendig ist neue Triebfedern zu tugendhaften Handlungen hervorzusuchen, als nur denen, welche schon von selbst in der Seele liegen, freiere und ungehindertere Wirksamkeit zu verschaffen.

Wollte man aber auch weiter gehn, wollte man neue Beförderungsmittel hinzufügen; so dürfte man doch nie einseitig vergessen, ihren Nuzen gegen ihren Schaden abzuwägen. Wie vielfach aber der Schade eingeschränkter Denkfreiheit ist, bedarf wohl, nachdem es so oft gesagt und wieder gesagt ist, keiner weitläuftigen Auseinandersezung mehr. Erstrekte er sich bloss auf die Resultate der Untersuchungen, brächte er bloss Unvollständigkeit oder Unrichtigkeit in unsrer wissenschaftlichen Erkenntniss hervor; so möchte es vielleicht einigen Schein haben, wenn man den Nuzen, den man für den Charakter davon erwartet – auch erwarten darf! – dagegen abwägen wollte. Allein so ist der Nachtheil bei weitem beträchtlicher. Der Nuzen freier Untersuchung dehnt sich auf unsre ganze Art, nicht bloss zu denken, sondern zu handlen aus. In einem Manne, der gewohnt ist, Wahrheit und Irrthum, ohne Rüksicht auf äussre Verhältnisse, für sich und gegen andre zu beurtheilen, und von andren beurtheilt zu hören, sind alle Principien des Handlens durchdachter, konsequenter, aus höheren Gesichtspunkten hergenommen, als in dem, dessen Untersuchungen unaufhörlich von Umständen geleitet werden, die nicht in der Untersuchung selbst liegen. Untersuchung und Ueberzeugung, die aus der Untersuchung entspringt, ist Selbstthätigkeit; Glaube Vertrauen auf fremde Kraft, fremde intellektuelle oder moralische Vollkommenheit. Daher entsteht in dem untersuchenden Denker mehr Selbstständigkeit, mehr Festigkeit; in dem vertrauenden Gläubigen mehr Schwäche, mehr Unthätigkeit. Es ist wahr, dass der Glaube, da wo er ganz herrscht und jeden Zweifel erstikt, einen unüberwindlicheren Muth, eine ausdaurendere Stärke hervorbringt; die Geschichte aller Schwärmer lehrt es. Allein diese Stärke ist nur da wünschenswerth, wo es auf einen äussren bestimmten Erfolg ankommt, zu dem bloss maschinenmässiges Wirken erfordert wird; nicht da, wo man eignes Beschliessen, durchdachte, auf Gründe der Vernunft beruhende Handlungen, oder gar innere Vollkommenheit erwartet. Denn diese Stärke selbst beruht gerade auf Schwäche, auf der Unterdrückung aller eignen Thätigkeiten der Vernunft. Zweifel sind nur dem quälend, welcher glaubt, nie dem, welcher bloss der eigenen Untersuchung folgt. Denn überhaupt sind diesem die Resultate weit weniger wichtig, als jenem. Er ist sich, während der Untersuchung, der Thätigkeit, der Stärke seiner Seele bewusst, er fühlt, dass seine wahre Vollkommenheit, seine Glückseligkeit eigentlich auf dieser Stärke beruht; statt dass Zweifel an den Säzen, die er bisher für wahr hielt, ihn drükken sollten, so freut es ihn, dass seine Denkkraft soviel gewonnen hat, Irrthümer einzusehen, die ihr vorher verborgen blieben. Der Glaube hingegen kann nur Interesse an dem Resultat selber finden, denn für ihn liegt in der erkannten Wahrheit nichts mehr. Zweifel, die seine Vernunft erregt, peinigen ihn. Denn sie sind nicht, wie in dem selbstdenkenden Kopfe, neue Mittel zur Wahrheit zu gelangen; sie nehmen ihm bloss die Gewissheit, ohne ihm ein Mittel anzuzeigen, sie auf eine andre Weise wiederzuerhalten.

Diese Betrachtung, weiter verfolgt, führt auf die Bemerkung, dass es überhaupt nicht gut ist, einzelnen Resultaten eine so grosse Wichtigkeit beizumessen, zu glauben, dass entweder so viele andre Wahrheiten, oder so viele äussre oder innere nüzliche Folgen von ihnen abhängen. Es wird dadurch zu leicht ein Stillstand in der Untersuchung hervorgebracht, und so arbeiten manchmal die freiesten und aufgeklärtesten Behauptungen gerade gegen den Grund, ohne den sie selbst nie hätten emporkommen können. So wichtig ist Geistesfreiheit; so schädlich jede Einschränkung derselben. Auf der andren Seite hingegen fehlt es dem Staate nicht an Mitteln, die Geseze aufrecht zu erhalten, Verbrechen zu verhüten, Sittlichkeit zu befördern. Man verstopfe, soviel es möglich ist, die Quellen unsittlicher Handlungen, welche in der Staatseinrichtung selbst liegen, man wende jedes andre Mittel auf Verhütung noch nicht begangner Verbrechen an, man schärfe die Aufsicht der Polizei auf die schon begangnen, man strafe auf eine zwekmässige Weise, und man wird seines Zweks nicht verfehlen. Und vergisst man denn, dass die Geistesfreiheit selbst, und die Aufklärung, die nur unter ihrem Schuze gedeiht, das wirksamste aller Beförderungsmittel der Sittlichkeit ist? Wenn alle übrige nur den Ausbrüchen wehren; so wirkt sie auf Neigungen und Gesinnungen; wenn alle übrige nur eine Uebereinstimmung äussrer Handlungen hervorbringen, so schaft sie eine innere Harmonie des Willens und des Bestrebens. Wann wird man aber auch endlich aufhören, die äussren Folgen der Handlungen höher zu achten, als die innre geistige Stimmung, aus der sie fliessen; wann wird der Mann aufstehn, der für die Gesezgebung ist, was Rousseau der Erziehung war, der den Gesichtspunkt von dem äussren physischen Erfolgen hinweg auf die innere Bildung des Menschen zurükzieht?

Man glaube auch nicht, dass jene Geistesfreiheit und Aufklärung nur für einige Wenige des Volks sei, dass für den grösseren Theil desselben, dessen Geschäftigkeit freilich durch die Sorge für die physischen Bedürfnisse des Lebens erschöpft wird, sie unnüz bleibe, oder gar nachtheilig werde, dass man auf ihn nur durch Verbreitung bestimmter Säze, durch Einschränkung der Denkfreiheit wirken könne. Es liegt schon an sich etwas die Menschheit Herabwürdigendes in dem Gedanken, irgend einem Menschen das Recht abzusprechen, Mensch zu sein. Keiner steht auf einer so niedrigen Stufe der Kultur, dass er zu Erreichung einer höheren unfähig wäre; und sollten auch die aufgeklärteren religiösen und philosophischen Ideen auf einen grossen Theil der Bürger nicht unmittelbar übergehn können, sollte man dieser Classe von Menschen, um sich an ihre Ideen anzuschmiegen, die Wahrheit in einem andren Kleide vortragen müssen, als man sonst wählen würde, sollte man genöthigt sein, mehr zu ihrer Einbildungskraft und zu ihrem Herzen, als zu ihrer kalten Vernunft zu reden; so verbreitet sich doch die Erweiterung, welche alle wissenschaftliche Erkenntniss durch Freiheit und Aufklärung erhält, auch bis auf sie hinunter, so dehnen sich doch die wohlthätigen Folgen des regen uneingeschränkten Untersuchungsgeistes auf den Geist und den Charakter der ganzen Nation bis in ihre geringsten Individua hin aus.

Ich seze zu diesen Gründen nichts mehr hinzu, und habe überhaupt geglaubt, bei der Beantwortung der Einwürfe, welche man mir entgegenstellen konnte, mit Recht kürzer sein zu dürfen. Wenn der Saz: dass der Zwek des Menschen im Menschen liegt, in seiner innren moralischen Bildung, einmal unerschütterlich fest steht, wenn er Grundsaz alles Handlens gegen, alles Wirkens auf Menschen, folglich erstes und höchstes Princip alles Naturrechts, aller Erziehung und Gesezgebung geworden ist; so bedarf die Erhaltung der gränzenlosesten Freiheit zu denken, zu untersuchen, und die angestellten Untersuchungen, die gefundnen Resultate andren mitzutheilen keiner Vertheidigung mehr. Und diesen Saz aufzustellen, ihn von allen Seiten zu zeigen, ihn mit allen seinen Gründen auszuführen, war der einzige Zwek dieses Aufsazes.

II.

SELBSTBILDUNG ALS LEBENSPRINZIP
1791–1802

AN GEORG FORSTER

Burgörner, den 16. August 1791

Zürnen Sie mir nicht, lieber Forster, daß ich so lange verschob, Ihnen zu schreiben. Ich wollte die Zeit abwarten, wo ich meinen Freunden ganz gehören könnte, und diese Zeit ist erst seit einigen Wochen gekommen.

Ich habe mich nun von allen Geschäften losgemacht, Berlin verlassen und geheiratet und lebe auf dem Lande, in einer unabhängigen, selbstgewählten, unendlich glücklichen Existenz. Ich empfinde dies doppelt, indem ich Ihnen es sage; ich kenne ihr warmes, liebevolles Herz, Ihre innige Teilnahme. Ich besorge auch von Ihnen nicht die Mißbilligung des Schritts, den ich tat, die ich von so vielen andern erfuhr. Sie schätzen Freiheit und unabhängige Tätigkeit zu sehr, um allen Nutzen nur von einer solchen zu erwarten, die durch äußere Geschäftslagen bestimmt wird; und Sie trauen, hoff ich, mir zu, daß ich nie eine andere Richtung wählen werde, als auf der ich, nach meiner innersten Überzeugung, für meine höchste und vielseitigste Bildung den meisten Gewinn hoffen darf. In der Tat, lieber Freund, war die Unmöglichkeit, dies zu können, vorzüglich das, was mich zu einer andern Laufbahn bestimmte.

Die Sätze, daß nichts auf Erden so wichtig ist als die höchste

Kraft und die vielseitigste Bildung der Individuen und daß daher der wahren Moral erstes Gesetz ist: Bilde dich selbst, und nur ihr zweites: Wirke auf andere durch das, was du bist; diese Maximen sind mir zu eigen, als daß ich mich je von ihnen trennen könnte. Wie konnte ich mich aber mit ihnen in einer Lage ertragen, in der ich kaum hoffen durfte, mich dem Ideale, das meinen Geist und mein Herz beschäftigte, auch nur mit langsamen Schritten zu nähern, wie konnte mir selbst der Nutzen Ersatz sein, den ich freilich stiftete und künftig in unendlich höherm Maße gestiftet haben würde? Ich zog also das bescheidnere Los vor, ein stilles häusliches Dasein, einen kleineren Wirkungskreis. In diesem kann ich mir selbst leben, den Personen, die mir am nächsten sind, ein heiteres zufriedenes Leben schaffen und vielleicht – wenn mir ein guter Genius glückliche Stunden gewährt – auch einiges zu dem beitragen, wozu im Grunde alles Tun und Treiben in der Welt, selbst wider seinen Willen, nur als Mittel dient, zur Bereicherung oder Berichtigung unsrer Ideen. So viel von mir und meiner Lage.

Wie geht es Ihnen, mein Teurer? Ich hörte so lange nichts, auch nicht durch andere, von Ihnen, es war meine Schuld, ich fühl es. Aber Sie, Lieber, werden mein Stillschweigen verzeihen. So oft waren Sie mir gegenwärtig, so oft versetzte ich mich zu den Ihrigen, so oft freute mich die Erinnerung der glücklichen Tage, die ich mit Ihnen verlebt habe! Diese Erinnerung ist es auch, die mir Mut macht, noch auf Ihr Andenken, Ihre Freundschaft zu rechnen. Teurer, guter Forster, Sie haben mich mit einer Liebe, einer Zärtlichkeit behandelt, selbst in der Zeit, da ich Sie gewiß noch bloß durch die Wärme interessieren konnte, mit der ich mich so gern an große und gute Menschen anschloß. Durch Sie habe ich einen so großen Teil meiner Bildung erhalten. Dafür und für alles, was mein Geist und mein Herz durch Sie genoß, würde mein Dank Sie noch segnen, wenn ich auch nicht hoffen dürfte, noch in Ihrem Andenken zu leben, wenn die Zeit, wenn ein Mißverständnis, wozu mein Stillschweigen vielleicht Anlaß geben konnte, die Gefühle erstickt hätte, die mich sonst so innig beglückten. Ist das aber nicht, darf ich in Ihnen noch den treuen warmen Freund sehn, den ich ehemals kannte, nun, mein Teurer, so nehmen Sie meinen wärmsten innigsten Dank doppelt für dieses neue Geschenk!

ÜBER DIE GESETZE DER ENTWICKLUNG DER MENSCHLICHEN KRÄFTE. 1791

[...] Denn wie verschieden in ihren Richtungen, und wie wichtig in ihren Einflüssen die einzelnen menschlichen Handlungen auch sind, wie unmöglich es ist die Geseze zu entdekken, nach welchen auch nur viele derselben auf einander folgen; so halten doch die menschlichen Kräfte immer einen ihnen eigenthümlichen Gang. Auf einen bestimmten Grad und eine bestimmte Richtung derselben kann wieder nur ein andrer gleich bestimmter Grad, und eine andre gleich bestimmte Richtung folgen; und nichts, auch die mächtigste physische Revolution, vermag diesen Gang zu verändern, sie kann nur ihn beschleunigen oder zurükhalten. Diesem Raisonnement zufolge ist daher die abgemessene Entwikklung der menschlichen Kräfte allemal das, was die Revolutionen unsres Geschlechts vorzüglich bestimmt. Viele dieser Revolutionen sind unmittelbare und alleinige Folgen derselben; bei den übrigen giebt es wenigstens bestimmte Schranken, innerhalb welchen jene Kräfte allein von ihnen verändert werden können. Nun aber ist es gerade die Entwikkelung dieser Kräfte, die wir am genauesten erforschen können, gerade ihr Gang, der schon in mannigfaltigen Verhältnissen bekannt ist, und dessen gänzliche genaue Entdekkung wenn gleich unendlich schwierig, doch nicht unmöglich erscheint. *Die Aufsuchung der Geseze der Entwikklung der menschlichen Kräfte auf Erden* wird demnach den genauer bestimmten Gegenstand der gegenwärtigen Arbeit ausmachen. Diese Geseze können aufgesucht werden bei dem einzelnen Menschen, sobald man ihm zugleich eine bestimmte Lage auf der Erde anweist; bei ganzen Nationen, insofern gemeinschaftliche Lage, und verbundenes Leben eine Gleichförmigkeit ihrer Kräfte hervorbringt; endlich bei auf einander folgenden Menschengeschlechtern, insofern ihre Wirksamkeit nicht durch Revolutionen unterbrochen worden, die den Wirkungen ihrer fortschreitenden Kräfte fremd sind. [...] Denn das Zusammenwirken aller Kräfte ist ja unendlich und unaufhörlich. Auf diese wirkliche Welt dürfen daher unsre Geseze ganz und gar keine Anwendung finden, wobei jedoch auch in Betrachtung kommt, dass unsre Kenntniss der wirklichen Welt durch eigne und fremde Erfahrung ebendenselben, aus der Natur unsrer Seelenkräfte entspringenden Mangel hat, Individualitäten der Wirklichkeit in Allgemeinheiten der Ideen zu verwandeln, durch welchen doppelten Fehler wir zwar keine grössere Richtigkeit, allein doch eine grössere Uebereinstimmung erhalten. Wäre diess aber auch nicht, so zerstört doch der eben gemachte Einwurf unsre Absicht nicht; er leitet sie vielmehr nur dahin, wo sie allein Nuzen gewähren kann. Immer nemlich werden wir aus der gegenwärtigen Untersuchung – insofern sie nur ihren Zwek gehörig erreicht – den Gewinn ziehen, das Fortschreiten unsrer eignen, sich entwikkelnden Kräfte, und ihre Verhältnisse zu den Dingen um sie her, wir mögen sie oder diese Dinge Ursach oder Wirkung nennen, tiefer und vollständiger einzusehen. Diese Einsicht aber muss überhaupt jedem denkenden Menschen, und vorzüglich demjenigen, der auf andre, vielleicht auf ganze Nationen wirken will, unendlich wichtig sein. Denn wenn sie sich auch nicht anmaassen darf, ihnen die Mittel genau anzuzeigen, welche ihnen die Erreichung ihrer Absichten sichern; so wird sie sie doch hindern, nach dem Unmöglichen zu haschen, ihnen Ehrfurcht für dasjenige einflössen, was sie zum Gegenstande ihrer Thätigkeit machten, und sie vielleicht gar veranlassen, die Zügel aus den Händen zu legen, und selbstthätige Kräfte der Freiheit zu übergeben, die allein ihrer würdig ist.

AN FRIEDRICH GENTZ

[Winter 1791]

[...] Der handelnde Mensch zeigt zwei Gegenstände, welche wetteifernd unsre Aufmerksamkeit an sich ziehen, die tätige Kraft und das gewirkte Resultat. In der früheren Geschichte der Nationen, vorzüglich in den schönen Zeitaltern Griechenlands und Roms, verschwinden auch die größesten Werke beinah in dem Glanze der Kraft, die sie schuf. Wir bewundern nicht so die Weisheit ihrer Staatsverfassungen und politischen Systeme als den Gemeingeist der Nation, das Genie des Redners, welcher sie zu leiten und, indem er sie leitete, noch ihre Energie zu erhöhen verstand; nicht so den künstlich ersonnenen Plan ihrer Schlachten als den Mut der Heere, die Geistesgegenwart ihrer Führer; nicht so die Wahrheit ihrer philosophischen Lehrgebäude als den weitumfassenden Geist derer, die sie aufführten. Selbst in Absicht auf ihre Kunst ist uns das Volk interessanter, dessen feine Reizbarkeit die Zahl der Saiten der Leier zu einer Staatsangelegenheit machte, das mit einem fast an Raserei grenzenden Enthusiasmus sich zu Werken des Genies hingezogen fühlte und mit einer, sonst nur Kennern eignen, Feinheit sie richtete, als selbst die Werke ihrer vielleicht nie erreichten Künstler. Bei uns ist das alles anders. Wir rühmen uns mehr der menschlichen Erfindungen als der menschlichen Kräfte, einer systematischen, nach Grundsätzen entworfenen Staatsverfassung und Politik, einer zur Wissenschaft gewordenen Kriegskunst, einer vollendeten Kritik der Vernunft. Große Menschen stehen seltner auf und gehören wie zu einem andren Geschlecht und, wollte man eine Berechnung anstellen, so ist am häufigsten unter uns das Genie des Verstandes, seltner das der Kunst, am seltensten aber das, was den Helden der alten Zeit Unsterblichkeit gab, das Genie der tätigen Tugend. Nur eins haben wir gerettet, die Achtung und Bewunderung dessen, was wir nicht mehr sind. Denn wenn gleich keiner von uns in Athen, Sparta oder Rom zu leben wünschte, so wagt es doch auch keiner, seine Ehrfurcht selbst dem Niedrigsten unter dem Volk zu versagen, das, um nur ein Beispiel zu wählen, diese kühne Beharrlichkeit in Verteidigung seiner angegriffenen Rechte und diese weise Mäßigung im Gebrauch der wiedererlangten zeigte. Ebenso und nach eben dem Prinzip ehren wir auch unter uns den großen Krieger mehr als den gleich großen Staatsmann, diesen als den Künstler und diesen endlich als den Gelehrten u.s.f. Eine gleiche Schätzung hat jenes Zeitalter aufgestellt, und die menschliche Natur hat dadurch bewiesen, daß wie auch ihre Vernunft räsonnieren und ihre Neigung handeln möge, das in sich Schöne und Große sie doch höher entzückt als das Nützliche, die Blüte höher als die Frucht.

Zu zwei Naturen gehörend, vereint der Mensch entgegengesetzte Eigenschaften in sich, auf der einen Seite alle sinnlichen Begierden des Tiers, auf der andren eine Vernunft, deren Forderungen jede Sphäre der Sinnlichkeit zu eng ist. Zusammengebundene Pfeile waren schon den Skythen Emblem der höchsten Kraft. Die simple Wahrheit dieses Bildes scheint mit dem Fortgange der Kultur immer mehr verkannt worden zu sein. Statt die Kräfte des menschlichen Wesens zu vereinen, hat man sie auf eine begreifliche Art zu trennen gesucht. Die Kindheit der Nationen – wenn es je eigentlich einen solchen Zustand gab und nicht vielmehr der Mensch sich, auch in seinen ersten Anfängen schon, als Mensch erwies – gab natürlich der Sinnlichkeit die Herrschaft. Ganz entgegengesetzt suchte eine vernünftelnde Moral dieselbe zu unterdrücken, und die Politik – weil freilich des Schwächeren Lenkung auch geringere Kräfte erfordert – kam ihr bald mehr, bald minder zu Hilfe und ersann, direkt und indirekt, eine unglaubliche Menge von Mitteln zu diesem Zweck. Nur die blühendsten Nationen in den schönsten Zeitaltern und die größesten Menschen aller Epochen wirkten mit der Stärke ihres vereinten Wesens. Alles, was dem Menschen Bewunderung einflößen soll, muß an das unsichtbare Reich grenzen, dem wir, ohne es weiter zu kennen, alles, was sinnlich ist, entgegensetzen. Zugleich muß es von der Anwendung einer großen Kraft zeugen. Ohne diese Kraft erwirbt auch die höchste Reinheit der leitenden Idee, ohne diese Reinheit auch die angestrengteste Kraft nicht unsre Achtung, und weil Widerstand – wenn gleich Kraftäußerung ohne ihn sein kann – doch das sicherste Zeichen derselben ist, so zieht uns kein Schauspiel so an als das des Kampfs der Sehnsucht nach moralischer Größe gegen mächtige sinnliche Antriebe. Nun aber stammt alle Kraft des Menschen ursprünglich aus seiner Sinnlichkeit, auch die mächtigste Idee vermag nicht ohne dies Medium zu wirken, und eine Wirksamkeit nicht bloß nach, sondern auch durch bloße und reine Ideen wäre ein chimärischer Begriff. So ist also Sinnlichkeit und Vernunft, das eine der Quell aller Kraft, das andre aller Lenkung der Kraft. Niemand kann, ohne sein Wesen aufzuheben, das eine oder das andre vernichten, wohl aber dem einen oder dem andren mehr Einfluß gestatten. An der verhältnismäßigen Mischung beider erkennt man den Weisen [...]

IDEEN ÜBER STAATSVERFASSUNG, DURCH DIE NEUE FRANZÖSISCHE CONSTITUTION VERANLASST. 1791

[...] Lassen Sie uns einen Blik auf die Geschichte der Staatsverfassungen werfen, und wir werden in keiner einen nur irgend hohen Grad der Vollkommenheit finden, allein von den Vorzügen, die das Ideal eines Staats alle vereinen müsste, werden wir auch in den verderbtesten immer einen, oder den andren entdekken. Die erste Herrschaft schuf das Bedürfniss. Man gehorchte nie länger, als man entweder den Herrscher nicht entbehren, oder ihm nicht widerstehen konnte. Diess ist die Geschichte aller, auch der blühendsten alten Staaten. Eine dringende Gefahr nöthigte die Nation einem Herrscher zu gehorchen. War die Gefahr vorüber, so strebte sie das Joch abzuschütteln. Allein oft hatte sich der Herrscher zu sehr festgesezt, ihr Ringen war vergebens. Dieser Gang ist auch der menschlichen Natur völlig angemessen. Der Mensch vermag ausser sich zu wirken, und sich in sich zu bilden. Bei dem Ersteren kommt es bloss auf Kraft, und zwekmässige Richtung derselben an; bei dem Lezteren auf Selbstthätigkeit. Daher ist zu diesem Freiheit, zu jenem, da mehrere Kräfte nie besser gerichtet werden, als wenn Ein Wille sie lenkt, Unterwürfigkeit nothwendig. Diess Gefühl unterwarf die Menschen der Herrschaft, sobald sie wirken wollten; aber das höhere Gefühl ihrer innren Würde erwachte, wenn dieser Zwek nun erreicht war [...]

Die Nation musste Geld haben, und man musste es von ihr bekommen. Jenen Zwek nicht zu verfehlen, mussten ihr allerlei Quellen der Industrie eröfnet werden; diesen am besten zu erreichen, musste man mannigfaltige Wege entdekken, theils um nicht durch aufbringende Mittel zu Empörungen zu reizen, theils um die Kosten zu vermindern, welche die Hebung selbst verursachte. Hierauf gründen sich eigentlich alle unsre heutigen politischen Systeme. Weil aber, um den Hauptzwek zu erreichen, also im Grunde nur als untergeordnetes Mittel, Wohlstand der Nation beabsichtet wurde, und man ihr, als unerlassbare Bedingung dieses Wohlstandes, einen höheren Grad der Freiheit zugestand; so kehrten gutmüthige Menschen, vorzüglich Schriftsteller, die Sache um, nannten jenen Wohlstand den Zwek, die Erhebung der Abgaben nur das nothwendige Mittel dazu. Hie und da kam diese Idee auch wohl in den Kopf eines Fürsten, und so entstand das Princip, dass die Regierung für das Glük und das Wohl, das physische und moralische, der Nation sorgen muss. Gerade der ärgste und drükkendste Despotismus. Denn weil die Mittel der Unterdrükkung so verstekt, so verwikkelt waren; so glaubten sich die Menschen frei, und wurden an ihren edelsten Kräften gelähmt. Indess entsprang aus dem Uebel auch wieder das Heilmittel. Der auf diesem Wege zugleich endekte Schaz von Kenntnissen, die allgemeiner verbreitete Aufklärung belehrten die Menschheit wieder über ihre Rechte, brachten wieder Sehnsucht nach Freiheit hervor. Auf der andren Seite wurde das Regieren so künstlich, dass es unbeschreibliche Klugheit und Vorsicht erheischte. Gerade in dem Lande nun, in welchem Aufklärung die Nation zur furchtbarsten für den Depotismus gemacht hatte, vernachlässigte sich die Regierung am meisten, und gab die gefährlichsten Blössen. Hier musste also auch die Revolution zuerst entstehen, und nun konnte kein andres System folgen, als das System einer gemässigten, aber doch völligen und unumschränkten Freiheit, das System der Vernunft, das Ideal der Staatsverfassung. Die Menschheit hatte an einem Extrem gelitten, in einem Extrem musste sie ihre Rettung suchen. Ob diese Staatsverfassung Fortgang haben wird? Der Analogie der Geschichte nach, Nein! Aber sie wird die Ideen aufs neue aufklären, aufs neue jede thätige Tugend anfachen, und so ihren Segen weit über Frankreichs Gränzen verbreiten. Sie wird dadurch den Gang aller menschlichen Begebenheiten bewähren, in denen das Gute nie an der Stelle wirkt, wo es geschieht, sondern in weiten Entfernungen der Räume oder der Zeiten, und in denen jene Stelle ihre wohlthätige Wirkung wieder von einer andren, gleich fernen, empfängt. [...] Was folgt nun aus diesem allem? Dass kein einzelner Zustand der Menschen und Dinge Aufmerksamkeit verdient an sich, sondern nur in Zusammenhang mit dem vorhergehenden und folgenden Dasein; dass die Resultate an sich nichts sind, alles nur die Kräfte, die sie hervorbringen, und die aus ihnen entspringen. Und nun für heute genug, lieber [Gentz]. Leben Sie wohl!

AN GEORG FORSTER

Erfurt, 1. Juni 1792

[...] Ich weiß nicht, lieber Freund, ob Ihnen ein kleiner Aufsatz von mir in der ›Berliner Monatsschrift‹, Januar: ›Ideen über Staatsverfassung u.s.f.‹ zu Gesicht gekommen ist. Es war ein wirklicher, ohne alle Hinsicht auf den Druck [an Fr. Gentz] geschriebener Brief, der hernach zufällig und zum Teil dieser Zufälligkeit wegen mit allen sinnentstellenden Druckfehlern ans Licht gekommen ist. Aus diesem Aufsatz hatte Dalberg gesehen, daß ich mich mit Ideen dieser Art beschäftige, und wenige Tage nach meiner Ankunft hier bat er mich, meine Ideen über die eigentlichen Grenzen der Wirksamkeit des Staats aufzusetzen. Ich fühlte wohl, daß der Gegenstand zu wichtig war, um so schnell bearbeitet zu werden, als ein solcher Auftrag, wenn die Idee nicht wieder alt werden sollte, forderte. Indes hatte ich einiges vorgearbeitet, noch mehr Materialien hatte ich im Kopfe, und so fing ich an. Unter den Händen wuchs das Werkchen, und es ist jetzt, da es seit mehreren Wochen fertig ist, ein mäßiges Bändchen geworden. Sie stimmten sonst, als wir noch von Göttingen aus über diese Gegenstände korrespondierten, mit meinen Ideen überein. Ich habe seitdem, so viel ich auch nachzudenken und zu forschen versucht habe, fast keine Veranlassung gefunden, sie eigentlich abzuändern, aber ich darf behaupten, ihnen bei weitem mehr Vollständigkeit, Ordnung und Präzision gegeben zu haben. Noch jetzt also, schmeichle ich mir, würden Sie im Ganzen mit meinen Behauptungen einverstanden sein. Ich habe nämlich – und ich hielt dies der nächsten Veranlassung wegen, die mich zum Schreiben bewog, für um so nötiger – der Sucht zu regieren entgegenzuarbeiten versucht und überall die Grenzen der Wirksamkeit enger geschlossen. Ja, ich bin so weit gegangen, sie allein auf die Beförderung der Sicherheit einzuschränken.

Ich hatte die Frage, die ich beantworten sollte, völlig rein theoretisch in ihrem ganzen Umfange abgeschritten. Ich glaubte also auch kein anderes Prinzip zum Grunde meines ganzen Räsonnements legen zu dürfen, als das, welches allein auf den Menschen – auf den doch am Ende alles hinauskommt – Bezug nimmt, und zwar auf das an dem Menschen, was eigentlich seiner Natur den wahren Adel gewährt. Die höchste und proportionierlichste Ausbildung aller menschlichen Kräfte zu einem Ganzen ist daher das Ziel gewesen, das ich überall vor Augen gehabt, und der einzige Gesichtspunkt, aus dem ich die ganze Materie behandelt habe. Immer bleibt es doch wahr, daß eigentlich diese innere Kraft des Menschen es allein ist, um die es sich zu leben verlohnt, daß sie nicht nur das Prinzip wie der Zweck aller Tätigkeit, sondern auch der einzige Stoff alles wahren Genusses ist und daß daher alle Resultate ihr allemal untergeordnet bleiben müssen. Auf der andern Seite ist es aber auch eben so wahr, daß in der Wirklichkeit und fast überall, wo auf Menschen gewirkt wird, bei der Erziehung, bei der Gesetzgebung, im Umgange, fast nur die Resultate beachtet werden, wovon sich viele Gründe aufzählen ließen, die ich nur hier, um Sie nicht zu ermüden, übergehe, und unleugbar freilich macht auch die Erhaltung der Kraft selbst große Sorgfalt auf die Resultate, als das Mittel dazu, oft notwendig. Desto mehr also muß, dünkt mich, die Theorie das, was in der Ausübung so leicht das letzte Ziel scheint, wieder an seine rechte Stelle setzen und das wahre letzte Ziel, die innere Kraft des Menschen, in ein helles Licht zu stellen versuchen. Wenn also die Staatskunst sich meistens dahin beschränkt, volkreiche, wohlhabende, wie man zu sagen pflegt, blühende Länder hervorzubringen, so muß ihr die reine Theorie laut zurufen, daß freilich diese Dinge sehr schön und wünschenswert sind, daß sie aber von selbst entstehen, wenn man die Kraft und Energie der Menschen, und zwar durch Freiheit, erhöht, dahingegen, wenn man sie unmittelbar hervorbringen will, gerade das leiden kann, um dessen willen sie selbst nur wünschenswert sind, indem wenigstens in vielen Fällen ein Land freilich schneller bevölkert, wohlhabend, ja sogar in gewissem Grade aufgeklärt werden kann, wenn die Regierung alles selbst tut, den Bürgern das von ihr anerkannte Gute aufdringt, als wenn sie dieselben den freilich langsameren, aber auch sicherern Weg der eignen Ausbildung gehen läßt. Wenn die Statistik aufzählt, wieviel Menschen, welche Produkte, welche Mittel, sie zu verarbeiten, welche Wege, sie auszuführen u.s.f., ein Land hat, so muß die reine Theorie sie anweisen, daß man darum nur den Menschen und seinen eigentlichen Zustand fast um noch nichts besser kennt, und daß sie also das Verhältnis aller dieser Dinge als Mittel zu dem wahren Endzweck anzugeben hat.

Ging ich einmal von diesem Gesichtspunkte aus, so könnte ich nicht leicht auf etwas anderes als auf die Notwendigkeit der Begünstigung der höchsten Freiheit und der Entstehung der mannigfaltigsten Situationen für den Menschen kommen, und so schien mir die vorteilhafteste Lage für den Bürger im Staat die, in welcher er zwar durch so viele Bande als möglich mit seinen Mitbürgern verschlungen, aber durch so wenige als möglich von der Regierung gefesselt wäre. Denn der isolierte Mensch vermag sich eben so wenig zu bilden als der in seiner Freiheit gewaltsam gehemmte. Dies führte mich nun unmittelbar auf das Prinzip, daß die Wirksamkeit des Staates nie anders an die Stelle der Wirksamkeit der Bürger treten darf als da, wo es auf die Verschaffung solcher notwendigen Dinge ankommt, welche diese allein durch sich nicht zu erwerben vermag, und als ein solches zeichnet sich, meines Bedünkens, allein die Sicherheit aus. Alles übrige schafft sich der Mensch allein; jedes Gut erwirbt er allein; jedes Übel wehrt er ab, entweder einzeln oder in freiwilliger Gesellschaft vereint. Nur die Erhaltung der Sicherheit, da hier aus jedem Kampf immer neue entstehen würden, fordert eine letzte widerspruchslose Macht, und da dies der eigentliche Charakter eines Staates ist, nur diese eine Staatseinrichtung. Dehnt man die Wirksamkeit des Staats weiter aus, so schränkt man die Selbsttätigkeit auf eine nachteilige Weise ein, bringt Einförmigkeit hervor und schadet, mit einem Wort, der inneren Ausbildung des Menschen. [...]

IDEEN ZU EINEM VERSUCH, DIE GRÄNZEN DER WIRKSAMKEIT DES STAATS ZU BESTIMMEN. 1792

I. EINLEITUNG

[...] Die besten menschlichen Operationen sind diejenigen, welche die Operationen der Natur am getreuesten nachahmen. Nun aber bringt der Keim, welchen die Erde still und unbemerkt empfängt, einen reicheren und holderen Segen, als der gewiss nothwendige, aber immer auch mit Verderben begleitete Ausbruch tobender Vulkane. Auch ist keine andre Art der Reform unsrem Zeitalter so angemessen, wenn sich dasselbe wirklich mit Recht eines Vorzugs an Kultur und Aufklärung rühmt. Denn die wichtige Untersuchung der Grenzen der Wirksamkeit des Staats muss – wie sich leicht voraussehen lässt – auf höhere Freiheit der Kräfte, und grössere Mannigfaltigkeit der Situationen führen. Nun aber erfordert die Möglichkeit eines höheren Grades der Freiheit immer einen gleich hohen Grad der Bildung, und das geringere Bedürfniss, gleichsam in einförmigen, verbundenen Massen zu handeln, eine grössere Stärke und einen mannigfaltigeren Reichthum der handelnden Individuen. Besitzt daher das gegenwärtige Zeitalter einen Vorzug an dieser Bildung, dieser Stärke, und diesem Reichthum, so muss man ihm auch die Freiheit gewähren, auf welche derselbe mit Recht Anspruch macht.

Ebenso sind die Mittel, durch welche die Reform zu bewirken stände, einer fortschreitenden Bildung, wenn wir eine solche annehmen, bei weitem angemessener. Wenn sonst das gezükte Schwerdt der Nation die physische Macht des Beherrschers beschränkt; so besiegt hier Aufklärung und Kultur seine Ideen, und seinen Willen, und die umgeformte Gestalt der Dinge scheint mehr sein Werk, als das Werk der Nation zu sein. Wenn es nun schon ein schöner, seelenerhebender Anblik ist, ein Volk zu sehen, das im vollen Gefühl seiner Menschen und Bürgerrechte seine Fesseln zerbricht; so muss – weil, was Neigung oder Achtung für das Gesez wirkt, schöner und erhebender ist, als was Noth und Bedürfniss erpresst – der Anblik eines Fürsten ungleich schöner und erhebender sein, welcher selbst die Fesseln löst und Freiheit gewährt, und diess Geschäft nicht als Frucht seiner wohlthätigen Güte, sondern als Erfüllung seiner ersten, unerlasslichen Pflicht betrachtet. Zumal da die Freiheit, nach welcher eine Nation durch Veränderung ihrer Verfassung strebt, sich zu der Freiheit, welche der einmal eingerichtete Staat geben kann, eben so verhält, als Hofnung zum Genuss, Anlage zur Vollendung.

Wirft man einen Blik auf die Geschichte der Staatsverfassungen; so würde es sehr schwierig sein, in irgend einer genau den Umfang zu zeigen, auf welchen sich ihre Wirksamkeit beschränkt, da man wohl in keiner hierin einem überdachten, auf einfachen Grundsäzen beruhenden Plane gefolgt ist. Vorzüglich hat man immer die Freiheit der Bürger aus einem zwiefachen Gesichtspunkte eingeengt, einmal aus dem Gesichtspunkte der Nothwendigkeit, die Verfassung entweder einzurichten, oder zu sichern; dann aus dem Gesichtspunkte der Nüzlichkeit, für den physischen, oder moralischen Zustand der Nation Sorge zu tragen. Je mehr oder weniger die Verfassung, an und für sich mit Macht versehen, andre Stüzen brauchte; oder je mehr oder weniger die Gesezgeber weit ausblikten, ist man bald mehr bei dem einen, bald bei dem andren Gesichtspunkte stehen geblieben. Oft haben auch beide Rüksichten vereint gewürkt. In den älteren Staaten sind fast alle Einrichtungen, welche auf das Privatleben der Bürger Bezug haben, im eigentlichsten Verstande politisch. Denn da die Verfassung in ihnen wenig eigentliche Gewalt besass, so beruhte ihre Dauer vorzüglich auf dem Willen der Nation, und es musste auf mannigfaltige Mittel gedacht werden, ihren Charakter mit diesem Willen übereinstimmend zu machen. Eben diess ist noch jezt in kleinen republikanischen Staaten der Fall, und es ist daher völlig richtig, dass – aus diesem Gesichtspunkt allein die Sache betrachtet – die Freiheit des Privatlebens immer in eben dem Grade steigt, in welchem die öffentliche sinkt, da hingegen die Sicherheit immer mit dieser gleichen Schritt hält. Oft aber sorgten auch die älteren Gesezgeber, und immer die alten Philosophen im eigentlichsten Verstande für den Menschen, und da am Menschen der moralische Werth ihnen das höchste schien, so ist z. B. Platos Republik, nach Rousseaus äusserst wahrer Bemerkung, mehr eine Erziehungs- als eine Staatsschrift. Vergleicht man hiermit die neuesten Staaten, so ist die Absicht, für den Bürger selbst und sein Wohl zu arbeiten, bei so vielen Gesezen und Einrichtungen, die dem Privatleben eine oft sehr bestimmte Form geben, unverkennbar. Die grössere innere Festigkeit unsrer Verfassungen, ihre grössere Unabhängigkeit von einer gewissen Stimmung des Charakters der Nation, dann der stärkere Einfluss bloss denkender Köpfe – die, ihrer Natur nach, weitere und grössere Gesichtspunkte zu fassen im Stande sind – eine Menge von Erfindungen, welche die gewöhnlichen Gegenstände der Thätigkeit der Nation besser bearbeiten oder benuzen lehren, endlich und vor allem gewisse Religionsbegriffe, welche den Regenten auch für das moralische und künftige Wohl der Bürger gleichsam verantwortlich machen, haben vereint dazu beigetragen, diese Veränderung hervorzubringen. Geht man aber der Geschichte einzelner Polizei-Geseze und Einrichtungen nach, so findet man oft ihren Ursprung in dem bald wirklichen, bald angeblichen Bedürfniss des Staats, Abgaben von den Unterthanen aufzubringen, und insofern kehrt die Aehnlichkeit mit den älteren Staaten zurük, indem insofern diese Einrichtungen gleichfalls auf die Erhaltung der Verfassung abzwekken.

Was aber diejenigen Einschränkungen betrift, welche nicht sowohl den Staat, als die Individuen, die ihn ausmachen, zur Absicht haben; so ist und bleibt ein mächtiger Unterschied zwischen den älteren und neueren Staaten. Die Alten sorgten für die Kraft und Bildung des Menschen, als Menschen; die Neueren für seinen Wohlstand, seine Habe und seine Erwerbfähigkeit. Die Alten suchten Tugend, die Neueren Glükseligkeit. Daher waren die Einschränkungen der Freiheit in den älteren Staaten auf der einen Seite drükkender und gefährlicher. Denn sie griffen geradezu an, was des Menschen eigenthümliches Wesen ausmacht, sein inneres Dasein; und daher zeigen alle ältere Nationen eine Einseitigkeit, welche (den Mangel an feinerer Kultur, und an allgemeinerer Kommunikation noch abgerechnet) grossentheils durch die fast überall eingeführte gemeinschaftliche Erziehung, und das absichtlich eingerichtete gemeinschaftliche Leben der Bürger überhaupt hervorgebracht und genährt würde. Auf der andren Seite erhielten und erhöheten aber auch alle diese Staatseinrichtungen bei den Alten die thätige Kraft des Menschen. Selbst der Gesichtspunkt, den man nie aus den Augen verlor, kraftvolle und genügsame Bürger zu bilden, gab dem Geiste und dem Charakter einen höheren Schwung. Dagegen wird zwar bei uns der Mensch selbst unmittelbar weniger beschränkt, als vielmehr die Dinge um ihn her eine einengende Form erhalten, und es scheint daher möglich, den Kampf gegen diese äusseren Fesseln mit innerer Kraft zu beginnen. Allein schon die Natur der Freiheitsbeschränkungen unsrer Staaten, dass ihre Absicht bei weitem mehr auf das geht, was der Mensch besizt, als auf das, was er ist, und dass selbst in diesem Fall sie nicht – wie die Alten – die physische, intellektuelle und moralische Kraft nur, wenn gleich einseitig, üben, sondern vielmehr ihr bestimmende Ideen, als Geseze, aufdringen, unterdrükt die Energie, welche gleichsam die Quelle jeder thätigen Tugend, und die nothwendige Bedingung zu einer höheren und vielseitigeren Ausbildung ist. Wenn also bei den älteren Nationen grössere Kraft für die Einseitigkeit schadlos hielt; so wird in den neueren der Nachtheil der geringeren Kraft noch durch Einseitigkeit erhöht.

Ueberhaupt ist dieser Unterschied zwischen den Alten und Neueren überall unverkennbar. Wenn in den lezteren Jahrhunderten die Schnelligkeit der gemachten Fortschritte, die Menge und Ausbreitung künstlicher Erfindungen, die Grösse der gegründeten Werke am meisten unsre Aufmerksamkeit an sich zieht; so fesselt uns in dem Alterthum vor allem die Grösse, welche immer mit dem Leben Eines Menschen dahin ist, die Blüthe der Phantasie, die Tiefe des Geistes, die Stärke des Willens, die Einheit des ganzen Wesens, welche allein dem Menschen wahren Werth giebt. Der Mensch und zwar seine Kraft und seine Bildung war es, welche jede Thätigkeit rege machte; bei uns ist es nur zu oft ein ideelles Ganze, bei dem man die Individuen beinah zu vergessen scheint, oder wenigstens nicht ihr inneres Wesen, sondern ihre Ruhe, ihr Wohlstand, ihre Glükseligkeit. Die Alten suchten die Glükseligkeit in der Tugend, die Neueren sind nur zu lange diese aus jener zu entwikkeln bemüht gewesen; und der selbst, welcher die Moralität in ihrer höchsten Reinheit sah und darstellte, glaubt, durch eine sehr künstliche Maschinerie seinem Ideal des Menschen die Glükseligkeit, warlich mehr, wie eine fremde Belohnung, als wie ein eigen errungenes Gut, zuführen zu müssen. Ich verliere kein Wort über diese Verschiedenheit. Ich schliesse nur mit einer Stelle aus Aristoteles Ethik: »Was einem Jeden, seiner Natur nach, eigenthümlich ist, ist ihm das Beste und Süsseste. Daher auch den Menschen das Leben nach der Vernunft, wenn nemlich darin am meisten der Mensch besteht, am meisten beseligt.«

Schon mehr, als Einmal ist unter den Staats-Rechts-Lehrern

gestritten worden, ob der Staat allein Sicherheit, oder überhaupt das ganze physische und moralische Wohl der Nation beabsichten müsse? Sorgfalt für die Freiheit des Privatlebens hat vorzüglich auf die erstere Behauptung geführt; indess die natürliche Idee, dass der Staat mehr, als allein Sicherheit gewähren könne, und ein Misbrauch in der Beschränkung der Freiheit wohl möglich, aber nicht nothwendig sei, der lezteren das Wort redeten. Auch ist diese unläugbar sowohl in der Theorie, als in der Ausführung die herrschende. Diess zeigen die meisten Systeme des Staatsrechts, die neueren philosophischen Gesezbücher, und die Geschichte der Verordnungen der meisten Staaten. Akkerbau, Handwerke, Industrie aller Art, Handel, Künste und Wissenschaften selbst, alles erhält Leben und Lenkung vom Staat. Nach diesen Grundsäzen hat das Studium der Staatswissenschaften eine veränderte Gestalt erhalten, wie Kameral- und Polizeiwissenschaft z. B. beweisen, nach diesen sind völlig neue Zweige der Staatsverwaltung entstanden, Kameral- Manufaktur- und Finanz-Kollegia. So allgemein indess auch dieses Princip sein mag; so verdient es, dünkt mich, doch noch allerdings eine nähere Prüfung […]

II. DER ENDZWECK DES MENSCHEN

Der wahre Zwek des Menschen – nicht der, welchen die wechselnde Neigung, sondern welche die ewig unveränderliche Vernunft ihm vorschreibt – ist die höchste und proportionirlichste Bildung seiner Kräfte zu einem Ganzen. Zu dieser Bildung ist Freiheit die erste, und unerlassliche Bedingung. Allein ausser der Freiheit erfordert die Entwikkelung der menschlichen Kräfte noch etwas andres, obgleich mit der Freiheit eng verbundenes, Mannigfaltigkeit der Situationen. Auch der freieste und unabhängigste Mensch, in einförmige Lagen versezt, bildet sich minder aus. Zwar ist nun einestheils diese Mannigfaltigkeit allemal Folge der Freiheit, und andererntheils giebt es auch eine

Art der Unterdrükkung, die, statt den Menschen einzuschränken, den Dingen um ihn her eine beliebige Gestalt giebt, so dass beide gewissermaassen Eins und dasselbe sind. Indess ist es der Klarheit der Ideen dennoch angemessener, beide noch von einander zu trennen. Jeder Mensch vermag auf Einmal nur mit Einer Kraft zu wirken, oder vielmehr sein ganzes Wesen wird auf Einmal nur zu Einer Thätigkeit gestimmt. Daher scheint der Mensch zur Einseitigkeit bestimmt, indem er seine Energie schwächt, sobald er sich auf mehrere Gegenstände verbreitet. Allein dieser Einseitigkeit entgeht er, wenn er die einzelnen, oft einzeln geübten Kräfte zu vereinen, den beinah schon verloschnen wie den erst künftig hell aufflammenden Funken in jeder Periode seines Lebens zugleich mitwirken zu lassen, und statt der Gegenstände, auf die er wirkt, die Kräfte, womit er wirkt, durch Verbindung zu vervielfältigen strebt. Was hier gleichsam die Verknüpfung der Vergangenheit und der Zukunft mit der Gegenwart wirkt, das wirkt in der Gesellschaft die Verbindung mit andren. Denn auch durch alle Perioden des Lebens erreicht jeder Mensch dennoch nur Eine der Vollkommenheiten, welche gleichsam den Charakter des ganzen Menschengeschlechts bilden. Durch Verbindungen also, die aus dem Innren der Wesen entspringen, muss einer den Reichthum des andren sich eigen machen. Eine solche charakterbildende Verbindung ist, nach der Erfahrung aller, auch sogar der rohesten Nationen, z. B. die Verbindung der beiden Geschlechter. Allein wenn hier der Ausdruck, sowohl der Verschiedenheit, als der Sehnsucht nach der Vereinigung gewissermaassen stärker ist; so ist beides darum nicht minder stark, nur schwerer bemerkbar, obgleich eben darum auch mächtiger wirkend, auch ohne alle Rüksicht auf jene Verschiedenheit, und unter Personen desselben Geschlechts. Diese Ideen, weiter verfolgt und genauer entwikkelt, dürften vielleicht auf eine richtigere Erklärung des Phänomens der Verbindungen führen, welche bei den Alten, vorzüglich den Griechen, selbst die Gesezgeber benuzten, und die man oft zu unedel mit dem Namen der gewöhnlichen Liebe, und immer unrichtig mit dem Namen der blossen Freundschaft belegt hat. Der bildende Nuzen solcher Verbindungen beruht immer auf dem Grade, in welchem sich die Selbstständigkeit der Verbundenen zugleich mit der Innigkeit der Verbindung erhält. Denn wenn ohne diese Innigkeit der eine den andren nicht genug aufzufassen vermag; so ist die Selbstständigkeit nothwendig, um das Aufgefasste gleichsam in das eigne Wesen zu verwandeln. Beides aber erfordert Kraft der Individuen, und eine Verschiedenheit, die, nicht zu gross, damit einer den andren aufzufassen vermöge, auch nicht zu klein ist, um einige Bewundrung dessen, was der andre besizt, und den Wunsch rege zu machen, es auch in sich überzutragen. Diese Kraft nun und diese mannigfaltige Verschiedenheit vereinen sich in der Originalität, und das also, worauf die ganze Grösse des Menschen zulezt beruht, wonach der einzelne Mensch ewig ringen muss, und was der, welcher auf Menschen wirken will, nie aus den Augen verlieren darf, ist Eigenthümlichkeit der Kraft und der Bildung. Wie diese Eigenthümlichkeit durch Freiheit des Handlens und Mannigfaltigkeit der Handlenden gewirkt wird; so bringt sie beides wiederum hervor. Selbst die leblose Natur, welche nach ewig unveränderlichen Gesezen einen immer gleichmässigen Schritt hält, erscheint dem eigengebildeten Menschen eigenthümlicher. Er trägt gleichsam sich selbst in sie hinüber, und so ist es im höchsten Verstande wahr, dass jeder immer in eben dem Grade Fülle und Schönheit ausser sich wahrnimmt, in welchem er beide im eignen Busen bewahrt. Wieviel ähnlicher aber noch muss die Wirkung der Ursache da sein, wo der Mensch nicht bloss empfindet und äussere Eindrükke auffasst, sondern selbst thätig wird?

Versucht, man es, diese Ideen, durch nähere Anwendungen auf den einzelnen Menschen, noch genauer zu prüfen, so reducirt sich in diesem alles auf Form und Materie. Die reinste Form mit der leichtesten Hülle nennen wir Idee, die am wenigsten mit Gestalt begabte Materie sinnliche Empfindung. Aus der Verbindung der Materie geht die Form hervor. Je grösser die Fülle und Mannigfaltigkeit der Materie, je erhabener die Form. Ein Götterkind ist nur die Frucht unsterblicher Eltern. Die Form wird wiederum gleichsam Materie einer noch schöneren Form. So wird die Blüthe zur Frucht, und aus dem Saamenkorn der Frucht entspringt der neue, von neuem blüthenreiche Stamm. Je mehr die Mannigfaltigkeit zugleich mit der Feinheit der Materie zunimmt, desto höher die Kraft, denn desto inniger der Zusammenhang. Die Form scheint gleichsam in die Materie, die Materie in die Form verschmolzen; oder, um ohne Bild zu reden, je ideenreicher die Gefühle des Menschen, und je gefühlvoller seine Ideen, desto unerreichbarer seine Erhabenheit. Denn auf diesem ewigen Begatten der Form und der Materie, oder des Mannigfaltigen mit der Einheit beruht die Verschmelzung der beiden im Menschen vereinten Naturen, und auf dieser seine Grösse. Aber die Stärke der Begattung hängt von der Stärke der Begattenden ab. Der höchste Moment des Menschen ist dieser Moment der Blüthe. Die minder reizende, einfache Gestalt der Frucht weist gleichsam selbst auf die Schönheit der Blüthe hin, die sich durch sie entfalten soll. Auch eilt nur alles der Blüthe zu. Was zuerst dem Saamenkorn entspriesst, ist noch fern von ihrem Reiz. Der volle dikke Stengel, die breiten, aus einander fallenden Blätter bedürfen noch einer mehr vollendeten Bildung. Stufenweise steigt diese, wie sich das Auge am Stamme erhebt; zartere Blätter sehnen sich gleichsam, sich zu vereinigen, und schliessen sich enger und enger, bis der Kelch das Verlangen zu stillen scheint. Indess ist das Geschlecht der Pflanzen nicht von dem Schiksal gesegnet. Die Blüthe fällt ab, und die Frucht bringt wieder den gleich rohen, und gleich sich verfeinernden Stamm hervor. Wenn im Menschen die Blüthe welkt; so macht sie nur jener schöneren Plaz, und den Zauber der schönsten birgt unsrem Auge erst die ewig unerforschbare Unendlichkeit. Was nun der Mensch von aussen empfängt, ist nur Saamenkorn. Seine energische Thätigkeit muss es, seis auch das schönste, erst auch zum seegenvollsten für ihn machen. Aber wohlthätiger ist es ihm immer in dem Grade, in welchem es kraftvoll, und eigen in sich ist. Das höchste Ideal des Zusammenexistirens menschlicher Wesen wäre mir dasjenige, in dem jedes nur aus sich selbst, und um seiner selbst willen sich entwikkelte. Physische und moralische Natur würden diese Menschen schon noch an einander führen, und wie die Kämpfe des Kriegs ehrenvoller sind, als die der Arena, wie die Kämpfe erbitterter Bürger höheren Ruhm gewähren, als die getriebener Miethsoldaten; so würde auch das Ringen der Kräfte dieser Menschen die höchste Energie zugleich beweisen und erzeugen.

Ist es nicht eben das, was uns an die Zeitalter Griechenlands und Roms, und jedes Zeitalter allgemein an ein entfernteres, hingeschwundnes so namenlos fesselt? Ist es nicht vorzüglich, dass diese Menschen härtere Kämpfe mit dem Schiksal, härtere mit Menschen zu bestehen hatten? dass die grössere ursprüngliche Kraft und Eigenthümlichkeit einander begegnete, und neue wunderbare Gestalten schuf? Jedes folgende Zeitalter – und in wieviel schnelleren Graden muss diess Verhältniss von jezt an steigen? – muss den vorigen an Mannigfaltigkeit nachstehen, an Mannigfaltigkeit der Natur – die ungeheuren Wälder sind ausgehauen, die Moräste getroknet u.s.f. – an Mannigfaltigkeit der Menschen, durch die immer grössere Mittheilung und Vereinigung der menschlichen Werke durch die beiden vorigen Gründe. Diess ist eine der vorzüglichsten Ursachen, welche die Idee des Neuen, Ungewöhnlichen, Wunderbaren so viel seltner, das Staunen, Erschrekken beinah zur Schande, und die Erfindung neuer, noch unbekannter Hülfsmittel, selbst nur plözliche, unvorbereitete und dringende Entschlüsse bei weitem seltner nothwendig macht. Denn theils ist das Andringen der äusseren Umstände gegen den Menschen, welcher mit mehr Werkzeugen, ihnen zu begegnen, versehen ist, minder gross;

theils ist es nicht mehr gleich möglich, ihnen allein durch diejenigen Kräfte Widerstand zu leisten, welche die Natur jedem giebt, und die er nur zu benuzen braucht; theils endlich macht das ausgebreitetere Wissen das Erfinden weniger nothwendig, und das Lernen stumpft selbst die Kraft dazu ab. Dagegen ist es unläugbar, dass, wenn die physische Mannigfaltigkeit geringer wurde, eine bei weitem reichere und befriedigendere intellektuelle und moralische an ihre Stelle trat, und dass Gradationen und Verschiedenheiten von unsrem mehr verfeinten Geiste wahrgenommen, und unsrem, wenn gleich nicht eben so stark gebildeten, doch reizbaren kultivirten Charakter ins praktische Leben übergetragen werden, die auch vielleicht den Weisen des Alterthums, oder doch wenigstens nur ihnen nicht unbemerkt geblieben wären. Es ist im ganzen Menschengeschlecht, wie im einzelnen Menschen gegangen. Das Gröbere ist abgefallen, das Feinere ist geblieben. Und so wäre es ohne allen Zweifel seegenvoll, wenn das Menschengeschlecht Ein Mensch wäre, oder die Kraft eines Zeitalters ebenso, als seine Bücher, oder Erfindungen auf das folgende übergienge. Allein diess ist bei weitem der Fall nicht. Freilich besizt nun auch unsre Verfeinerung eine Kraft, und die vielleicht jene gerade um den Grad ihrer Feinheit an Stärke übertrift; aber es fragt sich, ob nicht die frühere Bildung durch das Gröbere immer vorangehen muss? Ueberall ist doch die Sinnlichkeit der erste Keim, wie der lebendigste Ausdruk alles Geistigen. Und wenn es auch nicht hier der Ort ist, selbst nur den Versuch dieser Erörterung zu wagen; so folgt doch gewiss soviel aus dem Vorigen, dass man wenigstens diejenige Eigenthümlichkeit und Kraft, nebst allen Nahrungsmitteln derselben, welche wir noch besizen, sorgfältigst bewachen müsse.

Bewiesen halte ich demnach durch das Vorige, *dass die wahre Vernunft dem Menschen keinen andren Zustand, als einen solchen wünschen kann, in welchem nicht nur jeder Einzelne der ungebundensten Freiheit geniesst, sich aus sich selbst, in seiner Eigentümlichkeit, zu entwikkeln, sondern in welchem auch die physische Natur keine andre Gestalt von Menschenhänden empfängt, als ihr jeder Einzelne, nach dem Maasse seines Bedürfnisses und seiner Neigung, nur beschränkt durch die Gränzen seiner Kraft und seines Rechts, selbst und willkührlich giebt.* Von diesem Grundsaz darf, meines Erachtens, die Vernunft nie mehr nachgeben, als zu seiner eignen Erhaltung selbst nothwendig ist. Er musste daher auch jeder Politik, und besonders der Beantwortung der Frage, von der hier die Rede ist, immer zum Grunde liegen [...]

VI. ÜBER ÖFFENTLICHE STAATSERZIEHUNG

Man hat, vorzüglich seit einiger Zeit, so sehr auf die Verhütung gesezwidriger Handlungen und auf Anwendung moralischer Mittel im Staate gedrungen. Ich, so oft ich dergleichen oder ähnliche Aufforderungen höre, freue mich, gesteh' ich, dass eine solche freiheitbeschränkende Anwendung bei uns immer weniger gemacht, und, bei der Lage fast aller Staaten, immer weniger möglich wird. Man beruft sich auf Griechenland und Rom, aber eine genauere Kenntniss ihrer Verfassungen würde bald zeigen, wie unpassend diese Vergleichungen sind. Jene Staaten waren Republiken, ihre Anstalten dieser Art waren Stüzen der freien Verfassung, welche die Bürger mit einem Enthusiasmus erfüllte, welcher den nachtheiligen Einfluss der Einschränkung der Privatfreiheit minder fühlen, und der Energie des Charakters minder schädlich werden liess. Dann genossen sie auch übrigens einer grösseren Freiheit, als wir, und was sie aufopferten, opferten sie einer andren Thätigkeit, dem Antheil an der Regierung, auf. In unsren, meistentheils monarchischen Staaten ist das alles ganz anders. Was die Alten von moralischen Mitteln anwenden möchten, Nationalerziehung, Religion, Sittengeseze, alles würde bei uns minder fruchten, und einen grösseren Schaden bringen. Dann war auch das Meiste, was man jezt so oft für Wirkung der Klugheit des Gesezgebers hält, bloss schon wirkliche, nur vielleicht wankende, und daher der Sanktion des Gesezes bedürfende Volkssitte. Die Uebereinstimmung der Einrichtungen des Lykurgus mit der Lebensart der meisten unkultivirten Nationen hat schon Ferguson meisterhaft gezeigt, und da höhere Kultur die Nation verfeinerte, erhielt sich auch in der That nicht mehr, als der Schatten jener Einrichtungen. Endlich steht, dünkt mich, das Menschengeschlecht jezt auf einer Stufe der Kultur, von welcher es sich nur durch Ausbildung der Individuen höher emporschwingen kann; und daher sind alle Einrichtungen, welche diese Ausbildung hindern, und die Menschen mehr in Massen zusammendrängen, jezt schädlicher als ehmals.

Schon diesen wenigen Bemerkungen zufolge erscheint, um zuerst von demjenigen moralischen Mittel zu reden, was am weitesten gleichsam ausgreift, öffentliche, d. i. vom Staat angeordnete oder geleitete Erziehung wenigstens von vielen Seiten bedenklich. Nach dem ganzen vorigen Raisonnement kommt schlechterdings Alles auf die Ausbildung des Menschen in der höchsten Mannigfaltigkeit an; öffentliche Erziehung aber muss, selbst wenn sie diesen Fehler vermeiden, wenn sie sich bloss darauf einschränken wollte, Erzieher anzustellen und zu unterhalten, immer eine bestimmte Form begünstigen. Es treten daher alle die Nachtheile bei derselben ein, welche der erste Theil dieser Untersuchung hinlänglich dargestellt hat, und ich brauche nur noch hinzuzufügen, dass jede Einschränkung verderblicher wird, wenn sie sich auf den moralischen Menschen bezieht, und dass, wenn irgend etwas Wirksamkeit auf das einzelne Individuum fordert, diess gerade die Erziehung ist, welche das einzelne Individuum bilden soll. Es ist unläugbar, dass gerade daraus sehr heilsame Folgen entspringen, dass der Mensch in der Gestalt, welche ihm seine Lage und die Umstände gegeben haben, im Staate selbstthätig wird, und nun durch den Streit – wenn ich so sagen darf – der ihm vom Staat angewiesenen Lage, und der von Ihm selbst gewählten, zum Theil er anders geformt wird, zum Theil die Verfassung des Staats selbst Aenderungen erleidet, wie denn dergleichen, obgleich freilich auf einmal fast unbemerkbare Aenderungen, nach den Modifikationen des Nationalcharakters, bei allen Staaten unverkennbar sind. Diess aber hört wenigstens immer in dem Grade auf, in welchem der Bürger von seiner Kindheit an schon zum Bürger gebildet wird. Gewiss ist es wohlthätig, wenn die Verhältnisse des Menschen und des Bürgers soviel als möglich zusammenfallen; aber es bleibt diess doch nur alsdann, wenn das des Bürgers so wenig eigenthümliche Eigenschaften fordert, dass sich die natürliche Gestalt des Menschen, ohne etwas aufzuopfern, erhalten kann – gleichsam das Ziel, wohin alle Ideen, die ich in dieser Untersuchung zu entwikkeln wage, allein hinstreben. Ganz und gar aber hört es auf, heilsam zu sein, wenn der Mensch dem Bürger geopfert wird. Denn wenn gleich alsdann die nachtheiligen Folgen des Misverhältnisses hinwegfallen; so verliert auch der Mensch dasjenige, welches er gerade durch die Vereinigung in einen Staat zu sichern bemüht war. Daher müsste, meiner Meinung zufolge, die freieste, so wenig als möglich schon auf die bürgerlichen Verhältnisse gerichtete Bildung des Menschen überall vorangehen. Der so gebildete Mensch müsste dann in den Staat treten, und die Verfassung des Staats sich gleichsam an ihm prüfen. Nur bei einem solchen Kampfe würde ich wahre Verbesserung der Verfassung durch die Nation mit Gewissheit hoffen, und nur bei einem solchen schädlichen Einfluss der bürgerlichen Einrichtung auf den Menschen nicht besorgen. Denn selbst wenn die leztere sehr fehlerhaft wäre, liesse sich denken, wie gerade durch ihre einengenden Fesseln die widerstrebende, oder, troz derselben, sich in ihrer Grösse erhaltende Energie des Menschen gewänne. Aber diess könnte nur sein, wenn dieselbe vorher sich in ihrer Freiheit entwikkelt hätte. Denn welch ein ungewöhnlicher Grad gehörte dazu, sich auch da, wo jene Fesseln von der ersten Jugend an drükten, noch zu erheben und zu erhalten? Jede öffentliche Erziehung aber, da immer der Geist der Regierung in ihr herrscht, giebt dem Menschen eine gewisse bürgerliche Form. Wo nun eine solche Form an sich bestimmt und in sich, wenn gleich einseitig, doch schön ist, wie wir es in den alten Staaten, und vielleicht noch jezt in mancher Republik finden, da ist nicht allein die Ausführung leichter, sondern auch die Sache selbst minder schädlich. Allein in unsren monarchischen Verfassungen existirt – und gewiss zum nicht geringen Glük für die Bildung des Menschen – eine solche bestimmte Form ganz und gar nicht. Es gehört offenbar zu ihren, obgleich auch von manchen Nachtheilen begleiteten Vorzügen, dass, da doch die Staatsverbindung immer nur als ein Mittel anzusehen ist, nicht soviel Kräfte der Individuen auf diess Mittel verwandt zu werden brauchen, als in Republiken. Sobald der Unterthan den Gesezen gehorcht, und sich und die Seinigen im Wohlstande und einer nicht schädlichen Thätigkeit erhält, kümmert den Staat die genauere Art seiner Existenz nicht. Hier hätte daher die öffentliche Erziehung, die, schon als solche, sei es auch unvermerkt, den Bürger oder Unterthan, nicht den Menschen, wie die Privaterziehung, vor Augen hat, nicht Eine bestimmte Tugend oder Art zu sein zum Zwek; sie suchte vielmehr gleichsam ein Gleichgewicht aller, da nichts so sehr, als gerade diess, die Ruhe hervorbringt und erhält, welche eben diese Staaten am eifrigsten beabsichten. Ein solches Streben aber gewinnt, wie ich schon bei einer andren Gelegenheit zu zeigen versucht habe, entweder keinen Fortgang, oder führt auf Mangel an Energie; da hingegen die Verfolgung einzelner Seiten, welche der Privaterziehung eigen ist, durch das Leben in verschiedenen Verhältnissen und Verbindungen jenes Gleichgewicht sichrer und ohne Aufopferung der Energie hervorbringt.

Will man aber der öffentlichen Erziehung alle positive Beförderung dieser oder jener Art der Ausbildung untersagen, will man es ihr zur Pflicht machen, bloss die eigene Entwikkelung der Kräfte zu begünstigen; so ist diess einmal an sich nicht ausführbar, da was Einheit der Anordnung hat, auch allemal eine gewisse Einförmigkeit der Wirkung hervorbringt, und dann ist auch unter dieser Voraussezung der Nuzen einer öffentlichen Erziehung nicht abzusehen. Denn ist es bloss die Absicht zu verhindern, dass Kinder nicht ganz unerzogen bleiben; so ist es ja leichter und minder schädlich, nachlässigen Eltern Vormünder zu sezen, oder dürftige zu unterstüzen. Ferner erreicht auch die öffentliche Erziehung nicht einmal die Absicht, welche sie sich vorsezt, nemlich die Umformung der Sitten nach dem Muster, welches der Staat für das ihm angemessenste hält. So wichtig und auf das ganze Leben einwirkend auch der Einfluss der Erziehung sein mag; so sind doch noch immer wichtiger die Umstände, welche den Menschen durch das ganze Leben begleiten. Wo also nicht alles zusammenstimmt, da vermag diese Erziehung allein nicht durchzudringen. Ueberhaupt soll die Erziehung nur, ohne Rüksicht auf bestimmte, den Menschen zu ertheilende bürgerliche Formen, Menschen bilden; so bedarf es des Staats nicht. Unter freien Menschen gewinnen alle Gewerbe besseren Fortgang; blühen alle Künste schöner auf; erweitern sich alle Wissenschaften. Unter ihnen sind auch alle Familienbande enger, die Eltern eifriger bestrebt für ihre Kinder zu sorgen, und, bei höherem Wohlstande, auch vermögender, ihren Wünschen hierin zu folgen. Bei freien Menschen entsteht Nacheiferung, und es bilden sich bessere Erzieher, wo ihr Schiksal von dem Erfolg ihrer Arbeiten, als wo es von der Beförderung abhängt, die sie vom Staat zu erwarten haben. Es wird daher weder an sorgfältiger Familienerziehung, noch an Anstalten so nüzlicher und nothwendiger gemeinschaftlicher Erziehung fehlen. Soll aber öffentliche Erziehung dem Menschen eine bestimmte Form ertheilen, so ist, was man auch sagen möge, zur Verhütung der Uebertretung der Geseze, zur Befestigung der Sicherheit so gut als nichts gethan. Denn Tugend und Laster hängen nicht an dieser oder jener Art des Menschen zu sein, sind nicht mit dieser oder jener Charakterseite nothwendig verbunden; sondern es kommt in Rüksicht auf sie weit mehr auf die Harmonie oder Disharmonie der verschiedenen Charakterzüge, auf das Verhältniss der Kraft zu der Summe der Neigungen u.s.f. an. Jede bestimmte Charakterbildung ist daher eigner Ausschweifungen fähig, und artet in dieselben aus. Hat daher eine ganze Nation ausschliesslich vorzüglich eine gewisse erhalten, so fehlt es an aller entgegenstrebenden Kraft, und mithin an allem Gleichgewicht. Vielleicht liegt sogar hierin auch ein Grund der häufigen Veränderungen der Verfassung der alten Staaten. Jede Verfassung wirkte so sehr auf den Nationalcharakter, dieser, bestimmt gebildet, artete aus, und brachte eine neue hervor. Endlich wirkt öffentliche Erziehung, wenn man ihr völlige Erreichung ihrer Absicht zugestehen will, zu viel. Um die in einem Staat nothwendige Sicherheit zu erhalten, ist Umformung der Sitten selbst nicht nothwendig. Allein die Gründe, womit ich diese Behauptung zu unterstüzen gedenke, bewahre ich der Folge auf, da sie auf das ganze Bestreben des Staats, auf die Sitten zu wirken, Bezug haben, und mir noch vorher von einem Paar einzelner, zu demselben gehöriger Mittel zu reden übrig bleibt. Oeffentliche Erziehung scheint mir daher ganz ausserhalb der Schranken zu liegen, in welchen der Staat seine Wirksamkeit halten muss [...]

VIII. ÜBER SITTENVERBESSERUNG DURCH DEN STAAT

Ich habe durch diess, an und für sich politischen Untersuchungen ziemlich fremdartige, allein in der von mir gewählten Folge der Ideen nothwendige Gemählde zu zeigen versucht, wie die Sinnlichkeit, mit ihren heilsamen Folgen, durch das ganze Leben, und alle Beschäftigungen des Menschen verflochten ist. Ihr dadurch Freiheit und Achtung zu erwerben, war meine Absicht. Vergessen darf ich indess nicht, dass gerade die Sinnlichkeit auch die Quelle einer grossen Menge physischer und moralischer Uebel ist. Selbst moralisch nur dann heilsam, wenn sie in richtigem Verhältniss mit der Uebung der geistigen Kräfte steht, erhält sie so leicht ein schädliches Uebergewicht. Dann wird menschliche Freude thierischer Genuss, der Geschmak verschwindet, oder erhält unnatürliche Richtungen. Bei diesem lezteren Ausdruk kann ich mich jedoch nicht enthalten, vorzüglich in Hinsicht auf gewisse einseitige Beurtheilungen, noch zu bemerken, dass nicht unnatürlich heissen muss, was nicht gerade diesen oder jenen Zwek der Natur erfüllt, sondern was den allgemeinen Endzwek derselben mit dem Menschen vereitelt. Dieser aber ist, dass sein Wesen sich zu immer höherer Vollkommenheit bilde, und daher vorzüglich, dass seine denkende und empfindende Kraft, beide in verhältnissmässigen Graden der Stärke, sich unzertrennlich vereine. Es kann aber ferner ein Misverhältniss entstehen zwischen der Art, wie der Mensch seine Kräfte ausbildet, und überhaupt in Thätigkeit sezt, und zwischen den Mitteln des Wirkens und Geniessens, die seine Lage ihm darbietet, und diess Misverhältniss ist eine neue Quelle von Uebeln. Nach den im Vorigen ausgeführten Grundsäzen aber ist es dem Staat nicht erlaubt, mit positiven Endzwekken auf die Lage der Bürger zu wirken. Diese Lage erhält daher nicht eine so bestimmte und erzwungene Form, und ihre grössere Freiheit, wie dass sie in eben dieser Freiheit selbst grösstentheils von der Denkungs- und Handlungsart der Bürger ihre Richtung erhält, vermindert schon jenes Misverhältniss. Dennoch könnte indess die, immer übrigbleibende, warlich nicht unbedeutende Gefahr die Vorstellung der Nothwendigkeit erregen, der Sittenverderbniss durch Geseze und Staatseinrichtungen entgegenzukommen.

Allein, wären dergleichen Geseze und Einrichtungen auch wirksam, so würde nur mit dem Grade ihrer Wirksamkeit auch ihre Schädlichkeit steigen. Ein Staat, in welchem die Bürger durch solche Mittel genöthigt, oder bewogen würden, auch den besten Gesetzen zu folgen, könnte ein ruhiger, friedliebender, wohlhabender Staat sein; allein er würde mir immer ein Haufe ernährter Sklaven, nicht eine Vereinigung freier, nur, wo sie die

Gränze des Rechts übertreten, gebundener Menschen scheinen. Bloss gewisse Handlungen, Gesinnungen hervorzubringen, giebt es freilich sehr viele Wege. Keiner von allen aber führt zur wahren, moralischen Vollkommenheit. Sinnliche Antriebe zur Begehung gewisser Handlungen, oder Nothwendigkeit sie zu unterlassen bringen Gewohnheiten hervor, durch die Gewohnheit wird das Vergnügen, das anfangs nur mit jenen Antrieben verbunden war, auf die Handlung selbst übergetragen, oder die Neigung, welche anfangs nur vor der Nothwendigkeit schwieg, gänzlich erstikt; so wird der Mensch zu tugendhaften Handlungen, gewissermaassen auch zu tugendhaften Gesinnungen geleitet. Allein die Kraft seiner Seele wird dadurch nicht erhöht; weder seine Ideen über seine Bestimmung und seinen Werth erhalten dadurch mehr Aufklärung, noch sein Wille mehr Kraft, die herrschende Neigung zu besiegen; an wahrer, eigentlicher Vollkommenheit gewinnt er folglich nichts. Wer also Menschen bilden, nicht zu äussren Zwekken ziehn will, wird sich dieser Mittel nie bedienen. Denn abgerechnet, dass Zwang und Leitung nie Tugend hervorbringen; so schwächen sie auch noch immer die Kraft. Was sind aber Sitten ohne moralische Stärke und Tugend? Und wie gross auch das Uebel des Sittenverderbnisses sein mag, es ermangelt selbst der heilsamen Folgen nicht. Durch die Extreme müssen die Menschen zu der Weisheit und Tugend mittlerem Pfad gelangen. Extreme müssen, gleich grossen, in die Ferne leuchtenden Massen, weit wirken. Um den feinsten Adern des Körpers Blut zu verschaffen, muss eine beträchtliche Menge in den grossen vorhanden sein. Hier die Ordnung der Natur stören wollen, heisst moralisches Uebel anrichten, um physisches zu verhüten.

Es ist aber auch, meines Erachtens, unrichtig, dass die Gefahr des Sittenverderbnisses so gross und dringend sei; und so manches auch schon zu Bestätigung dieser Behauptung im Vorigen gesagt worden ist, so mögen doch noch folgende Bemerkungen dazu dienen, sie ausführlicher zu beweisen:

1. Der Mensch ist an sich mehr zu wohlthätigen, als eigennüzigen Handlungen geneigt. Diess zeigt sogar die Geschichte der Wilden. Die häuslichen Tugenden haben so etwas Freundliches, die öffentlichen des Bürgers so etwas Grosses und Hinreissendes, dass auch der bloss unverdorbene Mensch ihrem Reiz selten widersteht.

2. Die Freiheit erhöht die Kraft, und führt, wie immer die grössere Stärke, allemal eine Art der Liberalität mit sich. Zwang erstikt die Kraft, und führt zu allen eigennüzigen Wünschen, und allen niedrigen Kunstgriffen der Schwäche. Zwang hindert vielleicht manche Vergehung, raubt aber selbst den gesezmässigen Handlungen von ihrer Schönheit. Freiheit veranlasst vielleicht manche Vergehung, giebt aber selbst dem Laster eine minder unedle Gestalt.

3. Der sich selbst überlassene Mensch kommt schwerer auf richtige Grundsäze, allein sie zeigen sich unaustilgbar in seiner Handlungsweise. Der absichtlich geleitete empfängt sie leichter, aber sie weichen, auch sogar seiner, doch geschwächten Energie.

4. Alle Staatseinrichtungen, indem sie ein mannigfaltiges und sehr verschiednes Interesse in eine Einheit bringen sollen, verursachen vielerlei Kollisionen. Aus den Kollisionen entstehen Misverhältnisse zwischen dem Verlangen und dem Vermögen der Menschen; und aus diesen Vergehungen. Je müssiger also – wenn ich so sagen darf – der Staat, desto geringer die Anzahl dieser. Wäre es, vorzüglich in gegebenen Fällen, möglich, genau die Uebel aufzuzählen, welche Polizeieinrichtungen veranlassen, und welche sie verhüten, die Zahl der ersteren würde allemal grösser sein.

5. Wieviel strenge Aufsuchung der wirklich begangenen Verbrechen, gerechte und wohl abgemessene, aber unerlässliche Strafe, folglich seltne Straflosigkeit vermag, ist praktisch noch nie hinreichend versucht worden.

Ich glaube nunmehr für meine Absicht hinlänglich gezeigt

zu haben, wie bedenklich jedes Bemühen des Staats ist, irgend einer – nur nicht unmittelbar fremdes Recht kränkenden – Ausschweifung der Sitten entgegen, oder gar zuvorzukommen, wie wenig davon insbesondre heilsame Folgen auf die Sittlichkeit selbst zu erwarten sind, und wie ein solches Wirken auf den Charakter der Nation selbst zur Erhaltung der Sicherheit nicht nothwendig ist. Nimmt man nun noch hiezu die im Anfange dieses Aufsazes entwikkelten Gründe, welche jede auf positive Zwekke gerichtete Wirksamkeit des Staats misbilligen, und die hier um so mehr gelten, als gerade der moralische Mensch jede Einschränkung am tiefsten fühlt; und vergisst man nicht, dass, wenn irgend eine Art der Bildung der Freiheit ihre höchste Schönheit dankt, diess gerade die Bildung der Sitten und des Charakters ist; so dürfte die Richtigkeit des folgenden Grundsazes keinem weiteren Zweifel unterworfen sein, des Grundsazes nemlich: *dass der Staat sich schlechterdings alles Bestrebens, direkt oder indirekt auf die Sitten und den Charakter der Nation anders zu wirken, als insofern diess als eine natürliche, von selbst entstehende Folge seiner übrigen schlechterdings nothwendigen Maassregeln unvermeidlich ist, gänzlich enthalten müsse, und dass alles, was diese Absicht befördern kann, vorzüglich alle besondre Aufsicht auf Erziehung, Religionsanstalten, Luxusgeseze u.s.f. schlechterdings ausserhalb der Schranken seiner Wirksamkeit liege.*

AN CARL GUSTAV VON BRINCKMANN

Auleben, 3. September 1792

Seit 14 Tagen nun, lieber Brinkmann, lebe ich hier in beneidenswürdiger Ruhe und Einsamkeit. Noch in dieser ganzen Zeit habe ich keinen fremden Menschen gesehen, und nichts stört mich also an dem Genuß jeder häuslichen Freude, und jeder selbstgewählten Beschäftigung. Diese Ruhe ist mir um so süßer gewesen, als ich sie länger als ein halbes Jahr, das ich in einer unangenehmen Stadt, unter langweiligen oder halb interessanten Menschen verschleudern mußte, entbehrt habe, und so mit doppelter Sehnsucht zu ihr zurükkehrte. Wäre ich allein, unverheirathet, würde ich mir ein solches einsames Leben nicht erlauben; ich hätte dann andre Zwekke, andre Bestimmung; die Ausbildung, die ich mir, die Wirksamkeit, die ich andren schuldig wäre, forderten einen mehr wechselnden, ausgebreiteteren Schauplaz. Jetzt habe ich mich auf meine Familie zurükgezogen, wie eng der Kreis sein mag, er giebt mir – das fühle ich täglich – sogar einen reicheren Stoff zur Bearbeitung als meine Kräfte umfassen. Ich sehe daß ich Glük schaffe und Glük genieße, und ich möchte wissen, ob es viele Lagen gäbe, in welchen man so gerade das bewirkt, was nur unmittelbar, und gewiß, und jedem Zweifel unzugänglich gut und heilsam ist. Wenn ich auch in dem spätesten Alter stürbe, werde ich, das weiß ich voraus, kein Werk hinterlassen, das mein Andenken dauernd erhielte, ich werde nicht einmal mir selbst sagen können: dieß oder jenes hab' ich gethan und geschaffen. Selbst wenn ich etwas gethan hätte, würde ich dieß mir mit Wahrheit nicht sagen können. Denn ich thue nie etwas um des Werkes willen, das unmittelbar und außer mir, immer nur um der Energie willen, die mittelbar und in mir bleibt. Aber ich werde mir sagen können, ich habe gelebt, und dahin allein geht auch das ganze Streben meiner Existenz, jeden Gegenstand, den mir das Leben beut, aufzunehmen, wie er ist, zu bewahren, bis ich ihn in mein Innres verwandelt habe, und mich jedem Gegenstande wieder so zurük zu geben, wie die Bedingung der höchsten, mir möglichen Ausbildung, modificirt nach der Natur dieses Gegenstandes, es fordert. Daher bemühe ich mich auch nicht ängstlich darum, mir diese oder jene Lage zu verschaffen, ruhig erwart' ich, was der ewige Wechsel mir bringt, und wende meine Grundsäze darauf an. Ist es mir gelungen, mich deutlich zu machen, so kann ich mich Ihnen hier nicht anders geschildert haben, als Sie mich längst kannten. Denn alle Dinge, die mich von andren unterscheiden, müssen, ohne diesen Schlüssel, unerklärlich sein, und sind mit diesem sogar nothwendig. Aber ich bin weit abgeschweift. Ich wollte von meiner Lage mit Ihnen reden, und fieng an, sie zu rechtfertigen, dessen sie bei Ihnen so gewiß nicht bedarf.

Was meine Studien betrift, bin ich, seit meinem Hiersein, allein mit Griechischen, und zwar mit Pindar, Aeschylus, und, meiner Frau wegen, nebenher mit Homer beschäftigt. Lange dürfte ich mich zu nichts anderem wenden. Ich gehe damit um, einmal mir in einem eignen Aufsaze die Gründe deutlich zu machen, warum das Studium der Alten, bloß als solcher, und ohne besonders lebhaftes Interesse für irgend ein besondres Fach, das sie bearbeiten, einen Menschen allein würdig zu beschäftigen vermag. Man hat, dünkt mich, diese Gründe bisher richtig gefühlt, denn das natürliche Gefühl täuscht selten, und ohne dieß hätte man dem sonst nichtsnuzigen Plunder nicht Lebenszeiten geopfert, aber minder klar auseinandergesezt. Was mir bis jezt darüber eingefallen ist, besteht bloß in den Paar Gedanken: die Alten sind alle Schriftsteller bloß 2 Nationen, und wenn man es genau nimmt nur Einer, der Griechen, da die Römischen Schriftsteller als solche, im Grunde Griechen heißen müssen. Indem man sie studirt, studirt man also eine Nation, nicht Bücher, sondern Menschen. Ähnlichen Nuzen müßte es gewähren, alle Französischen, oder Englischen Schriftsteller zusammen zu studiren, aber der Unterschied würde immer ebenso beträchtlich sein, als die Alten origineller waren, als die Neueren, und als sich in dem Schriftsteller bei ihnen mehr der Mensch, als der Schriftsteller zeigt. Dann kommt nun auch noch dazu, daß diese Menschen an sich soviel, so weit weniger durch Kunst und Kultur geformt, und so viel mehr der Natur näher waren, als wir. – [...]

AN FRIEDRICH AUGUST WOLF

Erfurt, 31. März 1793

[...] Vor allen Dingen hat es mich gefreut, daß meine Skizze über die Griechen [›Über das Studium des Altertums‹ usw.] mehreren Ihrer eignen Ideen begegnete. Sie hätten mir nichts Befriedigenderes sagen können. Überhaupt ist es gewiß innig wahr, wenn ich Ihnen versichre, daß Ihr Urteil schlechterdings entscheidend bei mir ist, – Sie verstehen mich gewiß recht – nicht eigentlich entscheidend in Absicht der Sache, denn Sie selbst würden mich am wenigsten einen Nachbeter sein lassen wollen, aber entscheidend als das Resultat des Eindrucks, den meine Arbeiten auf Sie machen, weil ich fest überzeugt bin, daß Sie mir schlechterdings nichts als die nackte und simple Wahrheit sagen. Auf gleiche Aufrichtigkeit können Sie ganz sicher auch auf meiner Seite rechnen, und wenn Sie mir neulich den Vorwurf machten, daß ich gesagt hätte, alle Ihre Auflösungen der Herodotischen Stellen hätten mich vollkommen befriedigt, da es doch eine (ich weiß nicht mehr welche) schwerlich gekonnt hätte, so bin ich in der Tat unschuldig, da ich die nicht mitgerechnet hatte, wo Sie selbst Ihre Erklärung nur für ein pis-aller ausgeben. Sonst ehre ich gewiß nicht nur die Freundschaft, sondern auch den Gewinn zu sehr, den wirklich die Wissenschaft aus gemeinschaftlicher Bearbeitung, wenngleich mit sehr ungleichen Kräften, ziehen kann, um nicht immer in den Schranken der genauesten Wahrheit zu bleiben. Sie, liebster Freund, sind der Einzige, der mich diese Freude eines mitunter wissenschaftlichen Briefwechsels genießen läßt, und es ist keiner Beschreibung fähig, was Sie mir dadurch geben. Mehrere meiner Freunde habe ich sonst flehentlich darum gebeten; aber viele vergebliche Versuche haben mich von diesen eitlen Bestrebungen zurückgeführt. So wenige interessiert die Wissenschaft um der Wissenschaft willen, und es ekelt einen an, die meisten so immer auf sich, auf das Scherflein Ruhm und Gewinn, den sie ihnen bringt, zurückkommen zu sehn. Bei Ihnen dies so total anders zu finden, ist mir schon allein eine seltne und, Ihnen so nahe zu kommen, Ihrer wert zu werden, eine über so alles erquickende Erscheinung gewesen, daß ich Ihnen nie werde den Eindruck schildern können, den sie auf mich gemacht hat und immerfort noch macht. Wes das Herz voll ist, des geht der Mund über. An dieses alte und einfache Sprichwort erinnern Sie sich jedesmal, lieber Freund, so oft ich, gegen meinen Willen, auf den Ausdruck von Empfindungen zurückkomme, die man besser gar nicht auszudrücken versucht.

Aber ich bin ganz von meinem neulichen Aufsatz abgekommen. Der hat noch närrische Fata gehabt. Ich schickte ihn Schillern, dem ich bald darauf schrieb, und da Sie die schönen Ränder so weiß gelassen hatten, bat ich ihn, sich ihrer anzunehmen. Dies hat er denn auch getan und allerlei zugeschrieben. Es sind sehr hübsche Sachen darunter, obgleich Sie denken können, daß er in das Ganze der Idee, da ihm die alte Literatur doch nicht geläufig ist, wenig eingegangen ist. Ich schreibe Ihnen hier die Anmerkung ab, die, dünkt mich, eine genievolle Idee enthält; ob auch eine wahre, mögen Sie selbst entscheiden:

»Sollte nicht von dem Fortschritt der menschlichen Kultur eben das gelten, was wir bei jeder Erfahrung zu bemerken Gelegenheit haben? Hier aber bemerkt man 3 Momente:

1. Der Gegenstand steht ganz vor uns, aber verworren und ineinanderfließend.
2. Wir trennen einzelne Merkmale und unterscheiden. Unsere Erkenntnis ist deutlich, aber vereinzelt und borniert.
3. Wir verbinden das Getrennte, und das Ganze steht abermals vor uns, aber jetzt nicht mehr verworren, sondern von allen Seiten beleuchtet.

In der ersten Periode waren die Griechen.

In der zweiten stehen wir.

Die dritte ist also noch zu hoffnen, und dann wird man die Griechen auch nicht mehr zurückwünschen.« [...]

AN CHRISTIAN GOTTFRIED KÖRNER

Burgörner, 19. November 1793

[...] Ihr Brief hat mir eine herzliche und wahrlich unbeschreibliche Freude gemacht. Der Umgang in Ideen und noch dazu in der Ferne ist ein so seltener Genuß, und vielleicht verstattet gerade Ihnen Ihre Lage mehr Muße dazu, als sie Ihnen dieselbe leider zu größeren Werken versagt. An mir soll es sicherlich nicht liegen, und Sie dürfen nicht fürchten, daß ich sparsam im Briefschreiben sein könnte.

Wohl haben Sie recht, eine neue Schöpfung muß aus dem Chaos gesammelter Materialien hervorgehen, und es wolle der gute Genius unseres Zeitalters, daß sie ihre Gestalt aus den Händen der Kunst empfanget. Ordnen und Benutzen des Vielfachgesammelten ist das große Bedürfnis unserer Zeit – jeder der mannigfaltigen Arten der Tätigkeit, welche der Mensch zu üben gelernt hat, ihren wahren Wert bestimmen und überhaupt das Verhältnis des Menschen zu den Gegenständen, die ihn umgeben, vollständig und präzis festsetzen. Denn es muß einem jeden eine auffallende Erscheinung sein, daß so große Aufklärung in der philosophischen Einsicht, so große Erweiterung der historischen Kenntnis, so feine Ausbildung des Geschmacks endlich in einigen Fächern der Kunst doch immer so tot und unfruchtbar bleibt, so wenig nur in die Denkungs- und fast gar nicht in die Handlungsweise übergeht, und daß, ungeachtet dieser Schätze, unser Jahrhundert sich dennoch immer mehr durch das, was die Menschen wissen und bewirken, als durch das, was sie an sich selbst sind, auszeichnen wird. Erklärbar scheint mir diese Erscheinung allein durch die teils nicht hinlänglich beachtete, teils gemißleitete Bildung des Menschen, und von dieser Seite, glaube ich daher auch, muß dem Übel das Heilmittel gesucht werden.

Es ist das fruchtbarste und schlechterdings das reizendste Feld des Nachdenkens, den Menschen in dem ganzen Umfang seiner genießenden und wirkenden Kräfte erst empirisch-philosophisch betrachten, untersuchen, was eigentlich (welcher Grad der Kräfte in welchem Verhältnis?) Ideal der Menschheit genannt zu werden verdient und welche Übung der Kräfte diesem Ideale nähert. Dann hiermit historisch den Menschen in verschiedenen Zeitaltern und Nationen vergleichen und den Zusammenhang der Weltbegebenheiten mit kritischem Auge verfolgen, um vielleicht daran die Gesetze auszuspähen, nach welchen das ewige Schicksal (doch wohl nur die eigenen, den Wesen inwohnenden und durch entgegengesetztes Kämpfen Vereinigung erstrebenden Kräfte der Dinge) die Menschen entweder in ewig in sich zurückkehrenden Kreisen oder einem großen unendlichen Ziele zu (denn welcher Philosoph oder Geschichtsforscher hat dies je nur mit irgendeinem Grade der Wahrscheinlichkeit entschieden?) führt. Zugleich ist unsere Zeit zu der Bearbeitung dieses Feldes wie nie eine andere vorbereitet. Wir besitzen eine feste, auf streng bewiesenen Grundsätzen mit kritischer Genauigkeit aufgeführte Philosophie (denn wer kann diese Kriterien in der Kantischen verkennen?) und verbinden damit auf der anderen Seite die reichste Erfahrung über den Menschen, teils tote in geographischer, historischer, physischer Gelehrsamkeit, teils lebendige in den auf tausendfach verschiedene Art modifizierten Verhältnissen der Menschenverbindung in unseren Zeiten. Dennoch ist dies ganze Feld noch einem systematischen Plane nach gar nicht und selbst teilweise nur wenig bearbeitet.

Von der Theorie der Bildung des Menschen existiert höchstens eine Theorie der Erziehung und Gesetzgebung, aber keine der Religion (da es doch wohl auch der Mühe wert wäre zu untersuchen, was man wohl durch Religion bewirken könne und müsse?), keine (was doch das wichtigste von allen wäre) der Bildung durch Leben und Umgang, endlich, was das Schlimmste ist und selbst das, was wir besitzen, schwankend macht, keine der allgemeinen Grundsätze, von denen Erziehung und Gesetzgebung selbst nur einzelne Anwendungen an die Hand gibt. Endlich fehlt, freilich nicht dem Titel, aber wohl dem Geiste nach, eine philosophische Geschichte der Menschheit. Ich glaube gern, daß, wenn auch diese Mängel anerkannt, wenn ihnen sogar (theoretisch) abgeholfen wäre, darum auch die moralische Reform nicht gleich unmittelbar erfolgen würde; aber es wäre doch immer eine große Lücke in der Enzyklopädie unserer Wissenschaften ausgefüllt, und wenn gleich die praktische Verbesserung immer, durch Zufall und Gefühl geleitet, ihren Weg fortgeht, so kann man doch kaum absichtlich an derselben arbeiten, ohne auf einer festen Theorie zu fußen. Mir wenigstens würde der Mangel einer solchen festen Theorie in mir selbst, wenn ich praktische Wirksamkeit hätte, alles Alte unantastbar heilig machen.

Die leichtere Art, diesen Früchten der Erkenntnis beizukommen, ist das Studium der Geschichte, und darum habe ich mir jetzt so vorzüglich das der Griechen gewählt. Insofern dieser Gesichtspunkt auch Ihnen wichtig scheint, mögen Ihre gütigen Erwartungen von diesem Studium gerecht sein, aber weiter nicht. Die Kunst, aus Faktis Philosophie zu ziehen, ist unendlichen Schwierigkeiten unterworfen, und Schwierigkeiten, die einen skeptischen Kopf, wie ich in hohem Grade bin, beinah zur Verzweiflung zu bringen vermögen. Daß ich gerade das Studium der Griechen wählte, davon erlauben Sie mir nur noch, Ihnen einige Gründe hinzuzufügen. Meiner und gewiß auch Ihrer Überzeugung nach fehlt unsrem Zeitalter gerade Bildung des Geschmacks oder noch richtiger, Einfluß eines gebildeten Geschmacks auf die räsonnierenden und handelnden Kräfte. Welche Nation aber verdiente da angestrengteres Studium als die, welcher gerade diese Herrschaft des ästhetischen Sinnes eine so bewundernswürdige Charaktereinheit gab? Zwar glaube ich nicht, daß man streben sollte, diese Einheit gerade wieder hervorzubringen. Wir stehen wieder auf einer anderen und unstreitig einer höheren Stufe, wenigstens auf einer, die uns höher führen kann. Denn offenbar sind wir im Werden. Die so notwendige Einheit des Charakters nämlich hat, glaube ich, mehrere Stufen von höherer und niederer Würde. Ich möchte die Klassen so abteilen: 1. Einheit durch Herrschaft körperlicher Sinnlichkeit – Einheit der Rohheit – bei den Griechen (mit dieser verbindet sich in spekulativen Köpfen 2. eine Einheit durch Vernunft – bei Platon); 3. Mangel an Einheit durch große Ausbildung des Verstandes; 4. die höchste Einheit, hervorgehend aus jenem Mangel. Die Ausbildung des Verstandes bringt Ausbildung der praktischen Vernunft hervor. Diese fordert Vollkommenheit, gleichsam als den Inhalt des formalen Gesetzes, die Vollkommenheit Einheit der Kräfte, aber nicht Einheit durch Alleinherrschaft einer, sondern durch gleichen Regierungsanteil jeder. Diese zu erreichen, wendet sich die praktische Vernunft an die Richterin aller menschlichen Kräfte, die Reflexion. So entsteht Einheit der Reflexion als das Unerreichte, dem wir nachstreben müssen.

Doch so viel für heute. Ich bin in mein Lieblingsfach geraten. Ich habe Ihnen den ganzen Umfang der Ideen vorgezeichnet, die mir die teuersten sind. Sind sie Ihnen auch lieb, so warten meiner großen Genüsse [...] Ihr Humboldt.

THEORIE DER BILDUNG DES MENSCHEN – BRUCHSTÜCK 1794/95

[I]

Es wäre ein grosses und trefliches Werk zu liefern, wenn jemand die eigenthümlichen Fähigkeiten zu schildern unternähme, welche die verschiedenen Fächer der menschlichen Erkenntniss zu ihrer glücklichen Erweiterung voraussetzen; den ächten Geist, in dem sie einzeln bearbeitet, und die Verbindung, in die sie alle mit einander gesetzt werden müssen, um die Ausbildung der Menschheit, als ein Ganzes, zu vollenden. Der Mathematiker, der Naturforscher, der Künstler, ja oft selbst der Philosoph beginnen nicht nur jetzt gewöhnlich ihr Geschäft, ohne seine eigentliche Natur zu kennen und es in seiner Vollständigkeit zu übersehen, sondern auch nur wenige erheben sich selbst späterhin zu diesem höheren Standpunkt und dieser allgemeineren Uebersicht. In einer noch schlimmeren Lage aber befindet sich derjenige, welcher, ohne ein einzelnes jener Fächer ausschliessend zu wählen, nur aus allen für seine Ausbildung Vortheil ziehen will. In der Verlegenheit der Wahl unter mehreren, und aus Mangel an Fertigkeit, irgend eins, aus den engeren Schranken desselben heraus, zu seinem eignen allgemeineren Endzweck zu benutzen, gelangt er nothwendig früher oder später dahin, sich allein dem Zufall zu überlassen und was er etwa ergreift, nur zu untergeordneten Absichten, oder bloss als ein zeitverkürzendes Spielwerk zu gebrauchen. Hierin liegt einer der vorzüglichsten Gründe der häufigen und nicht ungerechten Klagen, dass das Wissen unnütz und die Bearbeitung des Geistes unfruchtbar bleibt, dass zwar Vieles um uns her zu Stande gebracht, aber nur wenig in uns verbessert wird, und dass man über der höheren, und nur für Wenige tauglichen wissenschaftlichen Ausbildung des Kopfes die allgemeiner und unmittelbarer nützliche der Gesinnungen vernachlässigt.

Im Mittelpunkt aller besonderen Arten der Thätigkeit nemlich steht der Mensch, der ohne alle, auf irgend etwas Einzelnes gerichtete Absicht, nur die Kräfte seiner Natur stärken und erhöhen, seinem Wesen Werth und Dauer verschaffen will. Da jedoch die blosse Kraft einen Gegenstand braucht, an dem sie sich üben, und die blosse Form, der reine Gedanke, einen Stoff, in dem sie, sich darin ausprägend, fortdauern könne, so bedarf auch der Mensch einer Welt ausser sich. Daher entspringt sein Streben, den Kreis seiner Erkenntniss und seiner Wirksamkeit zu erweitern, und ohne dass er sich selbst deutlich dessen bewusst ist, liegt es ihm nicht eigentlich an dem, was er von jener erwirbt, oder vermöge dieser ausser sich hervorbringt, sondern nur an seiner inneren Verbesserung und Veredlung, oder wenigstens an der Befriedigung der innern Unruhe, die ihn verzehrt. Rein und in seiner Endabsicht betrachtet, ist sein Denken immer nur ein Versuch seines Geistes, vor sich selbst verständlich, sein Handeln ein Versuch seines Willens, in sich frei und unabhängig zu werden, seine ganze äussre Geschäftigkeit überhaupt aber nur ein Streben, nicht in sich müssig zu bleiben. Bloss weil beides, sein Denken und sein Handeln nicht anders, als nur vermöge eines Dritten, nur vermöge des Vorstellens und des Bearbeitens von etwas möglich ist, dessen eigentlich unterscheidendes Merkmal es ist, Nicht-Mensch, d.i. Welt zu seyn, sucht er, soviel Welt, als möglich zu ergreifen, und so eng, als er nur kann, mit sich zu verbinden.

Die letzte Aufgabe unseres Daseyns: dem Begriff der Menschheit in unsrer Person, sowohl während der Zeit unsres Lebens, als auch noch über dasselbe hinaus, durch die Spuren des lebendigen Wirkens, die wir zurücklassen, einen so grossen Inhalt, als möglich, zu verschaffen, diese Aufgabe löst sich allein durch die Verknüpfung unsres Ichs mit der Welt zu der allgemeinsten, regesten und freiesten Wechselwirkung. Diess allein ist nun auch der eigentliche Massstab zur Beurtheilung der Bearbeitung jedes Zweiges menschlicher Erkenntniss. Denn nur diejenige Bahn kann in jedem die richtige seyn, auf welcher das Auge ein unverrücktes Fortschreiten bis zu diesem letzten Ziele zu verfolgen im Stande ist, und hier allein darf das Geheimniss gesucht werden, das, was sonst ewig todt und unnütz bleibt, zu beleben und zu befruchten.

Die Verknüpfung unsres Ichs mit der Welt scheint vielleicht auf den ersten Anblick nicht nur ein unverständlicher Ausdruck, sondern auch ein überspannter Gedanke. Bei genauerer Untersuchung aber wird wenigstens der letztere Verdacht verschwinden, und es wird sich zeigen, dass, wenn man einmal das wahre Streben des menschlichen Geistes (das, worin ebensowohl sein höchster Schwung, als sein ohnmächtigster Versuch enthalten ist) aufsucht, man unmöglich bei etwas Geringerem stehen bleiben kann [...]

Was also der Mensch nothwendig braucht, ist bloss ein Gegenstand, der die Wechselwirkung seiner Empfänglichkeit mit seiner Selbstthätigkeit möglich mache. Allein wenn dieser Gegenstand genügen soll, sein ganzes Wesen in seiner vollen Stärke und seiner Einheit zu beschäftigen; so muss er der Gegenstand schlechthin, die Welt seyn, oder doch (denn diess ist eigentlich allein richtig) als solcher betrachtet werden. Nur um der zerstreuenden und verwirrenden Vielheit zu entfliehen, sucht man Allheit; um sich nicht auf eine leere und unfruchtbare Weise ins Unendliche hin zu verlieren, bildet man einen, in jedem Punkt leicht übersehbaren Kreis; um an jeden Schritt, den man vorrückt, auch die Vorstellung des letzten Zwecks anzuknüpfen, sucht man das zerstreute Wissen und Handeln in ein geschlossenes, die blosse Gelehrsamkeit in eine gelehrte Bildung, das bloss unruhige Streben in eine weise Thätigkeit zu verwandeln. [...]

UEBER DEN GESCHLECHTS-UNTERSCHIED UND DESSEN EINFLUSS AUF DIE ORGANISCHE NATUR. 1795

Von der Wichtigkeit des Endzwecks erfüllt, welchem der Unterschied der Geschlechter zunächst gewidmet ist, pflegt man die Bestimmung derselben auf ihn allein zu beschränken. Man nimmt ihn unmittelbar mit in den Begriff derselben auf, denkt sich unter dieser Anstalt der Natur weiter nichts, als ein zur Erzeugung nothwendiges Mittel, und würde, wenn diese auf einem andern Wege zu erhalten wäre, einen Unterschied leicht entbehren zu können glauben, der die Entwicklung der Gattung in den Individuen nicht selten zu hindern scheint. Nur allenfalls im Menschen wird auch die gemeinste Beobachtung mehr auf die heilsame Einwirkung des einen Geschlechts auf das andere aufmerksam gemacht. Allein auch in der übrigen Natur ist diese Erscheinung nicht weniger sichtbar, und es bedarf nur einer mässigen Anstrengung des Nachdenkens, um den Begriff des Geschlechts weit über die beschränkte Sphäre hinaus, in die man ihn einschliesst, in ein unermessliches Feld zu versetzen. Die Natur wäre ohne ihn nicht Natur, ihr Räderwerk stände still, und sowohl der Zug, welcher alle Wesen verbindet, als der Kampf, welcher jedes einzelne nöthigt, sich mit seiner, ihm eigenthümlichen Energie zu wafnen, hörte auf, wenn an die Stelle dieses Unterschiedes eine langweilige und erschlaffende Gleichheit träte.

Das Streben der Natur ist auf etwas Unbeschränktes gerichtet. Alles Grosse und Trefliche, was in endlichen Kräften wohnt, will sie, ohne Ausnahme, und zwar in ein Ganzes vereint, besitzen. Aber da diese Kräfte immer endlich und an die Gesetze der Zeit gebunden sind, so hebt die eine, sofern sie thätig ist, die andre auf, und es ist nicht möglich, dass sie alle *zugleich* wirken. Diess gilt aber nicht bloss von ihren einzelnen Kräften, sondern überhaupt von ihren beiden hauptsächlichsten Wirkungsarten, der Ausbildung des Einzelnen, und der Verbindung des Ganzen. Denn indess die Kraftübung *Einseitigkeit* hervorbringt, auf die auch die Beschaffenheit des Stoffs führt; so verlangt die verbindende Form *Vielseitigkeit*, und die eine Förderung vernichtet in dem Augenblick, da sie geschieht, nothwendig die andre. Wenn also, bei allen Schranken der Endlichkeit, ein unendliches Wirken zu Stande kommen sollte, so blieb nichts anders übrig, als die zugleich unverträglichen Eigenschaften in verschiedene Kräfte, oder wenigstens in verschiedene Zustände derselben Kraft zu vertheilen, und sie nun durch den Drang eines Bedürfnisses zu gegenseitiger Einwirkung zu nöthigen. Diese beiden Merkmale sind aber gerade auch die einzigen, welche der Geschlechtsbegriff in sich fasst. Denn, geht man auch, um denselben so aufzufinden, wie er sich wirklich in der Natur zeigt, am besten von dem Begriff der Zeugung aus, so kann man ihn doch auch, ohne alle Rücksicht auf diese, in seiner völligen Allgemeinheit fassen; und alsdann bezeichnet er nichts anders, als eine so eigenthümliche Ungleichartigkeit verschiedener Kräfte, dass sie nur verbunden ein Ganzes ausmachen, und ein gegenseitiges Bedürfniss, diess Ganze durch Wechselwirkung in der That herzustellen.

Denn auf der Wechselwirkung allein beruht das Geheimniss der Natur. Ungleichartiger Stoff verknüpft sich, das Verknüpfte wird wiederum Theil eines grösseren Ganzen, und bis ins Unendliche hin umfasst immer jede neue Einheit eine reichere Fülle, dient jede neue Mannigfaltigkeit einer schöneren Einheit. Stoff und Form, so vielfach in einander verschränkt, vertauschen ihr Wesen, und nirgends ist etwas bloss bildend oder gebildet. So erhält die Natur zugleich Einheit und Fülle, zwei scheinbar entgegengesetzte, aber nah verwandte Eigenschaften, deren eine dem Geist wohlthätige Ruhe gewährt, wenn ihn die andre zu thätigem Nachdenken angespannt hat. [...]

Bei allem Erzeugen entsteht etwas vorher nicht Vorhandenes. Gleich der Schöpfung, ruft die Zeugung neues Daseyn hervor, und unterscheidet sich nur dadurch von derselben, dass dem neu Entstehenden ein schon vorhandener Stoff vorhergehen muss. Dieser Nothwendigkeit ungeachtet, hat indess das Erzeugte dennoch eine von dem Erzeugenden unabhängige Kraft des Lebens, und weit entfernt, dass diese aus demselben erklärbar wäre, bleibt es vielmehr ein unergründliches Geheimniss, wie nur sein Daseyn daraus hervorgeht. Was durch Entwicklung oder Wachsthum entsteht, ist ein Theil desjenigen, zu dem es gehört, und empfängt aus fremder Hand seine belebende Kraft. Was aber durch Zeugung ans Licht tritt, ist ein Wesen für sich, besitzt selbst Leben und Organisation, und kann, wie es selbst hervorgebracht wurde, eben so wieder hervorbringen. Obgleich die Fähigkeit zu zeugen durch die ganze Natur verbreitet ist, so vermag doch keine Kraft Leben und Organisation mechanisch zu bilden; keine Weisheit den Weg dazu vorzuschreiben. Daher ist Zeugung von Bildung verschieden, und darf nur Erweckung genannt werden; die nachfolgende Bildung des Erzeugten gehört ihm selbst, nicht dem Erzeugenden an. Man kennt, was der Zeugung vorhergeht und sieht das Daseyn, das darauf erfolgt; wie beides verknüpft ist? umhüllt ein undurchdringlicher Schleier. Denn wie die Zeugung von Seiten des Erzeugten Erweckung ist, so ist sie von Seiten des erzeugenden Wesens nur eine augenblickliche Stimmung, die nicht bloss durch die höchste

Anstrengung der Kräfte, sondern besonders durch die Vereinigung aller bezeichnet wird. Die Kraft, welche das Lebendige und Organische beseelt, kann, wie sie selbst in sich Eins ist, nur aus dem ihr Gleichen hervorgehen,und nicht bloss dass jedes zeugende Wesen seine eignen gleichartigen Kräfte zur höchsten Harmonie gestimmt fühlt, so ist auch jede Zeugung eine Verbindung zweier verschiedener ungleichartiger Principien, die man, da die einen mehr thätig, die andern mehr leidend sind, die zeugenden (im engern Verstande des Worts) und die empfangenden nennt. So hat die Natur ihre Kinder, welchen, als endlichen Wesen, nicht alles zugleich zu besitzen vergönnt war, wenigstens an die Einheit erinnert, die allein jedem höheren Streben genügt, und ihrer Sehnsucht Momente geschenkt, die sie vergessen lassen, dass sie zu getrenntem Daseyn verurtheilt sind.

Diesem gegenseitigen Zeugen und Empfangen ist nicht bloss die Fortdauer der Gattungen in der Körperwelt anvertraut. Auch die reinste und geistigste Empfindung geht auf demselben Wege hervor, und selbst der Gedanke, dieser feinste und letzte Sprössling der Sinnlichkeit, verläugnet diesen Ursprung nicht. [...]

Denn die ursprünglich anfangende Thätigkeit ist den zeugenden Kräften, so wie die erwiedernde den empfangenden eigen, und die Zeugung, als das gemeinschaftliche Werk beider, ist auf diese Weise zwischen ihnen vertheilt. Alle Hervorbringung setzt einen Stoff voraus; denn nur an das schon Vorhandene knüpft die Natur das Neue an. Dieser Stoff bildet sich aus, und zwar durch einen Trieb, welcher mit eigenthümlicher Kraft, und nach einer Regel (die, wie vorhin bemerkt worden, die Erzeugung des Gleichartigen scheint) thätig ist. Zu diesem Triebe aber, als zu einer ihm vorher fremden Energie, muss er erweckt werden, und diese Erweckung ist der Anfang des Lebens, als der Verbindung des Bildungstriebes (im allgemeinsten Verstande) mit der rohen Materie. Das erste Geschäft dieses Bildungstriebes ist die Ausbildung selbst, und, ist diese vollendet, die Ersetzung dessen, was der organische Körper zufällig verliert. Allein auch ausserdem ist er ununterbrochen fort thätig, um die einmal vollendete Bildung zu erhalten. Denn da die Gesetze der Materie, hier vorzüglich die chemischen Verwandtschaften, den Gesetzen des Lebens, d. i. der Organisation, immerfort entgegenarbeiten, und das Leben, wie die Resultate neuerer Untersuchungen zeigen, nichts anders ist, als der Sieg der letzteren über die ersteren; so ist ein unaufhörlicher Kampf nöthig, diese Oberherrschaft zu behaupten. Das Princip, das hier thätig ist, pflegt man die Lebenskraft zu nennen, und von ihr macht der Bildungstrieb (im engeren Verstande) nur eine besondre Modification aus. Die Hervorbringung erfordert daher zwei unentbehrliche Elemente, rohen Stoff, und Belebung desselben zur Ausbildung. [...]

So sind nun zwischen beiden Geschlechtern die Anlagen vertheilt, welche es ihnen möglich machen, diess unermessliche Ganze zu bilden. Nur dadurch gelang es der Natur, widersprechende Eigenschaften zu verbinden, und das Endliche dem Unendlichen zu nähern. Denn überall droht angestrengte Thätigkeit dem ruhigen Daseyn, so wie erhaltende Ruhe der regen Energie den Untergang. Darum beseelte die Natur ihre Söhne mit Kraft, Feuer und Lebhaftigkeit, und hauchte ihren Töchtern Haltung, Wärme und Innigkeit ein. Indess nun die einen ihr Gebiet zu erweitern streben, bereichern es die andern mit sorgsamer Hand innerhalb seiner Gränzen. Denn der ganze Charakter des männlichen Geschlechts ist auf *Energie* gerichtet; dahin zielt seine Kraft, seine zerstörende Heftigkeit, sein Streben nach Aussenwirkung, seine Rastlosigkeit. Dagegen geht die Stimmung des weiblichen, seine ausdauernde Stärke, seine Neigung zur Verbindung, sein Hang die Einwirkung zu erwiedern und seine holde Stätigkeit allein auf Erhaltung und *Daseyn*. Mit gemeinschaftlicher Sorgfalt verrichten sie daher die beiden grossen Operationen der Natur, die, ewig wiederkehrend, doch so oft in veränderter Gestalt erscheinen, Erzeugung und Ausbildung des Erzeugten. Vergleicht man indess ihre eigenthümliche Beschaffenheit noch näher mit einander; so hat die Natur die empfangenden Kräfte noch unter genauere Obhut genommen. Sie theilen mit ihr ihre entschiedensten Vorzüge, und, gleich den Töchtern im Hause, schliessen sie sich näher an die sorgsame Mutter an.

Daseyn, von Energie beseelt, ist *Leben*, und das höchste Leben das letzte Ziel, in dem sich das Streben aller verschiedenen Kräfte der Natur vereint. Die Verschiedenheit beider Geschlechter befördert die Erreichung dieses Ziels, oder vielmehr ihre eigenthümliche Beschaffenheit führt sie zu demselben hin, ohne dass sie selbst sich dessen bewusst sind. Denn keine Kraft der Natur dient als Mittel einem Zweck, oder strebt einer fremden Absicht entgegen. Indem alle harmonisch wirksam sind, folgt jede nur ihrem eignen Triebe, und das letzte Resultat der Thätigkeit aller geht mit einer Nothwendigkeit hervor, die, da sie alle Absicht ausschliesst, auf den ersten Anblick zufällig scheinen kann. In gleicher Freiheit wirken nun auch die Kräfte beider Geschlechter, und so kann man dieselben als zwei wohlthätige Gestalten ansehen, aus deren Händen die Natur ihre letzte Vollendung empfängt. Dieser erhabenen Bestimmung genügen sie aber nur dann, wenn sich ihre Wirksamkeit gegenseitig umschlingt, und die Neigung, welche das eine dem andren sehnsuchtsvoll nähert, ist die *Liebe*. So gehorcht daher die Natur derselben Gottheit, deren Sorgfalt schon der ahndende Weisheitssinn der Griechen die Anordnung des Chaos übertrug.

ÜBER DENKEN UND SPRECHEN.
1795/96

1. Das Wesen des Denkens besteht im Reflectiren, d. h. im Unterscheiden des Denkenden von dem Gedachten.

2. Um zu reflectiren, muss der Geist in seiner fortschreitenden Thätigkeit einen Augenblick still stehn, das eben Vorgestellte in eine Einheit fassen, und auf diese Weise, als Gegenstand, sich selbst entgegenstellen.

3. Die Einheiten, deren er auf diesem Wege mehrere bilden kann, vergleicht er wiederum unter einander, und trennt und verbindet sie nach seinem Bedürfniss.

4. Das Wesen des Denkens besteht also darin Abschnitte in seinem eignen Gange zu machen; dadurch aus gewissen Portionen seiner Thätigkeit Ganze zu bilden; und diese Bildungen einzeln sich selbst unter einander, alle zusammen aber, als Objecte, dem denkenden Subjecte entgegenzusetzen.

5. Kein Denken, auch das reinste nicht, kann anders, als mit Hülfe der allgemeinen Formen unsrer Sinnlichkeit geschehen; nur in ihnen können wir es auffassen und gleichsam festhalten.

6. Die sinnliche Bezeichnung der Einheiten nun, zu welchen gewisse Portionen des Denkens vereinigt werden, um als Theile andern Theilen eines grösseren Ganzen, als Objecte dem

Subjecte gegenübergestellt zu werden, heisst im weitesten Verstande des Worts: Sprache.

7. Die Sprache beginnt daher unmittelbar und sogleich mit dem ersten Act der Reflexion, und so wie der Mensch aus der Dumpfheit der Begierde, in welcher das Subject das Object verschlingt, zum Selbstbewusstseyn erwacht, so ist auch das Wort da – gleichsam der erste Anstoss, den sich der Mensch selbst giebt, plötzlich still zu stehen, sich umzusehen und zu orientiren.

8. Der Sprache suchende Mensch sucht Zeichen, unter denen er, vermöge der Abschnitte, die er in seinem Denken macht, Ganze als Einheiten zusammenfassen kann. Zu solchen Zeichen sind die unter der Zeit begriffenen Erscheinungen bequemer, als die unter dem Raume.

9. Die Umrisse ruhig neben einander liegender Dinge vermischen sich leicht vor der Einbildungskraft, wie vor dem Auge. In der Zeitfolge hingegen schneidet der gegenwärtige Augenblick eine bestimmte Gränze zwischen dem vergangenen und zukünftigen ab. Zwischen Seyn und Nicht mehr seyn ist keine Verwechselung möglich.

10. Das Auge unmittelbar und für sich allein würde keine anderen Gränzen, als zwischen verschiedenen Farben, nicht aber durch die Umrisse zwischen verschiedenen Gegenständen bestimmen. Es kommt zu dieser Bestimmung nur entweder durch die tastende, also in einer Zeitfolge den Körper umgleitende Hand, oder durch die Bewegung, mit welcher ein Gegenstand sich von dem anderen losreisst. Auf das eine oder andre bauet dasselbe nachher alle seine analogischen Schlüsse.

11. Die schneidendsten unter allen Veränderungen in der Zeit sind diejenigen, welche die Stimme hervorbringt. Sie sind zugleich die kürzesten, und aus dem Menschen selbst mit dem Hauche, der ihn belebt, hervorgehend, und augenblicklich verhallend, bei weitem die lebendigsten und erweckendsten.

12. Die Sprachzeichen sind daher nothwendig Töne, und nach

der geheimen Analogie, die zwischen allen Vermögen des Menschen ist, musste der Mensch, sobald er deutlich einen Gegenstand als geschieden von sich erkannte, auch unmittelbar den Ton aussprechen, der denselben bezeichnen sollte.

13. Dieselbe Analogie wirkte weiter fort. Als der Mensch Sprachzeichen suchte, hatte sein Verstand das Geschäft zu unterscheiden. Er bildete ferner dabei Ganze, die nicht wirkliche Dinge, sondern Begriffe, also eine freie Behandlung, abermalige Trennung und neue Verbindung, zulassend, waren. Diesem gemäss wählte also auch die Zunge artikulirte Töne, solche die aus Elementen bestehen, welche vielfache neue Zusammensetzungen erlauben.

14. Solche Töne giebt es sonst in der ganzen übrigen Natur nicht, weil niemand, ausser dem Menschen, seine Mitgeschöpfe zum Verstehen durch Mitdenken, sondern höchstens zum Handeln durch Mitempfinden einladet.

15. Mensch nimmt daher keinen einzigen Naturlaut, roh wie er ist, in seine Sprache auf, sondern bildet immer nur einen demselben ähnlichen artikulirten.

16. Er unterscheidet sogar sein eignes Empfindungsgeschrei gar sehr von der Sprache; und hierin leitet die Empfindung auch den Gebildetsten sehr richtig. Ist er so bewegt, dass er nicht mehr daran denken kann, den Gegenstand von sich selbst wenigstens in der Vorstellung loszureissen, so stösst er den Naturlaut aus; im entgegengesetzten Fall redet er, und erhöht nur den Ton nach Massgabe seines Affects.

AN FRIEDRICH AUGUST WOLF: ÜBER CHARAKTERKENNTNIS UND VERGLEICHENDE ANTHROPOLOGIE

[Jena, 23. Dezember 1796]

[...] Ich kann nicht läugnen, daß ich mit einer nicht geringen Schaam auf mich und meine zuletzt vergangnen Jahre zurücksehe. Von welcher Seite ich es betrachten mag, so habe ich nichts geleistet, und ich bewundere oft in der That mit aufrichtiger Rührung die Güte, mit der mich einige meiner Freunde, aber vor allen Sie, getragen haben. Ich weiß, daß es mir nie an Eifer und gewissermaaßen auch nicht an Thätigkeit, wenigstens nicht an Unverdrossenheit gefehlt hat, aber ich sehe daraus immer mehr, wie sehr mir anstatt dessen – *Methode* gemangelt hat. Je mehr ich über mich nachdenke, desto mehr finde ich, daß dieß Gebrechen radikal in mir ist, und es ist nur ein einzelner Fall dieses sich weiter erstreckenden Phänomens, daß auch das Wenige, was ich bis jetzt geschrieben, nicht die Form erhalten hat, die das Lesen leicht macht, oder gar dazu einladet. Darum ist es bei mir gewiß vorzugsweise wahr, daß ich eben so nothwendig an *mir,* als an meinem Gegenstande arbeiten muß, um nicht in diesen meine Fehler hinüberzutragen.

Vorzüglich nachtheilig auf meine productive Thätigkeit hat

bis jetzt eine gewisse unglückliche Wahl meiner Gegenstände gewirkt. Diese, glaube ich, ist mir jetzt besser gelungen. Wenn ich mich recht kenne, so muß ich mich nicht gerade auf Materien einlassen, die eine so große, genaue und critische Gelehrsamkeit erheischen, als historische Untersuchungen über das Alterthum alsdann sind, wenn man in die einzelnen Punkte tiefer eingehen will, noch auch auf solche, die hauptsächlich auf der Zergliederung der Begriffe beruhen. Für jene besitze ich gewiß nicht, wenn ich auch alles Mechanische abrechne, die critische Haltung des Geistes (ich weiß kein eigentlicheres Wort dafür) die aus einer Thatsache nicht zu viel und nicht zu wenig schließt. Davon habe ich mich noch neulich bei einem wiederholten Lesen Ihrer *Prolegg.* überzeugt, welche mehr, als irgend etwas anderes, diese Eigenschaft in einem bewundernswürdigen Grad zeigen. Ebenso werde ich auch bei zergliedernden Arbeiten selbst mit angestrengter Mühe dennoch nicht mehr, als ein anderer bei viel geringerer erreichen. Wenn ich zu irgend etwas mehr Anlage, als die allermeisten besitze, so ist es zu einem Verbinden sonst gewöhnlich als getrennt angesehener Dinge, einem Zusammennehmen mehrerer Seiten, und dem Entdecken der Einheit in einer Mannigfaltigkeit von Erscheinungen.

Da meine äußere Lage mir zugleich mehr, als andern, von der Welt zu sehen erlaubt, so macht mich beides zusammengenommen vorzugsweise zur individuellen Charakterkenntniß geschickt, und weil ich doch sicherlich mehr wissenschaftliche und systematische Bildung habe als die, welche gewöhnlich dieß Feld bearbeiten, so gelingt mir auch vielleicht der Versuch, diese Kenntniß in eine Theorie zu verwandeln, besser, als andern. Dieß ist also recht eigentlich das Gebiet, das ich mir stecke: Kenntniß und Beurtheilung des menschlichen Charakters in seinen verschiedenen Formen. Aus diesem Gebiete habe ich zwei Arbeiten gewählt, die ich ebenso ungetrennt behandle, als sie wirklich nothwendig zusammengehören.

1. Die eine kennen Sie, es ist die Charakteristik unsrer Zeit,

und die Einleitung dazu ist eigentlich das Einzige, was ich für jetzt einem öffentlichen Gebrauche bestimme.

2. Die andre ist für jetzt bloß Studium, aber an sich, wie mich dünkt, noch bei weitem wichtiger. Ich nenne es: eine vergleichende Anthropologie und denke darin die Verschiedenheit der geistigen Organisation verschiedener Menschenklassen und Individuen ebenso gegeneinanderzustellen, als man in der vergleichenden Anatomie die physische der Menschen und Thiere mit einander zu vergleichen pflegt. Es muß dabei, soviel ich jetzt einsehe, die Erreichung eines doppelten Endzwecks ins Auge gefaßt werden. Einmal der ganz empirische, richtigere und bestimmtere Begriffe von den verschiedenen Charakteren der Geschlechter, Nationen u.s.f. zu bekommen; zweitens der mehr philosophische, zu erforschen, wie verschieden sich der Mensch gestalten kann, ohne daß dennoch eine Form gerade einen geringeren Werth, als die andere hat. Denn darauf würde ich vorzüglich sehen, immer solche Verschiedenheiten aufzusuchen, die sich nicht durch Fehler, sondern durch Vorzüge unterscheiden. Denn nur eine solche Verschiedenheit ist wesentlich, und wenigstens nur eine solche für die Untersuchung dankbar. In dieser letzteren Hinsicht kann ein einzelner recht origineller Mensch bedeutend seyn, sobald er eine Seite der menschlichen Natur zeigt, die ohne ihn unerkannt geblieben seyn würde.

Dieß Feld ist zu weitläuftig, als daß es einem nur einfallen könnte, es allein zu bebauen. Aber ich halte es für nothwendig die Idee davon aufzustellen, die Principien zu gründen, und die Hauptfächer anzuordnen. Das Eintragen in diese kann hernach mit geringer Schwierigkeit, nur mit Fleiß und Mühe, geschehen. Die Zurüstungen zu einem solchen Plane, sind es daher nur, die mich jetzt beschäftigen. Wird indeß dieser Plan vollendet, so muß er die allgemeinen Ideen über mögliche Charakterverschiedenheit überhaupt, über Gattungscharaktere im Allgemeinen, und über das Eigenthümliche einzelner derselben z. B.

der des Geschlechts, der Alter, Temperamente, Nationen und Zeitalter enthalten. Ueber jede einzelne dieser Materien sind noch eine Menge von Fragen unerörtert, über die mir schon bis jetzt mehrere Ideen im Kopfe liegen.

Auf diese Weise halte ich es möglich, eine neue Bahn zu brechen, auf der es fortzugehen nicht schwierig seyn kann, und gerade jetzt sehr nothwendig ist.

Wenn man die Fortschritte des menschlichen Geistes in ihrer Folge übersieht, so erscheint einem durchaus nichts so wichtig, als der Kontrast des antiken und des modernen Charakters. Es ist schlechterdings meiner Ueberzeugung nach unmöglich einen von beiden nur irgend richtig anzusehen, ohne den andern zugleich zu kennen. [...]

PLAN EINER VERGLEICHENDEN ANTHROPOLOGIE. 1797

[...] Wenn der individuelle Charakter des Menschen zum Behuf seiner möglichen Idealisirung erforscht, und dieser Stoff nicht fragmentarisch bloss an einzelnen Fällen, sondern in allgemeinen Sätzen, als eine Theorie, bearbeitet werden soll; so muss seine Behandlung alle Arten der Betrachtung der Natur durchgehen, und zugleich naturhistorisch, historisch und philosophisch seyn.

Der Mensch, auch als Gattung betrachtet, ist offenbar ein Glied in der Kette der physischen Natur. Er artet, wie die übrigen Thiere, in Rassen aus, diese Rassen pflanzen ihre Eigenthümlichkeiten fort, und erzeugen mit einander halbschlächtige Blendlinge. Hier und in andern ähnlichen Fällen sind offenbar Naturwirkungen, die nicht zurückgewiesen werden können, nur benutzt und geleitet werden müssen. In dieser Rücksicht gehört der Mensch schlechterdings der Natur an. Er kann, wie sie, beobachtet werden, und, was das eigentlich charakteristische Kennzeichen hiebei ist, es ist möglich, mit ihm zu experimentiren.

Der Naturnothwendigkeit im Menschen am meisten entgegen steht seine Willkühr. Vermöge dieser beginnt und endigt er Handlungen, ohne weder durch Naturzwang, noch auch gerade durch Vernunftnöthigung getrieben zu werden. Er folgt, wie man zu sagen pflegt, dem Zufall, äusseren Einwirkungen, oder inneren augenblicklichen Antrieben. Was er auf diese Weise thut, ist zwar oft physisch, da es auch nicht einmal mittelbar aus Vernunft entspringt, es ist aber doch immer das Resultat physischer oder andrer Veränderungen auf eine freie Natur, und daher weder nach Naturgesetzen zu berechnen, noch auch eines Experimentes fähig. Von dieser Seite kann der Mensch bloss historisch erkannt werden. So ist er; so ward er. Das Warum? erlaubt keine befriedigende Antwort.

Natur und Willkühr werden verknüpft in der ächt menschlichen Freiheit durch Vernunft. Denn die Vernunft bringt eine ebensogrosse Nothwendigkeit nach Gesetzen hervor, als die Natur, aber sie thut der Freiheit nicht den mindesten Eintrag, da sie sich selbst das Gesetz giebt. Hier sind also Gesetze, und zwar solche, die, ausserhalb des Gebiets der Erscheinungen, aus einer selbstständigen Kraft emaniren. Hier beginnt demnach das Gebiet der philosophischen und ästhetischen Beurtheilung.

Jede theoretische Bearbeitung eines Stoffs setzt eine Beurtheilung nach Gesetzen voraus, und nur insofern der menschliche Charakter einer solchen fähig ist, verstattet er eine wissenschaftliche Behandlung.

Die organische Natur des Menschen lässt allerdings Gesetze sehen, die regelmässig und unfehlbar eintreffen. So ist es z. B. ein allgemeines Naturgesetz, dass ein Theil der Individualität der Eltern auf die Kinder übergeht. Aber die verwickelte Oekonomie des menschlichen Körpers, seine noch unbegreiflichere Verbindung mit dem moralischen Charakter, und die grosse Schwierigkeit, mit dem Menschen zu experimentiren, macht, dass jene Gesetze noch immer so unvollkommen, und schwerlich je durchaus vollständig erkannt werden. So ist es in dem vorigen Beispiel nicht möglich zu bestimmen, was gerade, in welchem Grade, und unter welchen Umständen mehr oder minder durch die Zeugung forterbt. Selbst, was doch bei weitem einfacher ist, die physische und physiologische Eigentümlichkeit eines Individuums als ein Ganzes zu kennen, giebt es noch nicht einmal eine allgemeine Formel oder Methode. Man beobachtet und kennt bloss einzelne Verschiedenheiten, aus denen sich wenig oder nichts schliessen lässt.

Die grösseste Strenge und Gesetzmässigkeit verstattet die philosophische Beurteilung, allein auch mehr da, wo sie dem Menschen für seine Gesinnungen Regeln vorschreibt, als da, wo sie zum Behuf der Erweiterung seines Wissens den wirklichen Zusammenhang zwischen seinen Kräften aufzudecken bemüht ist. Zwar wird sie einzelne Verhältnisse unfehlbar richtig bestimmen und aufklären, aber da diese nie ganz allein und vereinzelt vorhanden, also die Fälle nie rein gegeben sind, so werden die innern intellectuellen und moralischen Verhältnisse nie ganz fehlerlos dargestellt, oder vollständig erschöpft werden können.

Am wenigsten Gesetzmässigkeit zeigt ein bloss historisch behandelter Stoff. Alles Einzelne erscheint in demselben eben so regellos, als der Zufall und die Willkühr, die es hervorbringen. Dennoch kehren auch hier, sobald man nur grosse Massen auf einmal ins Auge fasst, gleiche Ereignisse in einer gewissen, obgleich weniger strengen und schwerer zu beobachtenden Regelmässigkeit zurück. [...]

DAS ACHTZEHNTE JAHRHUNDERT. 1797

[...] Ob ein Mensch im genauesten und strengsten Verstande von Natur von dem andern verschieden ist, oder ob die anfangs durchaus gleiche Beschaffenheit aller nur durch die individuelle Lage eines jeden verändert und individualisirt wird, ist eine Frage, die gänzlich ausser dem Gebiete unsrer Erfahrung und unsrer Einsicht liegt. Wir sehen den Menschen nicht eher, als bis er einen, zwar nicht der Länge der Dauer, aber der Grösse der Fortschritte nach, beträchtlichen Theil seiner Laufbahn zurückgelegt hat, und da alles, worüber wir zu urtheilen vermögen, immer nur Resultate der gemeinschaftlichen Wirksamkeit äusserer Umstände und der innern Kräfte sind, so können wir diese beiden für uns immer zugleich thätigen Stoffe niemals genau von einander unterscheiden. Alles, was wir mit Sicherheit zu behaupten im Stande sind, ist nur soviel, dass irgend eine Kraft, sey es nun eine gleiche oder ungleiche (obschon diess letztere, wenn man sich einmal ein Urtheil, zu dem man nicht befugt ist, erlauben will, eine grössere Wahrscheinlichkeit hat), zuerst und unabhängig von allen sie umgebenden Umständen vorhanden ist, weil ja sonst nichts da wäre, worauf von aussen eingewirkt werden könnte. Uebrigens aber ist es *für uns* gerade ebenso, als ob die Verschiedenheit, die wir zwischen mehreren Menschen bemerken, in der That von Natur und ursprünglich vorhanden wäre. Denn da sich das Kind, ehe es noch den Schooss seiner Mutter verlässt, schon in einer bestimmten Lage befindet, da diese und die Beschaffenheit des Körpers, die es empfängt, einen durch das ganze Leben hindurch fortdauernden Einfluss auf seinen Charakter ausüben, diese ganze Reihe der Ursachen aber ausserhalb des Kreises unsrer Erfahrung liegt, so sehen *wir* auch diese in der That von aussen her bewirkte Verschiedenheit mit Recht als ursprünglich und wesentlich an.

Den moralischen Menschen, gleich dem physischen, zum Gegenstande einer wissenschaftlichen Beobachtung zu machen und ihn dadurch gleichsam in die Reihe blosser Naturwesen zu versetzen, ist allemal ein bedenkliches Unternehmen, das einen nicht geringen Grad der Vorsicht erfodert. Denn ausserdem dass der Beobachter nicht selten veranlasst wird, uneingedenk der selbstständigen Würde seines Objects, dasselbe als ein blosses Werkzeug dem Endzweck seiner Forschungen unterzuordnen, es willkührlich und zum Behuf seiner Absichten zu behandeln; so werden auch leicht Erscheinungen, die vielleicht oft und gewöhnlich wiederkehren, der moralischen Natur als feste und unveränderliche Naturgesetze aufgedrungen, da doch dieselbe vollkommen frei seyn muss und nichts dem Gebote der Vernunft und des Willens widerstehen darf. So oft wir uns aber in philosophischen Untersuchungen dem unergründlichen Geheimniss der Freiheit nahen, fühlen wir uns in unzählige Schwierigkeiten und scheinbare Widersprüche verstrickt. Auf der einen Seite dürfen wir nicht läugnen, dass jeder Charakter, den uns die Natur eingeprägt haben könnte, unter der Macht unsers Willens stehen muss, dass es möglich seyn muss ihn zu vertilgen, sobald es unmoralisch würde, ihn länger zu behalten. Auf der andern Seite können wir es uns nicht verbergen, dass ein wahrhaft ursprünglicher und angebohrener Charakter auf keine Weise ausgerottet werden kann, dass wir ihn zu schwächen, zu verändern, nie aber so aufzuheben vermögen, dass er nicht in jeder Umänderung noch sichtbar bliebe. Wie nun, wenn uns die Natur einen Charakter mittheilte, welcher mit der moralischen Ausbildung unsers Geistes schlechterdings unverträglich wäre? Wäre der Mensch, wie einige Philosophen uns zu überreden versucht haben, das Resultat eines blossen Naturmechanismus, hienge er einzig und allein von den Lagen ab, in die das Schicksal ihn schleudert, so wäre jener Widerspruch in der That unauflösbar und diese Gefahr unvermeidlich. Es stünde allein in der Gewalt des Zufalls, uns ebenso gut zu Bösewichtern, als jetzt uns zu Wahnsinnigen zu machen. Aber schon diese abgeschmackte und vernunftwidrige Folge zeigt, dass in dem Menschen ursprünglich eine Kraft wohnte, welche sich der äussern Einwirkungen nur bemeistert, um dieselben, ihrer Natur gemäss, zu gebrauchen; und diese Kraft, die wir freilich erst spät als eine moralische kennen lernen, ist vom ersten Augenblick seines Daseyns an dieselbe, die sich uns hernach in einer so erhabenen Gestalt zeigt.

Der Mensch ist von seinem ersten Odemzuge an Mensch, und sein ursprünglicher Charakter ist kein andrer als der Charakter seiner Persönlichkeit, von welcher dasjenige, was wir Vernunft nennen, nichts anders als eine Form ist, unter der wir sie selbst, die an sich unergründlich ist, am deutlichsten und bestimmtesten erkennen. Wo also irgend ein individueller Charakter der Moralität Hindernisse in den Weg zu legen scheint, da können dieselben immer nur von zufälligen Beschaffenheiten desselben herrühren, nie in seinem Wesen gegründet seyn; und man kann es als einen festen Grundsatz annehmen, dass die Natur der Vernunft (in dem Sinn nämlich, in dem man beide einander gegenüberstellen kann, da die Zweideutigkeit des Ausdrucks: *Natur* eigentlich allein diess ganze Misverständnis veranlasst) niemals unübersteigliche Hindernisse entgegensetzt.

Freilich aber ist diess nur insofern richtig, als die Vernunft sich selbst getreu bleibt und nur dem moralisch Nothwendigen unbedingt, übrigens aber bloss dem physisch Erreichbaren nachstrebt. Dem thörichten Unternehmen, mit Vertilgung des eignen Charakters einen durchaus fremden anzunehmen, würde sich die Natur allerdings und mit entschiedenem Erfolg widersetzen, da sie hingegen das Bemühen, den eignen zu reinigen und zu erhöhen, allemal unterstützt.

So findet man auch hier die beiden Hauptregeln aller geistigen Ausbildung bestätigt, die eine für die Bildung seiner selbst, sich bei seiner eignen moralischen Bearbeitung schlechterdings keine schonende Rücksicht auf scheinbare Hindernisse des Körpers, des Temperaments oder der Gewohnheit u.s.f. zu erlauben, und die andre für die Bildung andrer, die Eigenthümlichkeiten ihrer Individualität aufzusuchen und denselben mit strenger Anhänglichkeit getreu zu bleiben. Die Beherzigung dieser beiden Regeln ist um so nothwendiger, als die feige Schwäche, zufälligen Schwierigkeiten der Umstände und der physischen Natur nachzugeben, und das einseitige Verlangen, alle Naturen Einer Richtschnur zu unterwerfen, nur zu allgemein verbreitet sind. […]

Jeder aufmerksame Beobachter menschlicher Charaktere muss es an sich und an andern sehr häufig wahrnehmen, wie Wenigen, und wie auch diesen Wenigen nur in seltnen und glücklichen Augenblicken es gelingt, ihr innres Wesen vollkommen rein zu empfinden, oder noch mehr vollkommen rein ausser sich darzustellen. In den meisten Perioden unsers Lebens fühlen wir uns entweder durch einengende Hindernisse niedergedrückt oder durch zufällige und fremdartige Ursachen von unsrer eigenthümlichen Bahn abgeführt und vermissen das hohe und schöne Gefühl, welches die Thätigkeit unsrer Kräfte in ihrer vollen und natürlichen Energie immer begleitet.

Aeussere Ursachen kommen hier mit innern zusammen und überladen den Charakter mit fehlerhaften und nicht einmal immer bloss vorübergehenden Zufälligkeiten. Die Beschaffenheit unsers Körpers, die Lage, in der wir uns befinden, der Lauf unsrer gewöhnlichen Geschäfte, der aufmunternde Beifall oder

der zurückschreckende Tadel andrer geben dem Geist einseitige und fremdartige Richtungen, oder halten ihn wenigstens in seinen natürlichen Fortschritten auf. Bei weitem mächtiger aber wirken noch in dieser Hinsicht die inneren Ursachen, die Herrschaft gewisser Neigungen, das schädliche Uebergewicht einzelner Anlagen, die Macht des Eindrucks, durch welchen eine einzelne Handlung, ja ein einzelner Gedanke manchmal grosse und plötzliche Umänderungen in uns hervorbringt, die Trägheit, welche der Gewohnheit nachgiebt, und vor allem der gefährliche Hang, eine einmal glücklich geübte Eigenthümlichkeit nun auch bis zum gänzlichen Misverhältniss zu übertreiben oder aus Ueberdruss und Liebe zum Wechsel plötzlich gegen eine entgegengesetzte vertauschen zu wollen. Denn das Bestreben, mit dem wir an uns selbst zu arbeiten bemüht sind, vermehrt, was das schlimmste ist, noch sehr oft diese Nachtheile, und nicht selten verdrehen wir in uns durch Künsteleien der Vernunft die Natur, die wir nur besser entwickeln und ausbilden sollten. Von unsrer Kindheit an stehen wir unter dem Einflusse bestimmender Umstände; mit den Veränderungen, die sie in uns hervorbringen, werden auch die Standpunkte unsrer Betrachtung verrückt; wie schwer ist es daher aus diesem verwirrten Chaos sich rein herauszufinden und wie viel schwerer sich rein zu erhalten. Je eifriger wir nach diesem Ziele ringen, desto mehr laufen wir Gefahr dasselbe zu verfehlen. Denn unsre Vernunft, die immer unruhig ist, immer zweifelt, ob der gewählte Weg auch der richtige sey? eilt alsdann sehr leicht dem langsamen, immer mehr im Ganzen, als im Einzelnen sichtbaren Gange der Natur zu vorschnell zuvor, und schreitet, ohne den Erfolg und die Erfahrung sorgfältig genug abzuwarten, von Aenderung zu Aenderung hinüber.

Diese Zufälligkeiten nun soll die philosophische Menschenkenntniss von dem eigentlichen Wesen des Charakters abscheiden; sie soll denselben in seiner ächten und eigenthümlichen Gestalt aufsuchen, ehe sie sich ein Urtheil über seinen Werth erlaubt oder ihm eine Stelle in der Reihe menschlicher Charaktere überhaupt anweist. Diese Absonderung aber ist von einer Menge von Schwierigkeiten begleitet; denn wenn die Ursachen so verschieden sind, welche dem Charakter zufällige Züge beimischen, wenn diese oft so dauernd und herrschend angetroffen werden, wo soll man alsdann die hinlänglichen Kennzeichen auffinden, dieselben von den wesentlichen mit Sicherheit zu unterscheiden? Auch muss die Natur des Gegenstandes und die Verschiedenheit des Zwecks der Absonderung auf den Begriff des Zufälligen selbst nothwendig einen nicht geringen Einfluss ausüben, da z. B. dasjenige, was in Rücksicht auf das ganze Leben eines Menschen mit Recht zufällig heisst, bei der Beurtheilung einer einzelnen Periode desselben vielleicht nicht mehr so genannt werden darf.

Um aber, ehe wir in diese einzelnen Verschiedenheiten eingehen, den Begriff des Zufälligen im Charakter in seinem weitesten Umfang aufzusuchen, müssen wir unsern Blick auf die höchsten Aeusserungen seiner Kräfte richten. Was mit voller Energie, mit der ganzen Anstrengung des Gemüths geschieht, kann nicht anders, als aus seiner eigenthümlichen Natur entspringen. Nun aber wird sich jeder bessere Mensch einzelner Momente bewusst seyn, in welchen er sein Wesen in einer ungewöhnlichen vollendeten Stärke fühlte; auf diese wird er zurückblicken, wenn er sich ein Bild seiner ächten Natur zu entwerfen versucht, und nur in ihnen wird er sich ganz, in allen übrigen bloss zerstückt und theilweise wiederfinden. Man suche daher das Beste und Höchste auf, was irgend ein Subject nach allen verschiedenen Richtungen hin geleistet hat, man knüpfe diess in Eins zusammen, und nehme diess so gestaltete Ganze als seine eigenthümliche und wesentliche Beschaffenheit an. Alles, was diesem Begriff nicht entspricht, wird nun zufällig heissen können, es sey nun, dass es wirklich fremdartige Eigenschaften, oder nur geringere Grade oder einseitige Aeusserungen jener Eigenthümlichkeit zeige. [...]

ÜBER DEN GEIST DER MENSCHHEIT.
1797

1. Der Mensch, dem es ein Bedürfniss ist, in seinem Denken und Handeln Folge und Einheit zu beobachten, kann sich nicht begnügen, bei der Beurtheilung der Gegenstände seiner Thätigkeit, und der Wahl seiner Mittel nur bedingten Rücksichten zu folgen, zum Maassstabe dessen, was gut und wünschenswürdig ist, bloss Dinge anzunehmen, die selbst nur in Beziehung auf andere Werth haben; er muss ein letztes Ziel, einen ersten und absoluten Maassstab aufsuchen, und dies Letzte muss eng und unmittelbar mit seiner innern Natur verwandt seyn. [...]

11. Es giebt nemlich Ein Gepräge, womit alles Grosse, was von Menschen ausgeht, nothwendig gestempelt ist, weil es das Gepräge grosser Menschheit selber ist; und dies Gepräge aufzufinden und seine Züge überall wiederzuerkennen, ist das Geschäft, das wir vorhaben.

12. Um nun dahin wirklich zu gelangen, kann der Mensch einen doppelten Weg einschlagen: einen Erfahrungs- und einen Vernunftweg.

13. Erfahrungsweg. – Er blickt um sich her und wählt sich diejenigen Individuen aus, welche ihm den besten und höchsten Begriff vollendeter Menschheit geben. Da er das Ideal selbst

nicht anschauen kann, hält er sich an seine treuesten Abdrücke. Aus der Masse der Zeiten und Nationen sucht er sich die Dichter, Künstler, Philosophen und Naturforscher aus, die in einem wahrhaft grossen Stile gearbeitet haben, die jede dieser Gattungen am reinsten in ihrer besten Eigenthümlichkeit darstellen. Vor allem aber versäumt er nicht, aus dem Leben selbst diejenigen Menschen herbeizurufen, welche ihm durch ihre innere Beschaffenheit und ihre äussre Gestalt am sichtbarsten das Bild einer hohen und edeln Menschheit zeichnen.

14. Alle vergleicht er sorgfältig unter einander, und vorzüglich betrachtet er in allen dasjenige Gemeinsame, was sie für ihn auf eine so hohe Stufe des inneren Werthes stellt. Bei dieser Betrachtung gelangt er nach und nach zu folgenden Punkten:

15. dies ihm noch unbekannte Etwas ist 1., nichts Mechanisches; es lässt sich nicht durch blosse Befolgung vollständig angegebener Regeln nachmachen, ja durch den blossen Verstand, und ohne es, vermöge einer gewissen schon vorhandenen Aehnlichkeit, selbst gewissermaassen zu versuchen, nicht einmal begreifen. Wer keinen Sinn dafür hat, sieht es nicht; und wer es sieht, kann es nicht aussprechen. [...]

31. Vernunftweg. – Es soll die Bestimmung des Menschen, als das letze Ziel sein Strebens, und der höchste Maasstab seiner Beurtheilung aufgesucht werden. Nun aber ist die Bestimmung des Menschen, als eines freien und selbstthätigen Wesens allein in ihm selbst enthalten.

32. Der grösseste Mensch ist daher der, welcher den Begriff der Menschheit in der höchsten Stärke, und in der grössesten Ausdehung darstellt; und einen Menschen beurtheilen heisst nichts andres, als fragen: welchen Inhalt er der Form der Menschheit zu geben gewusst hat? welchen Begriff man sich von der Menschheit überhaupt zu bilden hätte, wenn er das einige Muster wäre, aus welchem man denselben abnehmen könnte?

33. Der Begriff der Menschheit aber ist nichts anders, als die lebendige Kraft des Geistes, der sie beseelt, aus ihr spricht, sich in ihr thätig und wirksam erweist. [...]

III.

AUF DEN SPUREN DER ANTIKE.
ROM 1802–1808

AN FRIEDRICH SCHILLER

Rom, 30. April 1803

Ich möchte Ihnen wohl noch etwas von mir und meinem Beginnen sagen. Aber ich bin damit am Ende, wenn ich anfange. Ich habe bis jetzt noch eigentlich nichts gemacht. Aber ich hatte auch sehr schlimme Störungen durch Fremde, um die ich mich nicht anders als sehr viel kümmern konnte, und dann ist ein Ort wie Rom selbst, sogar ohne tief einzugehen, ein Studium, das viel Zeit wegnimmt. Meine Geschäfte und mein Briefwechsel, der aus Ursachen, die ich nicht heben kann, sehr weitläufig wird, nehmen mir nur meistenteils einige Tage in der Woche, die aber auch ganz weg. Ich fühle mich aber nicht ohne innere Fruchtbarkeit, bin selbst durch meine Geschäfte in eine raschere und regelmäßigere Tätigkeit gekommen, und so verzweifle ich nicht. Sagen Sie ja Goethen, daß mich die metaphysischen Ideen wie ein Gespenst verfolgen, ich habe keine Zeile der Art bei mir, aber ich sehne mich ordentlich nach Schellingschen Büchern und habe selbst eigne Offenbarungen gehabt. Je mehr ich mich von Deutschland entferne, das weiß ich nun einmal schon, desto mehr schlägt mir der Deutsche in den Nacken. Solange man drin ist, sieht man den Wald vor lauter Bäumen nicht. Ich kann nicht leugnen, daß ich eine große Sehnsucht nach einer wichtigen Arbeit habe. Meine jetzige Lage widerstrebt der Ausführung nicht, sie ist ihr vielmehr auf mancherlei Weise beförderlich. Aber was ich arbeiten möchte, will sich noch nicht in mir gestalten. Ich fühle, und Sie geben mir vielleicht auch darin Recht, daß ich in meinen Ansichten eine eigentümliche Richtung habe, daß ich innerlich in mir konsequent bin und vieles auch mit Deutlichkeit bis auf die ersten Grundsätze zurückgeführt habe. Allein ich glaube nicht, daß ich dahin komme, mich rein auszusprechen. Wenn ich von einer Sehnsucht nach einer Arbeit spreche, so ist es auch eigentlich die, aus mir herauszulegen, was mich innerlich bewegt, was das Resultat eines sehr ernstlichen Nachdenkens und mancher Erfahrung ist. Aber eben weil es das ist, so entgeht es mir wie eine Kugel; ich finde keine Handhabe und keine Form. Auch ist in mir ein wunderbares Schwanken zwischen reinen Ideen und Beobachtungswesen. Ich glaube mich wohl von dem Vorwurf frei, daß ich beides miteinander vermische, aber ich kann das eine nicht treiben, ohne das andre zu verlangen; es dünkt mich immer, ich müßte auf der einen Seite die abgezogenste Tiefe des einen und auf der andern die unbeschränkteste Breite und Ausdehnung des andern erreichen; daher komme ich so oft auf Pläne eines Details, das ein Menschenleben erforderte, und so gerate ich wieder in Stockung. Ich glaube nicht, daß ich diese Schwierigkeiten je überwinden werde; wie bisher werde ich schwerlich zu mehr kommen, als ein mittelmäßiges Ganzes zu schreiben, in dem einzelnes gründlich Gutes ist. Auch wäre es mir gar nicht um das Schreiben zu tun; ich habe nicht einmal Eitelkeit darauf, aber in Ideen besitzt man eigentlich nichts, was man nicht außer sich hinlegen kann, und um seine Ideen bis zur Darstellung zu bringen, muß man sie darstellen. Auch wünscht doch jeder, daß etwas hinter ihm zurück bleibe. Darum werde ich also ewig in einer Art schwermütiger unbefriedigter Sehnsucht bleiben, bis es mir gelingt oder bis von keinem Gelingen und Mißlingen mehr die Rede ist. Auf jeden Fall ist es mir gut, wieder auf einen neuen Schauplatz gekommen zu sein. Wo ich keine Gegenstände der Beobachtung habe, wo ich mit Büchern und mir lebe, selbst bei dem besten Umgang, da werde ich abgezogen, dunkel, phantastisch. Helle und Anschaulichkeit gibt mir nur noch das eigne Anschauen. Darum ist es mir gut, daß ich ehmals selbst unser schönes Zusammenleben trennte und reiste, und auch die jetzige Reise wird mir wohltun. Verzeihen Sie, lieber teurer Schiller, diesen nicht erfreulichen, auch wehmütigen Schluß. Ihr Brief hat mich seit langer Zeit zum erstenmal ganz wieder geöffnet. Ich liebe Sie unendlich und vertraue niemand so wie Ihnen. Antworten Sie mir bald wieder und erhalten Sie mir Ihre liebevolle Teilnahme. Von Herzen Adieu! ...

Die Li grüßt herzlich. Tausend Grüße an Goethe: Ihr H.

AN CARL GUSTAV VON BRINCKMANN: ÜBER ROM, DAS ROMANTISCHE UND DEN WEG DER METAPHYSIK

Rom, 22. Oktober 1803

[...] Ihr Brief, lieber Freund, hat mir unendliche Freude gemacht. Unser Briefwechsel muß und wird regelmäßig seyn. Wir haben in so vielem dieselbe Ansicht, und gewiß ist uns beiden dieselbe Unparteilichkeit im Beurtheilen der Menschen eigen. So oft ich über mich nachdenke, komme ich immer darauf zurück. Das einzige Vorzügliche, was einmal meine Freunde, wenn sie die Summe meines Lebens ziehen, in mir finden werden, ist, daß ich das Studium des Menschenkennens zu einem hohen Grade in mir ausgebildet habe. Es ist selbst das ein Grund, warum ich nie etwas hervorbringen werde, was der Mühe werth sey, mich zu überleben. Sie sind, genau genommen, von derselben Tendenz, aber Sie sind glücklicher, weil Sie ein bestimmtes Talent, eine bestimmte Genialität und eine Sprache haben, die sich leicht ausspricht. Daher werden wir besser, als je sonst zwei Menschen, uns einander ergänzen und berichtigen.

Ich kann in wenig Tagen nun auf ein Jahr zurückblicken, das ich hier verlebt habe. Ich habe in diesem Jahr eigentlich nichts gethan, das ich aufweisen könnte, allein demungeachtet rechne ich es zu den sehr wohlthätigen meines Lebens. Ich kam in einer Art der Abstumpfung hieher. Sey es der Aufenthalt in Paris, oder der in Berlin, oder keiner von beiden, sondern nur ein inneres Bedürfniß, durch neue Umgebungen neue Anstöße zu erhalten, kurz ich fühlte in mir ein gewisses Unvermögen, mich auf eine eigentlich interessante Art zu beschäftigen, und ich glaube mit Wahrheit sagen zu können, daß ich hier sehr viel gewonnen habe. Rom ist eine Einöde, lieber Brinckmann, aber die schönste, die erhabenste, die fesselndste, die ich je gesehen habe. Rom ist nur für Wenige, und nur für die bessern gemacht, aber wen es einmal anspricht, der findet die Welt hier. Ich sage mit Wahrheit die Welt. Denn er ist allein einer ungeheuern Natur gegenüber, was er sieht, ladet ihn ein auszuschweifen in die entferntesten Gegenden, und in die dunkelsten Zeiten, und der Charakter der Gegend ist gerade von der Art, daß er in der Seele die Stimmung hervorbringt, sich diesem Spiele der Phantasie zu überlassen. Sie, wie ich ehemals, werden auch oft von der Lieblichkeit Italiänischer Gegenden gehört haben. Ich habe sonst immer wenig daraus gemacht, und vieles für Einbildung gehalten. Aber an Ort und Stelle bin ich es inne geworden. Das Geheimniß besteht darin, daß entweder die Dinge hier so gestaltet sind, oder der Standpunkt so begeisternd ist, daß das Große, um groß zu scheinen, nicht groß zu seyn braucht. Was man hier sieht, kann man sagen, trägt die Form der Kunst und der Phantasie. Man sieht und sieht es ewig wieder mit Lust, man untersucht es einzeln, und findet eigentlich nichts Einzelnes, was so außerordentlich wäre, nicht die hohen Felsen der Gebirggegenden, nicht die alten Eichen unsrer Wälder, nicht die großen romantischen Seeen der Schweiz, aber man wirft einen Blick auf das Ganze und es ist ein Gemählde, es wirft die Phantasie nicht zerstreuend aus einander und in die Fernen, es versammelt sie zurück auf denselben Punkt, wenn sie eben ins Unendliche ausschweifen will, es macht das Gemüth still, es bringt Wehmuth hervor, und vermehrt doch die Klarheit und nimmt kaum etwas der Heiterkeit. Kann man damit, wie es dem Deutschen nur so leicht gelingt, weil er in keiner fremden Eigenthümlichkeit je sich verliert, die Stimmung fürs *Romantische* (lassen Sie mich das Wort zum Gegensatz des Antiken gebrauchen) verbinden, so ist es der höchste aller Genüsse, und zugleich der am meisten erweckende. Wer nicht mehr bloße Natur ist (wie doch nur die früheren Griechen es waren), wer schon anfängt zu reflectiren, der muß romantisch gebohren und gebildet werden, unter Eichen und Klippen, in rauhem Klima, fern von Kunst, mit weniger harmonischer Sprache, unter dunkler Metaphysik, pedantischem Schulstudium und sentimentaler Dichtung; der Streit, der die Reflexion begründet, der Urstreit zwischen Freiheit und Nothwendigkeit, muß sich reproduciren in ihm für jede Kraft, in jeder Gestalt, in jedem Gedanken und jeder Empfindung – dann komme er hieher und nichts Menschliches ist mehr an ihm verloren. Dort kann man auch allein werden, wohin man nur strebt, und der Deutsche ist glücklich genug, nie über die Alpen steigen zu dürfen. Er verliert nur Genuß. Wer aber, dort noch unausgebildet, hieher kommt, der findet keinen Geschmack an der hiesigen Eigenthümlichkeit, oder wenn er ihn findet, ist er verloren. Er wird halb in jeder Natur. Denn zwei verschiedene sind es, das giebt der erste Anblick.

Ich fühle mich also hier glücklicher, das läugne ich nicht. Ich bin erweckter zu Ideen, und fruchtbarer in jedem Betracht. Ich habe für nichts Sinn verloren, wofür ich ehmals ihn hatte, und für manches hat sich ein neuer in mir erschlossen. Der Deutschen Metaphysik, mit der Sie Sich soviel beschäftigt haben, bin ich, wenn von Büchern die Rede ist, ganz abgestorben. Ich glaube aber auf metaphysische Ideen auf einem andern Wege gekommen zu seyn. Die Ideen, in denen sich in jedem Menschen das Letzte zusammenknüpft, und die man also wenigstens seine Metaphysik nennen kann, haben sich bei mir, seit einiger Zeit, beträchtlich verändert, und ich bin beinah zu einem ganz andern System gekommen, und zu einem, bei dem ich mehr Uebereinstimmung mit andern hoffen darf. Sonst pflegte ich mich in eine einzige Individualität einzuspinnen, und die ganze Welt in sie gleichsam aufzunehmen; jetzt scheinen sich mir alle im Ganzen der Menschheit zu verlieren, und das Einzige, was ich nur hier vermisse, ist der bestimmte Begriff dieses Letzten des Letzten. Fichtes absolutes Ich (ich rede aus bloßen Erinnerungen) war mir sonst immer widrig und dunkel, weil es mir die wirklichen *Ichs* aufzuheben, und ein durchaus chimärisches zu hypostasiren schien. Von dem Schellingschen Pantheismus habe ich kaum einen dunkeln Begriff. Aber wenn Sie mir zugeben, daß in jeder Metaphysik ein fester und heller Punkt ist, von dem man ausgeht, und ein (nicht unsichrer, aber) dunkler, auf den man zugeht, so, dünkt mich, nimmt Fichte zum ersten an, was eigentlich der letzte ist, das absolute, eigentliche Ich. Ich fühle nun, und zwar auf tausend der verschiedensten Manieren, die Unzulänglichkeit Eines (menschlich) intellektuellen Wesens, und auf ebensoviele Manieren das Zusammengehören aller, daß ich davon getrieben werde nicht, denn das ist wieder ein unrichtiger Begriff, auf ein All-Eins, sondern auf eine Einheit, in der aller Begriff von Zahl, alles Entgegensetzen von Einheit und Vielheit untergeht. Diese Einheit Gottheit zu nennen, finde ich abgeschmackt, weil man sie so ganz unnützerweise aus sich hinauswirft. Der Ausdruck Welt, Universum führt gar auf blinde Kräfte, und physisches Daseyn. Weltseele ist noch unschicklicher. Ich bleibe daher am liebsten bei dem stehen, was das nächste ist. Diese Einheit ist die Menschheit, und die Menschheit ist nichts anders als ich selbst. *Ich* und *Du*, wie Jacobi immer sagt, sind durchaus Eins und dasselbe, ebenso *ich* und *er* und *ich* und *sie* und alle Menschen. Es ist nur als wenn jede Facette eines künstlich geschliffenen Spiegels sich für einen abgesonderten Spiegel hielte. Es wird einmal eine Veränderung kommen, wo dieser Irrthum schwinden und wie Schuppen vom Auge fallen wird. Mehr läßt sich nicht sagen, und mehr sollte keine Metaphysik sagen. Aber daß die Menschheit auch numerisch nur *Eins* ist, und daß sie gar nicht das ist, was wir sehen, sondern nur, was einige Wenige ahnden, zu welcher Ahndung aber in allen Menschen die Anlagen sind, das ist gewiß, und dies sind für mich die unzerstörbaren Grundsäulen aller Metaphysik.

Ueber den Weg, den die Metaphysik nimmt und nehmen soll, habe ich auch jetzt sehr veränderte Gedanken, denen ich aber nicht recht zu trauen wage. Jeder giebt zu, daß sie das Letzte und Höchste sey. Sollte man das finden, wenn man auf die Welt und sich Verzicht thut und ein Wort hascht und auswickelt, oder ein Gefühl, was kein Gefühl, und eine Anschauung, die keine Anschauung ist, wie die Fichtische? Dem *a priori*, das die eigentliche Metaphysik verlangt, steht nicht die Erfahrung, sondern nur die Erfahrung im Einzelnen entgegen. Das hat schon Kant sehr gut [gesagt], nur daß seine Erfahrung ein leerer Schein ist. Das wahre *a priori* müßte, glaube ich, die Kraft im Menschen seyn, die den eigentlichen, aber vollern Menschen reproducirt, aber ohne Anwendung auf diesen oder jenen Gegenstand, und als bloße Energie. Denn ich nehme drei Stufen der menschlichen Energie an: bloß beobachten und Sammeln; aus dem Beobachteten und Gesammelten Ideen ziehn, die Ideen sich assimiliren. Dies letzte nenne ich den Menschen produciren oder reproduciren, denn das gilt gleich. Nur aus der in Einen Strauß gewundenen Summe aller Erfahrungen und Genüsse, aller Gedanken und Empfindungen, aller Geburten des Genies und Bestrebungen des Willens kann der Gedanke hervorgehen, der eine Erweiterung der wahren Metaphysik ist, und an die Stelle des *Abgezogenen* und *reinen*, den wahren Gespenstern der bisherigen, müssen die menschlicheren und belebenderen Ausdrücke des *Allverknüpften*, des *Ganzen* und *Vollen* treten.

Dieser Metaphysik, und das werden Sie mir gewiß am leichtesten glauben, entspricht dann gleich wieder ein physischer Theil. Denn wie die Menschheit Eins ist, wie einer des andern bedürftig ist, wie eins zum andern führt, Geschlechter, Nationen, Individuen, wie alles immer von einer Idee regiert wird, und wie es ein kräftiges inneres, dieser Idee entsprechendes Streben giebt, das läßt sich, und eigentlich nur da, in der Erfahrung zeigen.

Am schönsten aber bewährt sich dies System durch seine praktische Anwendung. Alle andern führen aufs höchste zu sogenannten Tugenden (die das hauptsächlichste Streben des Menschen unbestimmt lassen) und kleben daran fremde Zierrathen, einen Gott, eine Unsterblichkeit und wer weiß was an. Diese Metaphysik befiehlt menschlich zu seyn bis ins tiefste Fleisch, alles zu kennen und zu durchsuchen, und alles in ächte Menschheit zu verwandeln, sie schneidet keine Beschäftigung und keinen Genuß ab, aber nimmt von überall alles Kleinliche und Unedle hinweg. Sie braucht keinen fremden Gott und keine verheißene Unsterblichkeit. Wie überhaupt nicht, so kann auch in mir die Menschheit so wenig untergehn, als sie entstanden ist, mit der Zahl hebt sich auch die Zeit in ihrem Begriff auf, und da sie alles ist, so ist nichts außer ihr.

Aber ich gerathe ins Schwatzen, und ins Schwatzen über unreife Ideen. Doch werden Sie, da Sie mich so genau kennen, fühlen, wie alles dies mit meinen bisherigen Lieblingsbeschäftigungen zusammenhängt, ja aus ihnen nothwendig entstehen mußte. Was ich je über Nationalcharaktere wußte oder zu wissen glaubte, hat durch meinen Aufenthalt hier schon mächtig gewonnen. Ich denke auch ernstlich darauf, etwas darüber aufzusetzen. Aber ich habe einen Haß auf lange Bücher gekriegt, und habe eine Form im Sinne, die nur die Spitzen der Dinge zusammenfassen soll, wenn mir die Ausführung gelingt. Mein Sprachstudium treibe ich hartnäckiger, als je, und es reiht sich vortreflich an alle jene Ideen an. Der innre geheimnißvoll wunderbare Zusammenhang aller Sprachen, aber vor allem der hohe Genuß, mit jeder neuen Sprache in ein neues Gedanken und Empfindungssystem einzugehen, ziehen mich unendlich an. Nichts ist bisher so schändlich betrieben worden, als eben die Sprachen, ich glaube einen Schlüssel gefunden zu haben, der jede interessant zeigt, und den Pfad zu allen erleichtert, vieles davon werden Sie schon aus meinem Vaskenwerkchen sehen können, aber alles bei weitem nicht. Ich muß noch unendlich studiren, und es wird vielleicht nie zum Schreiben kommen. Das Eine schadet immer dem andern, und ich ziehe immer das Erste vor, weil es mir leichter gelingt, und mehr Genüge leistet. [...]

AN CAROLINE VON HUMBOLDT

Rom, 19. Junius 1804

Es ist Dienstag, liebe Li, und ich habe heute Mittag Deinen Brief Nr. 13 bekommen. Deine Schilderung Burgörners ist himmlisch. Wie kannst Du aber sagen, liebes, teures Wesen, daß Du es in der Reihe der Jahre, die wir miteinander verlebt haben, doch wohl noch besser hättest machen können? Du mußt immer gesehen haben, wie ruhig, wie zufrieden, wie mit Dir und den Kleinen glücklich beschäftigt ich mit Dir gelebt habe. Du hast mir nie einen Kummer gemacht und mir so viele und so große Freuden geschenkt, die größeste durch Deine bloße Existenz neben und mit mir. Den meisten Menschen, auch den Männern, werden beim Heiraten die schönsten und zartesten Gefühle abgestumpft. Es gehört viel dazu, wenn die Alltäglichkeiten des Lebens nicht herabziehen, nicht gleichgültig machen sollen; besonders überleben ungeheuer selten die Frauen diese Epoche, und natürlich, weil sich ihre Lage mehr ändert und aus gänzlicher Freiheit und Muße in weit größere Geschäftigkeit übergeht. Darum muß ich wohl sagen, bin ich im ganzen dem Heiraten gar nicht sonderlich gut. Du bist Dir immer nicht nur so ganz und unendlich gleich geblieben, sondern Du hast aus jeder neuen Epoche des Lebens auch immer das Beste und Höchste geschöpft. Du hast in den mannigfaltigen Verhältnissen mit mir, mit den Kindern, nur tiefer ins Leben eingegriffen, alle Gefühle, möchte ich sagen, mit mehr gediegener Wirklichkeit umkleidet, aber alle in ihrer ursprünglichen idealen Reinheit und Höhe gelassen. Wir sind immer darin beide einander sehr ähnlich gewesen, daß wir uns nur immer ans Einfachste und Höchste im Leben gewandt haben, und daß uns das Reinmenschliche über alles gegangen ist, und daß uns davon nichts abgewandt hat. Aber glaube mir sicherlich, wenn ich auf diesem Wege geblieben bin, ist es vor allem dadurch geschehen, daß ich Dich immer so ganz und allein darauf gesehen habe. Du glaubst es vielleicht nicht, wie viel mehr ich mich in jedem Augenblick mit Dir beschäftige als Du denkst, und immer bestätige ich mich in der festen und unerschütterlichen Überzeugung, daß Du das reinste, einfachste und höchste menschliche Wesen bist, das ich je gesehen habe und je sehen werde. Auch hast Du nie einen gefunden, der Dir darin gleich gestanden hätte; die meisten, mit denen Du vertraut warst, Frauen und Männer, haben immer nur halb Dich erkannt, der wahre Schlüssel zu Deinem Wesen hat ihnen immer gefehlt. Auch meiner selbst würde ich darin nicht gewiß sein, wenn mich nicht das gewiß machte, daß mich immer jeder folgende Tag fester in der Meinung und Ansicht des vorigen bestärkt hat, daß ich in der ganzen Reihe der Zeiten, in denen ich Dich gekannt, vom ersten Mal in Burgörner an bis jetzt (wo Dich so auf einmal verglichen alle so unendlich verschieden glauben würden) Dich immer durchaus gleich gefunden, daß Du mir immer gleich einfach und groß in Deinen Ansichten, gleich wahr, milde und tief in Deinen Gefühlen, und ich kann es mit Wahrheit hinzusetzen, gleich ausdrucksvoll und reizend in Deiner äußeren Gestalt erschienen bist. Denn Du bist immer ganz das gewesen, was Du in jedem Moment sein mußtest. Es ist indes kein Wunder, daß die wenigsten das erkennen. Die meisten haben höchstens in ihrem Leben einen Augenblick eine dunkle Ahnung dessen, was eigentlich das Leben ist. Hernach verlassen sie entweder diese besseren Gefühle ganz oder tragen sie schwärmerischerweise in eine Wirklichkeit über, in die sie nicht gehören, und vermischen beständig das Innere mit dem Äußeren, auf dessen reine Scheidung alles ankommt. Sie glauben immer, das Leben müsse einen anderen Zweck haben als das Leben selbst, da es doch nichts sein sollte als eine ewige Sehnsucht, sich tiefer und tiefer in das Schicksal der Menschheit zu versenken, von dem man nie anders etwas ergründet, dem man nie etwas ablernt, als dadurch, daß man sich selber, in seinem ganzen Sein und Wesen, mehr und tiefer ihm gemäß stimmt. Wer nicht diese innere Existenz mit Sorgfalt hegt, wer nicht schon eine unwiderstehliche Begierde in sich trägt, die ganze Menschheit rein durch sich selbst auszumessen, wer gar dies höchste Dasein äußeren, auch noch so guten Zwecken unterordnet, der ist immer von der wahren Ansicht entfernt. Ich glaube ihr so nahe zu sein, als ich mit meinen Kräften kommen kann, aber wenn ich es ihr bin, das ist gewiß buchstäblich wahr, danke ich es allein oder doch ganz vorzüglich Dir. Die Liebe schließt ganz neue Kräfte und neue Sinne auf, und Dich, die Du so ganz auf diesem Wege wandelst, in dem Alter, in dem ich am empfänglichsten war, zuerst geliebt und ganz mit Dir in den gleichen Gefühlen fortgelebt zu haben, immer gefühlt zu haben, daß Du die gleiche Liebe mit mir teiltest, hat mich sehen und empfinden lassen, was mir sonst ewig verborgen geblieben wäre. Erhalte Dich darum, liebe, gute Seele, in froher Heiterkeit des Lebens, mache, daß wir noch lange zusammen wie jetzt leben können, je länger wir es tun, je mehr behalten wir einer vom andern, wenn uns das Schicksal je trennte, und je fester sind wir auch künftig, da es irgend ein Künftig in jedem Fall doch immer gibt, Eins …

AN JOHANN WOLFGANG VON GOETHE

Marino, 23. August 1804

[...] Mir geht es sehr gut, mein bester Freund, meine beiden kleinen Mädchen sind sehr wohl, und aus Paris habe ich fortdauernd gute Nachrichten. Nur gehe ich diesen Sommer, meine Geschäfte, die Gott mich bewahren soll, Thätigkeit zu nennen, ausgenommen, ein wenig müssig. Ich glaubte hier auf dem Lande viel zu arbeiten; aber wer könnte am Tisch sitzen in dieser himmlischen Gegend, in diesem Sommer der schlechterdings nicht heiß ist? Jeden Nachmittag also gehe ich, oder reite ich, zu Pferd oder Esel aus, näher und weiter, und sehe und genieße so viel und so innig, daß ich doch diesen Sommer zu der am besten angewendeten Zeit rechnen werde. Ich weiß nicht ob Sie dies Latiner Gebirge, und die Ufer des Albaner und Nemier Sees recht kennen. Wer verhältnißmäßig nur kurz in Rom ist, den zieht Rom mehr an. Aber wer Muße hat, hier alles Einzelne zu durchgehen, der findet unbegreifliche Standpunkte, einen Reichthum in einem spannenlangen Raum, der sich immer wieder durch sich selbst vor der Phantasie neu befruchtet. Den großen Unterschied zwischen diesen und unsern Gegenden finde ich darin, daß die unsern uns immer entweder aus uns hinaus ins Ungestüme, oder in uns hinein ins Düstere treiben, immer unruhig oder schwermüthig, also empfindsam machen. Hier löst sich alles in Ruhe und Heiterkeit auf. Man bleibt immer klar, immer gleichmüthig, immer objectiv gestimmt. Die Spanischen Gegenden, habe ich oft bemerkt, wirken im Ganzen wie die Deutschen.

Ich habe oft darüber und über die ganze Wirkung nachgedacht, die Rom macht, und mich gefragt, wieviel wohl daran objectiv seyn mag. Schelling hat, denke ich, irgend einmal gesagt, daß das klassische Alterthum eine Trümmer eines ursprünglicheren höheren Menschengeschlechts sey, und etwas Wahres liegt darin; jede Vergleichung zwischen Modernem und Altem hinkt, weil es für uns nicht mehr dieselbe Gattung ist, die beide umfaßt. Ein Vers Homers, selbst ein unbedeutender, ist ein Ton aus einem Lande, das wir alle als ein besseres und doch uns nicht fernes anerkennen, jeder ergreift zugleich und in Einem Gefühl mit Götterehrfurcht und mit Heimatssehnsucht. Vieles kommt zusammen, das hervorzubringen, schon das trägt bedeutend dazu bei, daß jene Glücklichen eine Sprache redeten, die für uns nie zum Gepräge des Gemeinen dient. Aber der eigentliche Erklärungsgrund liegt für mich in den Zeiten der Barbarei. Durch das Christenthum und den Zustand gesellschaftlicher Wildheit (die Griechen kannten nur eine Natur Wildheit) wurde der Mensch so mürbe gemacht, daß natürliche Ruhe, ungestörter innrer Friede auf ewig für ihn verloren war, und beide jetzt nur erst durch einen sauren Sieg erkämpft werden müssen. Man spaltete seine Natur, setzte der Sinnlichkeit eine reine Geistigkeit entgegen, und erfüllte ihn mit nun nie mehr weichenden Ideen von Armuth, Demuth und Sünde. Wenn er nun so, in seinem Inneren zerknirscht durch ein Gemisch gnostischer Spitzfindigkeiten und Schwärmereien, und engherzigen, schreckenvollen Begriff des Judenthums, in seinem Aeußern geschreckt und geplagt durch willkührliche Gewalt, die aber immer mit dem Namen des Rechts (wie keine

Tirannei bei den Alten) Unterwerfung foderte, wenn er so zum erstenmal aufblikken konnte zu jenen Geschlechtern, die in ganz entgegengesetztem Zustand gelebt hatten, wenn er ihre Werke noch dazu mit allem Zauber der Einbildungskraft umgeben sah, so mußte er nieder fallen, wie vor Göttergestalten, und da wir noch immer, nur hie und da geringer, in demselben innren und äußren Zwiespalt fortleben, so muß auch jene Anbetung bei uns fortdauern. Niemand hat je die moderne Welt aus der Alten eigentlich deducirt und niemand kann es. Es ist da ein Kluft, die jeder bemerken muß, wo nur noch das plötzliche Erscheinen des Christenthums einen nothdürftigen Erklärungsgrund abgiebt.

Rom ist der Ort, in dem sich für unsere Ansicht das ganze Alterthum in Eins zusammenzieht, und was wir also bei den alten Dichtern, bei den alten Staatsverfassungen empfinden, glauben wir in Rom mehr noch als zu empfinden, selbst anzuschauen. Wie Homer sich nicht mit andern Dichtern, so läßt sich Rom mit keiner andern Stadt, Römische Gegend mit keiner andern vergleichen. Es ist allerdings also das Meiste an diesem Eindruck subjectiv, aber es ist nicht bloß der empfindelnde Gedanke zu stehen, wo jener oder dieser große Mann stand. Es ist ein gewaltsames Hinreißen in eine von uns nun einmal, sey es auch durch eine nothwendige Täuschung, als edler und erhabener angesehene Vergangenheit; eine Gewalt, der selbst, wer wollte, nicht widerstehen kann, weil die Oede in der die jetzigen Bewohner das Land lassen, und die unglaubliche Masse der Trümmer selbst das Auge dahin führen, und da nun diese Vergangenheit dem innern Sinn in einer Größe erscheint, die allen Neid ausschließt, an der man überglücklich sich fühlt, nur mit der Phantasie Theil zu nehmen, ja an der keine andere Theilnahme nur denkbar ist, und dann dem äußeren Sinn zugleich die Lieblichkeit der Formen, die Größe und Einfachheit der Gestalten, den Reichthum der Vegetation (die doch wieder nicht überüppig ist, wie in noch südlicheren Gegenden) die

Bestimmtheit der Umrisse im klaren Medium, und die Schönheit der Farben, in durchgängige Klarheit versetzt – so ist nur hier der Naturgenuß reiner, von aller Bedürftigkeit entfernter Kunstgenuß. Ueberall sonst reihen sich Ideen des Contrastes daran, er wird elegisch oder satyrisch. Freilich indeß ist es auch nur für uns so. Horaz empfand Tibur moderner, als wir Tivoli. Das beweist sein *beatus ille qui procul negotiis*. Aber es ist auch nur eine Täuschung, wenn wir selbst Bewohner Athens und Roms zu seyn wünschten. Nur aus der Ferne, nur von allem Gemeinen getrennt, nur als vergangen muß das Alterthum uns erscheinen. Es geht damit, wie wenigstens mir und Zoëga mit den Ruinen. Wir haben immer einen Aerger, wenn man eine halb versunkene ausgräbt. Es kann höchstens ein Gewinn für die Gelehrsamkeit auf Kosten der Phantasie seyn. Ich kenne für mich nur noch zwei gleich schreckliche Dinge, wenn man die *campagna di Roma* anbauen und Rom zu einer policirten Stadt machen wollte, in der kein Mensch mehr Messer trüge. Kommt je ein so ordentlicher Pabst, was aber die 72 Cardinäle verhüten mögen! so ziehe ich aus. Nur wenn in Rom eine so göttliche Anarchie und um Rom eine so himmlische Wüstenei ist, bleibt für die Schatten Platz, deren Einer mehr werth ist, als dies ganze Geschlecht. [...]

AN CAROLINE VON HUMBOLDT

Rom, 9. Oktober 1804

[...] Der Mensch muß sich eigentlich ein beschränktes, bestimmtes Objekt machen und an das sich wenigstens auf eine Zeitlang verlieren können. Du wirst das in Goethe und Schiller oft bemerkt haben. Schiller ist nur darin freier, weniger gebunden durch seine Natur, daß er sein Objekt mit mehr Unabhängigkeit wählt und es, wenn die Arbeit vorbei ist und die Ruhe zurückkehrt, mit allgemeinerem Blick überschaut. Aber beide heften sich fest, vergessen eigentlich immer über einem alles, wenn sie gleich das All in dem Einen darstellen wollen; im bloßen Leben, im Denken und Empfinden wird dem, wer wie ich gestimmt ist, leicht scheinen, auf einem höheren Standpunkt zu stehen, und wird es in der Tat. Aber er wird immer jener bedürfen und durch sich selbst nur wenig das weiter bringen, was ihm selber doch über alles ist. Man braucht eigentlich eine Handhabe, eine sinnliche Gestalt, das Höchste zu erfassen, und mir fehlt es an einer mir durch die Natur selbst gegebenen. Ich sehe es vielseitiger und reiner, davon bin ich selbst überzeugt, weil ich mich nie an *eine* Gestalt binde, aber ich kann es auch nicht so lange und bestimmt festhalten. Nur *eins*, glaube ich, ist mir eigentümlich, und das danke ich großenteils Dir, liebe Li, das

Höchste gerade durch das Medium des menschlichen Wesens zu erkennen, am liebsten gerade die Menschen in ihrem natürlichen Sein und Tun zu beobachten und dadurch auf das Reinste und Höchste zu kommen. In den meisten Menschen schadet die Phantasie dem Gefühl, die Dichtungskraft der reinen Beobachtung der Alltagswirklichkeit und diese jener. Darin glaube ich allein mir einen eigenen Weg entdeckt zu haben. Ich gehe gerade am liebsten aus der schlichtesten Beobachtung zu dem über, das sich gar nicht mehr anschauen läßt, und nicht ungern ebendahin aus dem natürlichen, selbst sinnlichen Gefühl. Bei denjenigen Gegenständen, die schon von selbst das Gepräge einer reinen Gesetzmäßigkeit an sich tragen, die schon für und durch die Phantasie geformt scheinen, sehe ich dasselbe wohl auch bei anderen. So erhebt häufig der Genuß der Natur und weckt zu Bildung und Dichtung. Aber gerade das Regelloseste, das in der Allgemeinheit am wenigsten Reine und Gesetzmäßige, die Menschen, wie man sie findet und sieht, zu solchem Stoff brauchen zu können, ist schwerer und doch unendlich dankbarer. Denn wie verdunkelt es auch oft zufällig sein mag, so drückt sich das Höchste doch im Menschen am reinsten aus; wo es sich in der Seele verwischt hat, rettet es sich oft noch in die Form, die ihre ursprüngliche Reinheit sicherer bewahrt; in einzelnen Fällen sieht man es immer in seiner vollen Schönheit strahlen, und wenn man nur erst dahin gekommen ist, recht zu fühlen, daß das höchste Menschliche nur eine hell und rein entfaltete Erscheinung des schlicht und einfach Natürlichen ist, so findet man überall seine Spuren. Freilich aber erschließt sich das nur einem selbst ähnlich gebildeten Sinn, und je mehr man also auf diese Weise im Leben nur den Menschen sucht und im Menschen das Leben findet, desto reicher, sich selbst genügender, unabhängiger wird man selbst, desto menschlicher und menschlichen Gefühlen berührbarer in allen Punkten seines Wesens und von allen Seiten der Schöpfung her. Das ist es eigentlich, liebe Li, wohin mich meine Natur treibt und worin ich lebe und webe. Hier ist für mich der letzte Schlüssel allen Verlangens, der Hafen, von dem aus man keine Segel mehr spannt. Denn darüber geht nun nichts, das dient nicht mehr zu etwas anderem, sondern hat seinen Zweck und sein Ende in sich selbst. Wer, wenn er stirbt, sich sagen kann: »Ich habe so viel Welt, als ich konnte, erfaßt und in meine Menschheit verwandelt«, der hat sein Ziel erfüllt, der kann nicht wünschen, wieder anzufangen, um nun erst das Rechte zu ergreifen. Er hat getan, was im höheren Sinne des Worts Leben heißt, und es ist Torheit, das Leben einem fremden Zweck unterwerfen zu wollen. Man spinnt es aus wie der Seidenwurm, solange der Faden reicht, und damit ist es am Ende. Verzeih, liebe Li, daß ich so schwatze, aber ich lasse mich so gern gehn mit Dir. Dir danke ich die schönsten Freuden, die innerste Bildung, ohne Dich hätte sich nie mir das Höchste erschlossen, über das Innerste kann ich mit niemand reden als mit Dir. Glaube mir auch, liebe Li, uns wird selbst der Tod nicht trennen. Ein gewisses Aufnehmen der Seele ineinander ist und muß ewig sein. –

AN CHRISTIAN GOTTFRIED KÖRNER

Rom, den 8. Junius 1805

Tausend Dank für den Einfall, mein teurer geliebter Freund, mir gerade jetzt, nach Schillers Tode, wieder zu schreiben. Auch mir sind Sie zuerst eingefallen; wir standen in vieler Rücksicht in gleichem Verhältnis zu ihm und haben gleich viel verloren. Mir ist es in der Tat, als hätte ich auf einmal eigentlich den Leitstern aller meiner intellektuellen Richtungen verloren, und ich wage es noch nicht zu entscheiden, wie es eigentlich auf mich wirken wird. Wenn ich bis jetzt etwas schrieb, wenn ich nur einen Entwurf machte zu schreiben, dachte ich mir eigentlich ihn als einzigen Beurteiler und Richter. Alles Beste in mir war immer an ihn gerichtet, und zugleich gab er mir auch immer die Stimmung und Kraft. Mit unendlicher Wahrheit sagen Sie, mein Lieber, daß in seinen Dichtungen das Persönliche eine so große Wirkung ausübte. Wirklich sprach er die Menschheit nur immer in ihren höchsten Momenten aus und erschien bei weitem mehr individuell als Goethe. Wenn Sie unter dem Idealischen das Gebiet der Ideen verstehen, so weiß ich ihn nicht besser zu charakterisieren, als daß er von diesem Idealischen durchdrungen war und kaum je von etwas anderm nur leicht berührt wurde. [...]

Haben Sie aber nicht auch bei diesem Tode, mein teurer Freund, das Gefühl gehabt, daß die bessere Welt vor uns hingeht und wir der minder guten preisgegeben bleiben? Mir hat dieser Verlust eines der stärksten Bande gelöst, die mich an Deutschland knüpften. Es ist, als bannte mich das Schicksal immer fester in dies Land, das nur Schatten beleben und in dem alles Lebendige nur wie durch Zufall in eine Einöde gebannt scheint. Möchten Sie nur einmal diese trümmerbedeckten Hügel, diese wüsten Fluren und diese langsamen gelben Tiberwogen gesehn haben, um ein anschauliches Bild davon zu haben! Wenn Sie recht lebhaft zu fühlen vermögen, wie es in der Seele wird, wenn sie sich durch und durch in Vergänglichkeit und Trümmer versenkt, aber die Trümmer die Trümmer einer Welt sind, so haben Sie den Eindruck, den Rom auf mich macht. Das erste Gefühl ist Wehmut, aber die Unermeßlichkeit des Dahingeschwundenen gibt der Wehmut eine Größe, die wieder heiter wird und wieder in leichtem Äther über der Erde schwebt. Alles, was einen großen Eindruck macht oder alles, was in rechter Stimmung empfunden wird, wirkt, dünkt mich, symbolisch. Das Unbekannte und nie zu Erkennende strebt in einem sichtbaren Zeichen aus. Sich selbst zu einem Symbole des Weltalls umzuschaffen, wäre die höchste Aufgabe der Menschheit. Gehen Sie von dieser Idee aus, die, wie ich gern gestehe, jetzt und seit längerer Zeit meine Lieblingsidee ist und für mich den Schlüssel alles Daseins, wie es ist und sein soll, enthält, so ist Rom das Symbol zugleich der Vergänglichkeit und des Weltzusammenhangs, wie er intellektuell und ästhetisch für uns existiert. Hier gewann griechische Kultur Festigkeit, und von hier zerstreute sie sich und ging aus in die Ferne und in die Irre. Hier nahm das Christentum und mit ihm aller sentimental religiöse Mystizismus denselben Gang. Um daher durch die Phantasie in diesen Mittelpunkt der Weltansicht gestellt zu werden, muß man hierher gehen und hier lang bleiben. In fruchtbarer Einsamkeit legen sich erst hier die Weltgestalten deutlich und ruhig auseinander; Gedanke und Empfindung schmilzt klar, Wehmut und Frohsinn heiter ineinander über, und auf der Grenze zwischen Leben und Tod tritt man leichter in jenem auf und neigt sich sanfter zu diesem hinüber.

Hier haben Sie, Lieber, mit wenigen Worten, meine Ansicht meines Aufenthaltes hier und den Schlüssel meiner Existenz. Ich fühle mich sehr glücklich, ich bin nie heitrer in einer doch sehr verwickelten Geschäftstätigkeit, nie fruchtbarer in Ideen, nie poetischer gestimmt, nie zufriedner mit meiner häuslichen Lage, nie ungeteilter dem Andenken derer, die ich verloren habe, gewidmet gewesen als hier. Es fehlt mir bloß Eins, nach dem ringe ich, aber ich weiß nicht, ob ich es je erreichen werde. Es ist mir oft, als hätte mir die Natur nur Auge, das Hohe zu sehen, und Sinn, das Tiefe zu fühlen, gegeben, aber Flügel und Sprache versagt. Ich möchte etwas gemacht haben, in dem ich mich selbst eigentlich achten könnte, eine Reihe von Ideen entwickelt haben, durch welche die innere Ansicht der Menschheit weiterrückte.

Solange ich hier bin, denke ich darauf. Nach und nach hat der rohe Entwurf in meinem Kopf einige Gestalt bekommen; da er eben begann, sich der Ausführung zu nähern, ist mir Schiller entrissen worden, auf den dabei alles berechnet war. Ich habe nämlich nicht lange nach einem Gegenstande herumgesucht, an dem ich mich prüfen könnte. Das Einzige, was mir in dieser Art Befriedigung gewähren kann, ist, mich selbst auszusprechen. Das Letzte im Menschen, dessen Dasein einmal Denken und Beobachten ist, ist immer das Resultat, in dem er die Betrachtung seiner und der Welt verknüpft. Dies von mir wollte ich schildern, wollte es Schiller gegenüber in freien an ihn gerichteten Bruchstücken tun. Diese Form ist jetzt unmöglich; die Sache gebe ich natürlich nicht auf. Wenn ich mich deutlich ausgedrückt habe, so werden Sie sehn, daß, was ich zeigen möchte, eigentlich das Dasein, die Bedeutung und der Fortschritt des intellektuellen Lebens in dem Individuum, der Natur und der Geschichte ist. Ich fühle, daß der Gegenstand groß ist, tief wie jede Philosophie und umfassender, weil er nicht bei einem menschlichen Vermögen, der Spekulation, seine Grenze findet, aber es ist nicht eigentlich weitläufig. Es ist nicht nötig, einen weiten Raum zurückzulegen, es kommt nur darauf an, den eigentlichen Gesichtspunkt zu finden, und alles springt von selbst ins Auge. Man muß sich bloß vielfach hin und her wenden, Nationen und Zeiten durchlaufen, um von verschiednen Seiten aus diesem Punkte beizukommen; denn unmittelbar und gerade möchte kein Weg dahin führen. [...]

LATIUM UND HELLAS ODER BETRACHTUNGEN ÜBER DAS KLASSISCHE ALTERTUM. FRÜHJAHR 1807

[...] Eine fast oberflächliche Betrachtung und ein geringes Nachdenken geben schon folgende Sätze an die Hand.

Soviel sich auch ein Charakter nach seinen Aeusserungen und selbst seinen Eigenschaften schildern lässt, so bleibt die eigentliche Individualität immer verborgen, unerklärlich und unbegreiflich. Sie ist das Leben des Individuums selbst, und der Theil, der von ihr erscheint, ist der geringste an ihr.

Auf gewisse Weise lässt sie sich indess doch als die Consequenz eines gewissen Strebens, das eine Menge anderer ausschliesst, erkennen; als etwas positiv Werdendes durch Beschränkung.

Diese Beschränkung führt vermöge der Einrichtung unsrer Vernunft auf ein über dem Individuum stehendes Ideal.

Die Vergleichung mehrerer Individuen mit diesem und unter sich macht die Ansicht der gegenseitigen Ergänzung verschiedener zur Darstellung des Ideales möglich, und einige Individuen führen ausdrücklich zu derselben.

Das auffallendste Beispiel hiervon ist die Verschiedenheit der Geschlechter, und ein auf dieselbe vorzüglich aufmerksames Gemüth kann durch sie am vollständigsten das Verhältniss des Individuums zum Ideal kennen lernen, und von ihr aus am leichtesten alle andre ähnliche in der Schöpfung vorkommende Fälle auffinden.

Besonders an diesem Beispiele lernt man, dass es auch für die beschränktere Klasse, und endlich sogar für das Individuum ein Ideal giebt, das man dadurch erreicht, dass man die Consequenz des Strebens strenger und weniger einseitig macht, oder anders ausgedrückt die Eigenthümlichkeit mehr durch das, was sie ist, als was sie ausschliesst, an den Tag legt.

Da aber jedes Wesen nur dadurch etwas seyn kann, dass es etwas anderes nicht ist, so ist ein wahrer, nicht aufzuhebender Widerstreit, und eine unüberspringbare Kluft zwischen jedem und jedem auch der verwandtesten Individuen und zwischen allen und dem Ideal, und das Gebot in der Individualität das Ideal zu erreichen ist von unmöglicher Ausführung.

Dennoch kann dies Gebot nicht aufgehoben werden.

Jener Widerstreit muss daher nur scheinbar seyn, und in der That entsteht er nur aus einer unrichtigen Trennung dessen, was, richtiger gefühlt, Eins und dasselbe ist.

Nichts Lebendiges und daher keine Kraft keiner Art kann als eine Substanz angesehen werden, die entweder selbst, oder in der irgend etwas ruhte; sondern sie ist eine Energie, die einzig und allein an der Handlung hängt, die sie in jedem Moment ausübt. Die längste Vergangenheit existirt nur noch in dem gegenwärtigen Moment, und das ganze Universum wäre vernichtet, wenn sein jedesmaliges Wirken vernichtet werden könnte.

Keine Kraft ist mit dem, was sie bis jetzt gewirkt hat, vollendet. Sie erhält mit jedem Wirken Vermehrung; sie hat schon einen nie bekannten Ueberschuss über jedes ihr Wirken, und ihre künftigen Erzeugnisse lassen sich nicht nach den vorhergehenden berechnen. Es kann und muss ewig fort Neues entstehen.

Wenn man sich daher ein göttliches allgenugsames und unveränderliches Wesen denkt, so ist das ein Unding. Denn es ist nicht bloss etwas für uns, die wir an Bedingungen der Zeit gebunden sind, Unbegreifliches, sondern enthält, als ruhende Kraft, einen eigentlichen Widerspruch und gründet sich, indem es der Zeit entflieht, auf falsch angewendeten Begriffen von Raum und Substanz. Die wahre Unendlichkeit der göttlichen Kraft beruht auf dem allem Geschaffnen beiwohnenden Vermögen sich ewig neu und immer grösser zu gestalten, kann aber nicht, abgesondert von dem Geschaffenen, hypostasirt werden.

Die individuelle Kraft des Einen ist dieselbe mit der aller Andern, und der Natur überhaupt. Denn ohne das wäre kein Verstehen, keine Liebe und kein Hass möglich; auch erkennt man überall dieselbe Form wieder.

Worin die Geschiedenheit der Individuen besteht? ist schwieriger zu begreifen, und eigentlich unerklärbar. Allein wie, wenn, da der Mensch sich nur durch Reflexion deutlich werden, und diese nur durch das Gegenüberstellen eines Objects und Subjectes geschehen kann, auch die Kraft des Universums, auf der Stufe, auf der wir sie kennen, sich in Vielheit zerspalten müsste, um sich selbst klar zu werden?

Nach dieser Ansicht gewinnt nun der vorhin erwähnte Widerspruch eine ganz verschiedne Gestalt.

Es ist einmal nicht von festen, durch unveränderliche Gränzen umschriebenen Substanzen, sondern von ewig wechselnden Kraftenergien die Rede; es ist ferner überall eine gleiche, vielleicht eine einzige Kraft, die mehr verschiedene Ansichten desselben Resultats, als verschiedene Resultate giebt; und das Ideal ist nur ein Gedankenbild, das eben darum die Allgemeinheit der Idee haben kann, weil ihm die Bestimmtheit des Individuums mangelt.

Denn um sich die individuelle Kraft vollständig vorzustellen, muss man sich, ausser dem beschränkten Daseyn des Moments, noch zweierlei an ihr denken: das verborgene und unergründbare Vermögen derselben, das sich bloss jetzt in solcher

Beschränktheit offenbart, und die Ideen, die ein unmittelbarer Abglanz dieses Vermögens sind, die sie aber nicht Kraft besitzt als Wirklichkeit d. i. als Leben gelten zu machen. Daher ist zwischen Idee und Leben zwar ein ewiger Abstand, aber auch ein ewiger Wettkampf. Leben wird zur Idee erhoben und Idee in Leben verwandelt. [...]

UEBER DEN CHARAKTER DER GRIECHEN, DIE IDEALISCHE UND HISTORISCHE ANSICHT DESSELBEN. 1807

[...] Die Individualität eines Menschen ist Eins mit seinem Triebe. Das ganze Universum besteht nur durch den Trieb, und es lebt und ist nichts, als indem und solange es mit Fortgang zu leben und zu seyn ringt. Da der Trieb nicht anders als bestimmt seyn kann, so wird es auch durch ihn die Form des Lebens, und alle Verschiedenheit der Existenz beruht nur auf der Verschiedenheit des Lebenstriebs selbst, oder seiner Möglichkeit sich durch den Widerstand, den er findet, durchzuarbeiten.

Dieser Trieb ist derselbe in der Körper und in der Geisterwelt, da er auf der einen Seite in der Organisation Gestalten schaft, die nur durch den Gedanken hervorgebracht, und auf der andern z. B. in der Kunst und Sprache solche, durch welche sonst nicht auszudrückende Gedanken gegeben scheinen. Er kann daher ebensowohl dienen, das Höchste in der geistigen, als das Einfachste in der körperlichen Natur zu erklären.

Was nun dem Charakter der Griechen das Daseyn gab, war dass in ihnen der Trieb, rein und voll Menschen zu seyn, sich durchaus herrschend zu machen verstand.

Was also wunderbarer Weise nur Werk des Genies seyn zu

können schien, entstand aus blossem Hingeben an die Natur, wie überhaupt immer im Menschen das am feinsten Ausgebildete sich unmittelbar an das Ursprüngliche anschliesst, von dem es gleichsam nur deutlichere Umschreibung oder Uebersetzung ist.

V. Dass der Trieb sich in der geistigen Natur des Menschen geltend mache, und ihm darin, über seinen Gattungscharakter, eine eigene bestimmte Form gebe, das kann nur durch Acte der Freiheit, d.h. solche, welche ausschliesslich aus der Persönlichkeit entspringen, geschehn.

Zwar kann die Freiheit weder den Trieb, noch, welches einerlei ist, den Charakter umändern; aber sie muss ihn wecken, und sogar die Richtung, die er nothwendig und unveränderlich durch sich selbst hat, willkührlich zu bestimmen scheinen; oder mit andern Worten, die Quelle der Willensbestimmungen muss in dem Gebiete liegen, in welchem beide, Nothwendigkeit und Freiheit, in einer höheren Idee untergehen.

Alsdann nennt man mit einem nur Deutschen verständlichen Wort den Trieb: Sehnsucht, und der Mensch hat daher nur insofern einen bestimmten Charakter als er eine bestimmte Sehnsucht hat, und da diese nur durch Kraft denkbar ist, nur soviel Charakter, als er moralische Energie besitzt.

Das zweite Hervorstechende in den Griechen ist also die Tiefe mit der die Sehnsucht, welche sie athmen, auf die ihr entsprechenden Gegenstände gerichtet ist, und die leichte Lebendigkeit, mit der sie sich darstellt, und statt unbefriedigt fort zu schmachten, sich immer neu und immer schöner wiedererzeugt; mithin die Fülle, Reinheit und Stärke ihres geistigen Lebens.

VI. Von solcher (IV.) Sehnsucht (V.) beseelt, konnte das Streben der Griechen nur auf Darstellung des höchsten Lebens (III.), d.i. des menschlichsten Daseyns, gehen.

Das Grundbestreben des Menschen ist auf unbegränzte Erweiterung der vereinten Energie seiner Empfänglichkeit und

Selbstthätigkeit, und da er zugleich das Sichtbare und Unsichtbare umschliesst, auf die Schlichtung ihres Widerstreits ohne Vernichtung des einen oder des andern, und indess dies erreicht werden kann, auf ihre Scheinvereinigung in einem Symbol, d.h. in einer Gestalt gerichtet, in welcher das Allgemeine, als Besondres auftritt, und das Besondre sich zum Allgemeinen erweitert. [...]

GESCHICHTE DES VERFALLS UND UNTERGANGS DER GRIECHISCHEN FREISTAATEN. 1807

Herbst 1807

[...] Was also die Griechen wirklich, sey es durch Verdienst oder Zufall, vor uns voraus hatten, und worin wir nie nur mit ihnen zu wetteifern unternehmen dürfen, war dieser gleichsam angebohrene Sinn für die hellste, bestimmteste und reichste Offenbarung der höchsten Summe menschlichen Lebens in ihrem individuellen und nationellen Charakter.

Dass sie aber dies Höchste fanden, dankten sie der einfachen Anlage ihrer Natur; dass ihnen in der schwersten aller Künste, dem Leben, gelang, was selbst in den untergeordneten bloss das Werk des Genies ist, nur dem natürlichen Triebe, dem sie sich frei und ohne Rückhalt hingaben.

Alle Individualität beruht, oder vielmehr spricht sich aus in einem Triebe, und ist Eins mit dem ihr eigenthümlichen. Von den untersten bis zu den höchsten Classen des Lebens hinauf erkennen wir in seinem Ganzen und in dem Begriff seiner Natur jedes Geschöpf weniger an seiner Art des Seyns, als an seinem Streben, in welchem sich erst alle seine vergangenen, gegenwärtigen und zukünftigen Zustände in eine Einheit zusammenknüpfen. Wie das Leben weder stillstehend, noch durch eine äussere Ursach bewegt gedacht werden kann, so besteht das ganze Universum nur durch den Trieb, so lebt und ist nichts, als insofern es zu leben und zu seyn ringt, und der Mensch wäre schlechterdings Herr und Meister seines Daseyns und seiner Fortdauer, wenn er durch ein Machtgebot seines Willens seinen Lebenstrieb zu vernichten vermöchte. Der Trieb ist natürlich selbst bestimmt, und bestimmt wiederum die Form des Lebens. Aller Unterschied unter dem Lebendigen, zwischen Pflanzen und Thieren, zwischen den mannigfaltigen Geschlechtern dieser letzteren, und unter den Menschen zwischen Nationen und Individuen beruht also allein auf der Verschiedenheit des Lebenstriebes und seiner Möglichkeit, sich durch den Widerstand, den er findet, durchzuarbeiten.

Bei den Griechen ging dieser Trieb gerade darauf hin, rein und voll Menschen zu seyn, und des Menschendaseyns in Heiterkeit und Freude zu geniessen. Wie der Mensch, nur dadurch dass er fest auf der Erde wurzelt, sich zum Himmel zu erheben vermag, so ist eigentlich keine, noch so erhabene Eigenschaft in ihm etwas anders, als Frucht eines durch Einimpfung göttlicher Ideen veredelten Naturinstincts. Nun hatte auch der rohe und ganz ungebildete Grieche unläugbar zwei Eigenschaften, die, wie gefährlich sie in vieler Rücksicht seyn mögen, doch gewiss die Entwicklung der Menschheit befördern: Liebe zur Unabhängigkeit und Scheu vor jenem bald finstren, bald trocknen und langweiligen Ernst, der mehr an den Geschäften, als den Genüssen des Lebens hängt. Die erstere erwuchs zwar späterhin zu der edelsten Bürgerfreiheit, aber an sich war sie dennoch mehr Abneigung gegen jeden Zwang überhaupt, als tiefer Widerwille des Gemüths gegen den ungerechten allein. Sie erklärte sich daher, und nur zu oft, auch gegen die Nöthigung des selbst gegebnen Gesetzes, und führte mehr zu willkührlicher Wahl selbstgefälliger Lebensart und Beschäftigung, als sie zu einer, wie das Beispiel der Römer zeigt, mehr, als jede andre vereinzelnden und einseitig bildenden politischen Leidenschaft ward. Aber sie entfernte Kasten- Priester- und Sittenzwang, der sonst den Geist so vieler alten Nationen erstickte, ebnete, bis zur Vernichtung, die Ungleichheiten der Stände, und brachte jeden Bürger mit allen in die mannigfaltigste und allgemeinste Berührung. Die andre der beiden angeführten Charakterseiten beruhte vorzüglich auf einer selten unterbrochnen Stimmung zur Fröhlichkeit, die, selbst noch roh, nur ein Eigenthum gutgearteter Gemüther ist, und auf einer glücklichen Gabe unglaublich leichter Reizbarkeit, die, bei der leisesten Berührung irgend eines Gegenstandes der Natur, gleich alle Saiten des Gemüths anklingen, und gleichsam in freien Phantasieen lange nachschwirren lässt. [...]

Die Griechen waren aber auch ausserdem so glücklich in sich gebildet, und so wohlthätig durch das Schicksal von aussen begünstigt, dass jener vorhinerwähnte Trieb, selten oder nie von seinem Ziel abirrend, sich auch vollkommen herrschend zu machen verstand. Was schien, nur Werk des Genies seyn zu können, war demnach mehr Werk der Natur, wie sich überhaupt immer im Menschen das am feinsten Ausgebildete unmittelbar an das Ursprüngliche anschliesst, das darin nur gleichsam in eine andre Klarheit des Bewusstseyns gesetzt wird; und wie auch im gesellschaftlichen Leben die edelsten und zartesten Individuen nur mit den niedrigsten, noch in natürlicher Schlichtheit lebenden Volksclassen in unmittelbarer Berührung des Sinnes und der Empfindung stehn, und nur die in der unseligen Mitte Schwebenden, bald ohne Gestalt, bald in verzerrter, beides der ächten Natur und der ächten Verfeinerung gleich fremd sind.

Dem allem ungeachtet wird niemand leicht den Trieb, von dem hier die Rede ist, mit instinctartigem Naturzwang, oder untergeordneten Begierden verwechslen oder verkennen, dass es hier nur darauf ankam zu zeigen, dass, da einmal himmlischer und irrdischer Stoff im Menschen gepaart sind, es ungerecht ist, beide einseitig zu scheiden. Nichts des Menschen

Würdiges kann in ihm, ohne Freiheit d. h. ohne Acte, die einzig der Persönlichkeit angehören, emporkommen, also am wenigsten das, worauf seine ganze Individualität d. h. seine Persönlichkeit selbst beruht. Allein auf der andern Seite kann auch das Princip des Lebens nicht anders als thätig, und so wie das in uns Gesetzgebende und Herrschende der Idee entspricht, der Empfindung, als dem ersten Anstoss zu allem Handlen, entsprechend seyn; es kann ferner nicht durch eine gleichsam willkührliche Bestimmung des Willens gesetzt werden, da es vielmehr allem ausdrücklichen Wollen vorhergeht.

Ist man nur einmal sicher den Grundtrieb der Individualität (der als etwas Unendliches sich nie rein und ganz in der Erscheinung offenbaren kann) nicht mit demjenigen zu vermischen, was man natürliche, auch wohl ursprüngliche Anlagen eines Charakters nennt, so heisst das Ebengesagte mit andern Worten nur soviel, dass dieser Grundtrieb, das Lebensprincip der Individualität, zugleich Freiheit und Nothwendigkeit, und beide, dem Grade und der Beschaffenheit nach, sich in ihm gegenseitig fordernd und bestimmend besitzen, d. h. dass er in dem Gebiete liegen muss, in welchem Freiheit und Nothwendigkeit in einer dritten höheren Idee untergehn. Auch ist sein Erzeugniss: in der physischen Welt der Organismus, in der ästhetischen das Kunstwerk, in der moralischen die geistige Individualität immer ein wahres Unendliches, nemlich etwas, aus dem, ungeachtet des nothwendigen Zusammenhanges aller Theile, nicht bloss Freiheit hervorstrahlt, sondern wo jene Nothwendigkeit selbst nur durch Freiheit begreiflich ist.

Was hier Trieb genannt wird, heisst vielleicht richtiger selbstthätige Idee. Ich vermied aber diesen sonst allerdings gleichgeltenden Ausdruck, weil er zu dem Misverstand verleiten kann, als läge die Idee fertig da und führte nun nur sich selbst nach und nach aus, da, meiner Ueberzeugung nach, das Walten der Grundkräfte der Natur, der Inbegriff und die Norm aller Ideen, in einer sich erst durch ihr eignes Wirken bestimmenden Thätigkeit besteht. Auch würde der Begriff eines Triebes (versteht sich immer eines freien und gesetzgebenden) für eine historische Arbeit zweckmässiger seyn, als der einer selbstthätigen Idee, da die Geschichte nicht, wie die Philosophie, von dem Naturgesetz aus, sondern zu demselben hin, gestützt auf eine Masse aufmerksam gesammelter Erscheinungen, geht, und sich jener ursprüngliche Trieb hernach, wie in der Folge an dem Beispiel der Griechen gezeigt werden wird, in einer Menge untergeordneter Neigungen und Bestrebungen, bald wie in glänzendem Wiederscheine, bald wie in halb formlosen Schattenbildern zeigt.

Den unwiderstehlichen, und doch aus dem Theil des Gemüths, in dem nur das selbstgegebne Gesetz herrscht, entspringenden Trieb nennt der Deutsche mit einem keiner andern Nation (da seine Sprache vorzugsweise in dem Gebiete einheimisch ist, das, um ganz ausgemessen zu werden, der Hülfe der Empfindung bedarf) [bekannten Worte] Sehnsucht, und der Mensch hat daher nur insofern einen bestimmten Charakter, als er eine bestimmte Sehnsucht kennt. In jedem Menschen regt sich eine solche, aber wenige sind glücklich genug, dass [sie] sie, sich nicht in widersprechenden Affecten zerstreuend, rein und bestimmt offenbaren, noch weniger, dass sie auf ächt idealischem Wege den Urformen der Menschheit entgegengehn, und am seltensten ist das Glück, dass, ist diese zwiefache Bedingung erfüllt, auch die äusseren Umstände ihr hinlänglich zusagen, durch Befriedigung neue Kraft zu gewinnen.

Die Idealität eines Charakters hängt von nichts so sehr ab, als der Tiefe, und der Art der Sehnsucht, die ihn begeistert. Denn der Ausdruck des Idealischen fügt der Moralität noch etwas Anderes, nicht Höheres (denn sie bleibt immer das Höchste), aber mehr Umfassendes hinzu, da ein idealischer Charakter sich nicht bloss Einer Idee, wie der schlicht moralische der der Pflicht, unterwirft, sondern sich gleichsam allen Ideen, der ganzen unsichtbaren Welt, anbildet, da er, wie der Künstler ein Kunstwerk, so eine Gesinnung hervorzubringen strebt, die wie jenes die Schönheit, so die Menschheit (in ihrem Adel und ihrer Würde) in einem einzelnen Fall darstelle, und da er endlich im wahren Verstande schöpferisch ist, indem er die, sonst nur den Gedanken vorschwebende Idee höchster Menschheit in eine Thatsache der Natur verwandelt. Dazu reicht nicht bloss Berichtigung des Denkens und Uebung des Wollens hin, das Gemüth muss fähig gemacht werden für das, woran kein Begriff und keine Empfindung reicht, und was, wenn es die Einbildungskraft frei zu bilden scheint, von ihr aus der Tiefe der Natur geschöpft wird; mit anderen Worten, die Idee, welche die Seele und das Leben der Natur ausmacht, und von der alle Bedeutung und Form in ihr herrührt, muss dem Gemüthe erscheinen und die Liebe erwecken, deren unmittelbare und natürliche Frucht jene hohe und göttliche Sehnsucht ist.

Sehnsucht wird vielleicht Manchem ein tändelnder Ausdruck eines verzärtelten Zeitalters scheinen, der denselben lieber mit dem, unmittelbarer auf Leben und Handlen gehenden Streben vertauschte. Allein Sehnsucht und Streben, auch beide gleich erhaben genommen, sind nicht durchaus gleichbedeutende Ausdrücke, da in jener mit dem Wort auch die Unerreichbarkeit des Ersehnten und die Unbegreiflichkeit ihres Ursprungs ausgesprochen wird, dieses mehr von klar gedachtem Begriff zu bestimmtem Zweck geht; das Streben durch Schwierigkeiten und Hindernisse geschwächt und vereitelt werden kann, vor der Sehnsucht aber, wie durch einen in ihr selbst liegenden Zauber, jede Fessel zerbrochen zu Boden fällt. [...]

IV.

DER BILDUNGSPOLITIKER 1808–1810

AN CAROLINE VON HUMBOLDT

Erfurt, 16. November 1808

[...] Mein Wunsch wäre, es alsdann dahin zu bringen, daß ich beim auswärtigen Departement und womöglich in meinem römischen Posten bliebe, nur kommissionsweise die Organisation des Erziehungswesens zugeteilt erhielte und nach beendigten Geschäften nach Rom zurückginge. Vielleicht zerschlägt sich auch alles, wenn Stein, der vielleicht ganz falsche Begriffe von mir hat, mich sieht. Besteht er aber auf seinem Einfall, so siehst Du selbst, bleibt mir, liebe Li, nichts übrig als nachzugeben und nur das temporäre Arrangement womöglich zu bewirken. Sonst leidet zugleich meine äußere Lage und mein Ruf, der bis jetzt intakt ist. Ich habe aber zu verstehen gegeben, daß ich noch mehr Gründe, als ich sage, gegen die Sache habe. Und in der Tat habe ich sie. Was läßt sich jetzt im Preußischen tun, wo man so wenig Mittel hat? Gelehrte dirigieren ist nicht viel besser, als eine Komödiantentruppe unter sich zu haben, und dies ganze Fach ist der Beurteilung, gerechter und ungerechter, eines jeden ausgesetzt [...]

AN CAROLINE VON HUMBOLDT

Erfurt, den 18. Dezember 1808

[...] Meine Briefe aus Rudolstadt mußt Du nun haben. Über meine Rückkunft nach Rom glaube ich ganz im reinen zu sein. Dohna ist wirklich Minister des Innern. Der, der mich hineinziehen wollte, ist fort. Aber auf einmal kehrt, immer wieder durch Kunth, der Antrag auf eine Weise zurück, die mich in die äußerste Verlegenheit setzt. Ich habe den Antrag erst seit einer halben Stunde, und in einer halben geht die Post. Nur soviel sage ich: Ich soll durchaus unabhängig sein und Sitz und Stimme im Staatsrat haben, und man verlangt mich eigentlich nur für die erste Organisation. Der Antrag ist übrigens soweit, daß ich Kultus (alle Prediger, Kantoren usw. Gott!!) und Unterrichtsanstalten (Akademie der Wissenschaften und Kunst, Zensur und sogar die Theater) unter mir habe. Du kennst mich ganz, liebe Li, meine Anhänglichkeit an Rom, meine Liebe zu Dir, weißt, wie ich gewiß weder ehrgeizig noch eitel bin. Aber ich gestehe Dir zu sagen, daß ich schlechterdings in Rom sein will, auch wenn ich anderswo nützlicher sein kann, oder daß ich nichts annehmen will, wenn man mich nicht zum Minister macht, dazu habe ich kein Herz. Man kann nicht leugnen, daß man seinem Lande, seinem Namen selbst etwas schuldig ist. Ich bin also in ängstlicher Verlegenheit. Aber sei sicher, ich werde nichts tun, was meiner und Deiner unwürdig wäre. In Rom ändere ja nichts bis jetzt. Denn sollte ich auch im Frühjahr nicht kommen können, mußt Du mir noch bleiben, teuerstes, liebstes Herz, ich kann Dich nicht unter diesem Himmel wissen (er ist schrecklich), ohne daß wenigstens hier alles besser ist [...]

AN CAROLINE VON HUMBOLDT

Weimar, 28. Dezember 1808

[...] Das Jahr schließt schlimm, liebe Teure; es ist zwar nichts Neues, aber das Alte mehr und öffentlicher bestätigt und mir darum gehässiger. Stell Dir nur vor, als ich gestern hier bei Hofe esse, bringt mir der Herzog die Liste, von der ich Dir hier Abschrift schicke, mit und fragt mich ob meine Ernennung wahr ist. Seitdem weiß sie die ganze Stadt, und ich habe den Ekel, sie von allen Ecken widerschallen zu hören. Ich leugne Dir nicht, liebe Li, daß es mich sehr trüb macht. Kann man Gutes zu wirken hoffen in dieser Lage? Opfert man nicht bloß sich ohne reellen, viel weniger ohne großen Nutzen? Alles das geht mir entsetzlich im Kopf herum, und ich weiß noch nicht, ob ich nicht entschieden, was auch daraus werden möge, nein sage. Aber ich fürchte das Geschrei von Undankbarkeit, Mangel an Vaterlandsliebe, Verlassen der Unglücklichen. Ich fürchte, man wird sagen, der Posten, zu dem man mich rufe, sei welcher er wolle, so sei ja damit nicht gesagt, daß ich sonst keinen Einfluß haben werde; es sei der erste Schritt zu jedem anderen; wenn ich nicht annähme, entziehe ich mich nicht blos diesem Geschäft, sondern aller Teilnahme an der jetzigen, in hohem Grade sorgenvollen Lage. Und Wahrheit ist freilich unleugbar darin. Man tut im Leben oft etwas anderes, als das wozu man ursprünglich berufen war und wirkt oft schon durch seine bloße Gegenwart. Ich werde also vorzüglich meine Aufmerksamkeit darauf richten, ob man in der Tat Vertrauen auf mich setzt, ob dem König, seiner Umgebung an meinem Bleiben gelegen ist? Ist das, so nehme ich an, im entgegengesetzten Fall reiße ich mich, sei es auch mit einiger Gewalt, los. Was mir von Allem das Schmerzhafteste ist, das ist, liebe Li, daß ich Dich selbst bitten muß, Deine Lage der meinigen nachzugeben und noch in Italien zu bleiben. Dies Frühjahr könntest Du so nicht kommen, und den Herbst würde ich es für die kleinen Mädchen besonders sehr fürchten. Die armen holden Geschöpfe sollten einem eisigen Himmel im Winter entgegengehen. Auch Dir selbst wäre es sicherlich nicht gut. Bleibe also und erhalte auch mir eine Zuflucht dahin. Haben wir uns ganz verpflanzt, dann ist die Rückkehr in vielfacher Rücksicht unglaublich schwer. Wie die Sachen stehen, kann ich nicht hoffen im Frühjahr zurückzukommen. Selbst, wenn ich den möglichen Ausweg fände, wenn ich mich losmachen könnte, würde es immer länger dauern, man würde doch vermutlich darauf bestehen, daß ich erst einen neuen Mann ausfindig machen sollte, daß ich selbst noch die ersten Einrichtungen träfe. Daß es sich mit Dir bis zum Frühjahr 1810 hinziehen läßt, bin ich gewiß. Auch wüßte ich wahrlich nicht, was man in Deutschland machen wollte. Man muß hier sein, um die Torheit zu fühlen, die es ist, von Rom wegzugehen. [...]

AN KÖNIG FRIEDRICH WILHELM III.

Berlin, den 17. Januar 1809

[...] Allein die Natur und der Umfang des Geschäfts, dessen Leitung mir anvertraut werden soll, ist von der Art, daß ich, nach angestellter genauer und reiflicher Prüfung, nicht den Mut besitze, mich demselben zu unterziehen. Wenn ich mir auch schmeicheln dürfte, wie ich nicht kann, das günstige Urteil zu verdienen, welches Ew. Königlichen Majestät Ministerien der Finanzen und des Innern von mir fällen, so bin ich eine so lange Reihe von Jahren hindurch nicht bloß von meinem Vaterlande, sondern auch von Deutschland entfernt gewesen, daß ich den Lokalverhältnissen unseres Staats und dem Zustande der deutschen Literatur (welche, wer diesem Posten gut vorstehen will, in dem genauesten Detail, besonders in Rücksicht auf die Personen, kennen muß) fast durchaus fremd geworden bin. Dieser Umstand aber muß notwendig von dem größten Nachteile in einem Augenblicke sein, in welchem alles drängt und Organisation und Personenwahl unmittelbar vorgenommen werden sollen. Ohne alle persönliche Rücksichten müßte ich mich daher eines strafbaren Leichtsinns schuldig machen, wenn ich Ew. Königlichen Majestät nicht freimütig die Schwierigkeiten vorlegte, welche mich, verbunden mit einigen anderen in der

Natur des neuen Dienstverhältnisses selbst liegenden, abhalten müssen, eine so bedeutende Verantwortlichkeit auf mich zu nehmen. [...]

AN CAROLINE VON HUMBOLDT

Berlin, Behrenstraße 60, den 19. Januar 1809

Mein Entschluß ist gefaßt, liebe Li, und die Briefe gehen heute ab. Ich habe den neuen Posten ausgeschlagen und den König gebeten, mich nach Rom zurückkehren zu lassen. Du siehst das Nähere aus den drei abschriftlichen Anlagen, ich schicke sie mit Fleiß, damit Du genau sehen kannst, wie ich gehandelt habe. Ich glaube nicht, so sehr man auch in der Stadt gegen mich schreit, daß man mir einen Vorwurf machen kann. Wie die Sachen da liegen, konnte ich nichts anderes sagen als: Ich wünsche in Rom zu bleiben und bitte darum; allein ich unterwerfe mich dem Willen des Königs, wenn er etwas anderes verfügt. Der Erfolg ist zwar nicht ganz gewiß vorauszusehen, da der König immer noch mein Gesuch verweigern kann. Allein, ich glaube es nicht. Es wird sich schon jemand finden, der die Stelle wünscht, und es liegt auch nicht in dem Charakter des Königs, zu zwingen. Die Art, wie man mich hier aufgenommen hat, ist in der Tat äußerst ausgezeichnet. Meine Stube ist bis jetzt nur leer geworden, wenn ich zugeschlossen habe. Es ist nur *eine* Stimme, daß man niemand anders als mich will, Wolf und andere drohen öffentlich, wegzugehen, wenn ich wirklich nicht bleibe. Einige Schulen haben mich ausdrücklich schriftlich anzunehmen gebeten. Ja, man ist noch mehr und sogar mit Vorwürfen in mich gedrungen. Man weiß nämlich, daß Beyme, der jetzt Großkanzler und in Königsberg ist, die Stelle immer geliebt und gewünscht hat. Es ist nicht unwahrscheinlich, daß er meine abschlägige Antwort benutzt, sie anzunehmen und mit seinem Ministerium zu verbinden. Davor ist allgemeine Furcht, und man gibt mir schuld, daß ich das veranlasse. Kurz, es sind Seelenbewegungen in Menge gewesen; aber immer Dich, Rom und Albano fest in Gedanken, habe ich gehandelt, wie ich glaubte, es zu müssen. Auch glaube ich wirklich, keine Pflicht gegen den König verletzt zu haben. Wie die Lage hier ist, ist allerdings Nutzen, und großer, zu stiften, allein mit Sicherheit auf die Dauer nicht, wenn man nicht zugleich Minister ist. Denn nur dann hat man eigentlichen Einfluß auf die Geschäfte zugleich, von denen die Sicherheit des Staats im allgemeinen abhängt. So ist die Lage zu unsicher und beschränkt.

Du verzeihst, liebe Seele, wenn ich Dir heute nicht mehr sage, allein es ist schon gegen zwei in der Nacht. Ich habe unendlich zu tun und zu laufen und zu reden. Donnerstag werde ich in die Akademie eingeführt, wozu ich auch noch eine Rede zu machen habe [...]

AN GEORG HEINRICH LUDWIG NICOLOVIUS

Berlin, 25. März 1809

[...] Auf die Zwischenzeit, die noch bis zu unsrer Wiedervereinigung verstreichen kann, halte ich die mir vom Minister zur Leitung der Geschäfte gemachten Vorschläge [interimistische Verwaltung der gesamten Sektionsgeschäfte durch Nicolovius] für vollkommen zweckmäßig. Sollte ich vielleicht noch eine kleine Modifikation dabei vorschlagen, so würde sie meinen Anteil an den Geschäften nicht erweitern, sondern vielmehr für den Augenblick noch beschränken. Aber wie gut auch dies Interimistikum sei, so verleugne ich mir nicht, daß doch eigentlich nichts bei dieser Trennung geschehen kann. Die sogenannten kurrenten Sachen abzumachen, ist in der Tat das Kleinste und Geringfügigste. Es muß etwas geschehen, es muß entworfen und ausgeführt werden. Und dies unterbleibt jetzt ganz und muß unterbleiben, und dadurch kommt nun auch an die Abmachung der kurrenten Sachen eine unerträgliche Ungewißheit, die soweit geht, daß man oft nicht weiß, was man einem einzelnen Menschen sagen soll, weil es unbestimmt ist, welches Schicksal das Institut haben wird, dem er angehört. Jetzt z. B. sind die Prüfungen der Gymnasien. Ich zittre zu fragen, auf welche Universität die Entlassenen gehen, und muß beinahe heimlich wünschen, daß man mir eine auswärtige nenne. Wie kann ich aber von hier aus mit Kraft an der Errichtung einer Universität arbeiten, wenn die Hauptfragen über die Fonds und andre Punkte erst mit dem Ministerio zu berichtigen sind?

Unter diesen Umständen schiene mir das Angemessenste und Zweckmäßigste, daß ich jetzt unverzüglich nach Königsberg käme, dort alle Hauptpunkte zur Entscheidung zu bringen suchte, mich mit Ew. Hochwohlgebornen und dem Minister vollständig bespräche, und, bliebe der König unglücklicherweise noch länger von hier abwesend, nach zwei drei Monaten hierher zurückkehrte. Dies werde ich, wo möglich, noch heute dem Minister vorschlagen.

Alsdann würden wir auch auf die nähere Abgrenzung der beiden Unterabteilungen der Sektion für den Kultus und für den öffentlichen Unterricht denken können. Da ich aus Ihren gütigen Gesinnungen gegen mich schließen darf, daß es auch Ihnen angenehm sein wird, soviel als möglich, gemeinschaftlich mit mir zu handeln, so werden auch Sie gewiß für die möglichst enge Verbindung dieser Unterabteilungen sein. Ebenso sind Ew. Hochwohlgebornen auch sicherlich darin mit mir einverstanden, daß alles, was sich auf Schulen, auch die niedrigsten auf dem Lande nicht ausgenommen, bezieht, nicht bloß zugleich durch mich, sondern auch durch die ganze Sektion des Unterrichts gehen muß, da sonst keine Einheit der Prinzipien mehr möglich sein würde, und daß ich persönlich, da ich einmal den Namen von der ganzen Sektion führe und für Sie verantwortlich bin, speziellen Anteil an der Entscheidung alles desjenigen sich auch bloß auf den Kultus Beziehenden nehmen muß, was in Rücksicht auf Sachen oder Personen irgend neu und nicht bloß Verfügung in dem einmal verabredeten Gange oder System ist. Es ist meine liebste und erfreulichste Hoffnung, ohne die ich mich nie zur Annahme meines Postens entschlossen hätte, daß ich gewiß sein kann, weder mit dem Minister, der mir mit jedem Posttage Beweise seiner herzlichen und vertrauten Freundschaft gibt, noch mit Ihnen, da Sie sich so gütig und zuvorkommend gegen mich äußern, in irgend eine Geschäftskollision zu geraten [...]

Die Einführung der Pestalozzischen Methode, wenn sie auf die rechte Weise geschieht, hat meinen ungeteilten Beifall, und ich bitte bloß Ew. Hochwohlgeboren, mir, wenn ich, was Sie von dem Minister erfahren werden, nicht nach Königsberg kommen sollte, den an das Kabinett über diese Sache gemachten Bericht, nebst den wichtigsten piecen in dieser Sache, in Abschrift zu schicken [...]

Das Gefühl der Dauer und Sicherheit, von dem Ew. Hochwohlgebornen reden, muß wohl jedem mangeln, der ernsthaft denkt, und sich nicht chimärischen Täuschungen hingibt. Ich selbst, gestehe Ihnen, habe nur zwei Rücksichten, warum ich selbst handle, als hätte ich dies Gefühl. Die erste ist ein Postulat in weiland Kantischem Sinne. »Um auch nur für den Augenblick mit Wirksamkeit handeln zu können, muß man annehmen, das Wirken sei für die Ewigkeit.« In diesen leider nur zu bedingten Imperativ gebe ich meine Vernunft und bessere Überzeugung gefangen. Die zweite ist etwas solider. Erziehung ist Sache der Nation, und bereiten wir (was aber nur mit großer Behutsamkeit geschehen muß) vor, daß wir der Kräfte des Staats mehr entraten können und die Nation mehr in unser Interesse ziehen, so können wir, was uns anvertraut ist, auch unter manchen Stürmen erhalten und brauchen es, selbst im Fall des äußersten Unglücks, nur andern Händen zu übergeben. Denn daß wir persönlich uns unter keiner Bedingung vom Staate trennen würden, versteht sich von selbst.

Dem hiesigen Konsistorio habe ich bekanntgemacht, sich von jetzt an einzig an mich zu wenden, und auch Ew. Hochwohlgeb. wenden sich wohl jetzt nicht mehr an dasselbe, sondern allein an mich. An die übrigen Konsistorien suspendiere ich die

Verfügungen noch, bis es, was in 14 Tagen der Fall sein muß, entschieden ist, ob ich nach Königsberg komme oder nicht.

Mit dem sehnlichsten Wunsche, bald so glücklich zu sein, Ew. Hochwohlgebornen persönliche Bekanntschaft zu machen, verbleibe ich mit der aufrichtigsten Hochachtung und Freundschaft Ew. Hochwohlgebornen ergebenster

Humboldt.

AN CAROLINE VON HUMBOLDT

Königsberg, den 21. April 1809

Der Krieg, liebe Li, zwischen Frankreich und Österreich ist nach der bei Abgang des Erzherzogs Karl und des Kaisers aus Wien ergangenen Proklamation so gut als erklärt, und ich bin daher nicht wenig um unseren Briefwechsel besorgt [...]

Mein Leben ist jetzt noch nicht recht eingerichtet. Ich hoffe es aber dahin zu bringen, daß ich einsame Muße habe, nach der ich mich unendlich sehne. Ich schließe mich darum, soviel ich kann, in einen engen Kreis ein, die Gedanken bleiben doch immer das Beste und Höchste, und mein Leben muß bleiben, was es einmal gewesen ist: Beschauen und Nachdenken. Ein lebendiges Bild der Welt, gehörig in Einheit gebracht, mit sich wegnehmen, ist vielleicht überhaupt das Beste, was der Mensch tun kann, und mir insbesondere ist nichts so angemessen, so durch meine Natur selbst aufgegeben. Was irgend geschehen und auftreten mag in der Welt, findet sich in Grund- und Urideen wieder, wie in ewigen vorbereiteten Bildern, und kein Studium erschöpft es je, wie aus jener Einheit die Mannigfaltigkeit hervorgeht und in sie wieder reicher zurückkehrt. Das unmittelbare Ergreifen der Idee im Wirklichen, dies wahre Erblicken des Geistes im Körper ist zwar in einigen leichten Fällen allgemein genug, aber in seinem ganzen Umfang, in seinem tiefen Wesen so selten, daß es den meisten nur mystisch und lächerlich vorkommt, und doch ist das wahre Begreifen der Welt, die einmal aus beiden besteht, nur durch diesen Sinn möglich. Ebenso das Begreifen des Charakters und der Individualität. Mein Aufenthalt in Deutschland hat mir wieder sehr viel hierin genützt. Die Art, wie man hier ist, ist mir sehr neu und überraschend gewesen. Unleugbar hat sich alles sehr verändert, und ich wage zu sagen, zum Besseren. Es mag sein, daß es einmal meiner Natur gemäß ist, wenn auch nicht nur immer das zu sehen, aber doch das herauszuheben, woran sich Hoffnungen anknüpfen lassen; allein es ist doch gewiß durch alle Stände mehr Hinneigen und mehr Hängen zu und an Ideen, es ist daher auch für alles, was auf Ideen beruht (und es ist wieder sehr allgemeine Stimmung, alles daran zu knüpfen), also für Wissenschaft und Kunst, mehr zu erwarten. Das physische Unglück hat allenfalls freilich die schriftstellerische Tätigkeit etwas gelähmt, allein nicht die intellektuelle bei den Menschen überhaupt. Diese vielmehr hat, ich sage nicht durch, aber trotz jener Widerwärtigkeiten, durch den Fortschritt der Zeit und das Nachwirken des früher Geschehenen zugenommen. Das zu beobachten ist eigentlich, was mich seit meinem Eintritt in Deutschland am meisten und angenehmsten beschäftigt. Geisteseigentümlichkeit und Mannigfaltigkeit ist hier überall, im Auslande weniger, auch nicht für den Fremden immer gleich bemerkbar. Aber darum Deutschland interessanter fürs Leben darin zu nennen als zum Beispiel Rom, bin ich sehr entfernt. Das eigentliche Leben ist doch nur in den Ideen und im Idealen, wenn es nicht zu fromm und mystisch klänge, in Gott und im Himmel. Und in diesen lebt man rein und unmittelbar dort, ohne der mühsamen Leiter sogenannter geistiger Individualität zu bedürfen. Harmonie und Schönheit in der leblosen Natur und im Menschen in dem, was nicht auf einzelnen Ideen beruht, sondern sich in Gestalt und Leben selbst ausspricht, versetzen unmittelbar dahin. Dabei bleibt der Geist ruhiger und heiterer, minder verwirrt durch einzelnes und ist, ohne selbst nur einer Kraftäußerung gewahr zu werden, höheren Schwunges fähig. Darum segne ich ewig fort das Geschick, das Dich noch da läßt. Ich muß schließen, teure Seele.

AN CAROLINE VON HUMBOLDT

Königsberg, den 2. Mai 1809.

Wundre Dich nicht, daß ich, liebe Seele, noch immer ungewiß von meiner Zukunft rede und meine jetzige Anstellung nicht als gewiß und bleibend ansehe. Diese Ungewißheit rührt bloß von mir her, nicht von den Umständen. Kein Mensch denkt daran, mich in einen anderen Posten zu bringen, und auch Preußen selbst ist gewiß keiner Gefahr in seiner Existenz ausgesetzt. Denn das Betragen des Königs und der Regierung ist von der Art, daß ohne wirkliche und direkte Ungerechtigkeit, die sich doch nicht erwarten läßt, niemand auch nur einen Schein des Tadels darauf werfen kann. Aber ich gestehe Dir auch, daß die innere Regierung bei uns (denn bloß diese, die Verwaltung der Justiz, Finanzen und des Inneren, kann jetzt für mich Interesse haben) mir im mindesten nicht gefällt. Der König ist trefflich, will alles Gute, bietet zu allem die Hand und wohnt dem Minister-Vortrag mit großer und einsichtsvoller Aufmerksamkeit alle Vormittage mehrere Stunden bei. Allein die Geschäfte gehen doch ohne Einheit und Energie, aus persönlicher Schuld der Minister, und weil der [Steinsche] Plan, nach dem alles verteilt und angeordnet ist und der an sich noch viele Mängel hatte, jetzt Händen anvertraut worden ist, die ihn aus Unkunde, ihn zu verbessern und zu befolgen, und ohne Mut, ihn ganz zu verlassen, bloß verstümmelt haben.

Ich genieße übrigens persönlich eine große Freiheit und bin der einzige unter den Geschöpfen, die man Geheime Staatsräte nennt, der mit gehöriger Unabhängigkeit administriert. Das ist aber nur persönlich, weil ich es bin und Dohna gerade mein Minister ist, daher immer prekär und nicht angenehm. Es ist auch sicher, daß weder diese Verfassung noch dies Ministerium sich halten können, und wie lange sich beides hinschleppt, mag ungewiß scheinen. Sehr närrisch und ordentlich wunderbar ists, wie jetzt alle Kollegia und Menschen, die sonst unabhängiger waren, nach und nach Empörungen versuchen. Mich trifft das vorzüglich; nicht daß die Leute etwas gegen mich hätten, vielmehr sind sie mir gut, aber weil meine Sektion vielen ehemaligen Unabhängigkeiten ein Ende gemacht hat. Alle diese Stürme sind abgeschlagen und die Leute zur Ordnung verwiesen worden. [...]

AN CAROLINE VON HUMBOLDT

Königsberg, 2. Juni 1809

Ich, liebe Li, führe mein Leben so ruhig und ziemlich unbedeutend fort. Außer der Sehnsucht nach Dir und jetzt einer Ängstlichkeit, die mir nur die Nachricht Deiner glücklichen Entbindung nehmen kann, nicht gerade traurig oder langweilig. Wie mit den Orten, geht es mir mit den Geschäften. Was ich tue, gewinne ich lieb und erweckt mein Interesse und führt mich auch in mir weiter fort. Ich bringe jetzt manchmal ganze Vormittage in bloßen Elementarschulen zu. Bisher taten das die Minister nicht und blieben der Sache und die Sache ihnen fremd. Ich komme, ohne daß man es weiß. Die Lehrer bleiben in Furcht, wenn sie schlecht sind, da ich, wie noch heute bei einem, der keinen Vers im Homer richtig übersetzte, mitfrage und korrigiere, und finden sich durch den Anteil erfreut, wo sie gut sind. Dann ists immer amüsanter als Akten lesen. Man hört doch schöne Töne. Höre ich freilich, daß die armen Jungens in einer dunkeln jämmerlichen Stube (die Schulhäuser sind hier fürchterlich) vom Sokrate und Tiber lesen, so wird mir wunderbar zumute, daß ich ehemals da sein konnte und nun in eine so dumpfe Öde gebannt bin. Aber auch das gibt hübsche gotische Gefühle, kurz, ich bleibe immer dabei: Glücklich muß man immer sein und immer nur durchs Schöne; ists nicht durch Genuß, so ist es durch Sehnsucht. Und mit dem Klassischen und Romantischen, dem Antiken und Gotischen, dem Vollgenuß an der gegenwärtigen Unendlichkeit in einer schönen, reichen, südlichen Natur und dem Brüten über einer idealen [Unendlichkeit] in einer Klosterzelle oder einer nordischen Gegend ist es immer, wie es in der »Resignation« heißt: »Wer dieser Blumen eine brach, begehre die Schwester nicht!« Doch vollenden immer nur beide den Menschen. Ich mache darum nicht zur Regel, was leider auch den Glücklichsten unter uns fast immer geschieht, daß man darum bald das eine, bald das andre entbehren muß; ich meine nur, daß, wenn es das Schicksal so fügt, man nicht schwermütig, nicht untätig werden, sondern das jedesmal Gegenwärtige ergreifen, sich aneignen, heben und veredeln muß, und mir gelingt das fast immer und zu jeder Zeit leicht; nur bedarf ich von Zeit zu Zeit der Einsamkeit, und die gebe ich mir in reichem Maße. Heute z. B. bin ich seit Mittag nicht ausgewesen, habe gearbeitet bis vor einer halben Stunde, schreibe nun Dir und gehe dann zu Bett und denke sofort an Dich, bis ich eingeschlafen bin, und mein erster Gedanke am Morgen bist wieder Du wie mein erster Blick Dein Bild und das der kleinen Mädchen.

ANTRAG AUF ERRICHTUNG DER UNIVERSITÄT BERLIN. JULI 1809

Königsberg, d. 24. Juli 1809.

An des Königs Majestät.

Es wird befremdend scheinen, dass die Section des öffentlichen Unterrichts im gegenwärtigen Augenblick einen Plan zur Sprache zu bringen wagt, dessen Ausführung ruhigere und glücklichere Zeiten vorauszusetzen scheint.

Allein Ew. Königl. Majestät haben auf eine so vielfache und einleuchtende Weise gezeigt, dass Sie, auch mitten im Drange beunruhigender Umstände, den wichtigen Punkt der National-Erziehung und Bildung nicht aus den Augen verlieren, dass ihr diese ebenso erhabene als seltene Gesinnung den Muth zu dem folgenden Antrage einflösst.

Ew. Königl. Majestät geruheten durch eine Allerhöchste Cabinets-Ordre vom 4ten September 1807 die Einrichtung einer allgemeinen und höheren Lehranstalt in Berlin zu genehmigen; seitdem ist bei verschiednen Einrichtungen und Anstellungen darauf Rücksicht genommen worden; allein es wird zur wirklichen Ausführung noch immer ein zweiter entscheidender Schritt erfordert, und sie hält es aus einem doppelten Grunde für nothwendig, diesen im gegenwärtigen Moment zu thun.

Weit entfernt, dass das Vertrauen, welches ganz Deutschland ehemals zu dem Einflusse Preussens auf wahre Aufklärung und höhere Geistesbildung hegte, durch die letzten unglücklichen Ereigniße gesunken sey, so ist es vielmehr gestiegen. Man hat gesehen, welcher Geist in allen neueren Staats-Einrichtungen Ew. Königl. Majestät herrscht, und mit welcher Bereitwilligkeit, auch in grossen Bedrängnißen, wissenschaftliche Institute unterstützt und verbessert worden sind. Ew. Königl. Majestät Staaten können und werden daher fortfahren von dieser Seite den ersten Rang in Deutschland zu behaupten und auf seine intellektuelle und moralische Richtung den entschiedensten Einfluss auszuüben.

Sehr viel hat zu jenem Vertrauen der Gedanke der Errichtung einer allgemeinen Lehranstalt in Berlin beigetragen. Nur solche höhere Institute können ihren Einfluss auch über die Gränzen des Staates hinaus erstrecken. Wenn Ew. Königl. Majestät nunmehr diese Einrichtung feierlich bestätigten und die Ausführung sicherten; so würden Sie Sich auf's neue Alles, was sich in Deutschland für Bildung und Aufklärung interessirt, auf das Festeste verbinden; einen neuen Eifer und neue Wärme für das Wiederaufblühen Ihrer Staaten erregen, und in einem Zeitpunkte, wo ein Theil Deutschlands vom Kriege verheert, ein anderer in fremder Sprache von fremden Gebietern beherrscht wird, der deutschen Wissenschaft eine vielleicht kaum jetzt noch gehofte Freistatt eröfnen.

Diese zusammentreffenden Umstände machen dann auch, und dies giebt einen zweiten wichtigen Grund ab, gerade jetzt mehr Männer von entschiedenem Talent, als sonst, geneigt, neue Verbindungen einzugehen.

Der erste Gedanke an eine allgemeine und höhere Lehranstalt in Berlin entstand unstreitig aus der Betrachtung, dass es schon jetzt in Berlin ausser den beiden Akademien, einer grossen Bibliothek, Sternwarte, einem Botanischen Garten und vielen Sammlungen eine vollständige medicinische Fakultät wirklich giebt. Man fühlte, dass jede Trennung von Fakultäten der ächt wissenschaftlichen Bildung verderblich ist, dass Sammlungen und Institute, wie die oben genannten, nur erst dann recht nützlich werden, wenn vollständiger wissenschaftlicher Unterricht mit ihnen verbunden wird, und dass endlich, um zu diesen Bruchstücken dasjenige hinzuzusetzen, was zu einer allgemeinen Anstalt gehört, nur um einen einzigen Schritt weiter zu gehen nöthig war.

Auch die Section bleibt diesem Gesichtspunkte getreu. Ihr Wunsch geht dahin

die Akademie der Wissenschaften,
die der Künste,
die wissenschaftlichen Institute,

namentlich die klinischen anatomischen und medicinischen, überhaupt in so fern sie rein wissenschaftlicher Natur sind, die Bibliothek, das Observatorium, den botanischen Garten, und die naturhistorischen und Kunst-Sammlungen und die allgemeine Lehranstalt selbst dergestalt in Ein organisches Ganzes zu verbinden, dass jeder Theil, indem er eine angemessene Selbständigkeit erhält, doch gemeinschaftlich mit den andern zum allgemeinen Endzweck mitwirkt.

Aus dieser Ansicht der Sache ergiebt sich die örtliche Bestimmung, dass nämlich eine solche Anstalt nur in Berlin ihren Sitz haben könne, von selbst. Es würde, wenn nicht unmöglich sein, doch unglaubliche Kosten verursachen, die genannten Institute in einen andern Ort zu verlegen. Auch darf eine Anstalt, die Alles, was zur höhern Wissenschaft und Kunst gehört, wie in einen Brennpunkt vereinigt, sich nirgend anders, als an dem Sitz der Regierung befinden, wenn nicht sie sich der Mitwirkung vieler schätzbarer Männer, und beide sich gegenseitig des Beistandes berauben wollen, den sie einander zu leisten im Stande sind.

Die allgemeine Lehranstalt aber muss die unterzeichnete Section Ew. Königl. Majestät ehrfurchtsvoll um Erlaubniss bitten, mit dem alten und hergebrachten Namen einer *Universität* belegen, und ihr, indem sie übrigens von allen veralteten Missbräuchen gereinigt wird, das Recht einräumen zu dürfen, akademische Würden zu ertheilen. In der That und Wirklichkeit müsste sie, welchen Titel man ihr auch beilegen möchte, doch alles enthalten, was der Begrif einer Universität mit sich bringt. Sie könnte, von richtigen Ansichten allgemeiner Bildung ausgehend, weder Fächer ausschliessen, noch von einem höhern Standpunkt, da die Universitäten schon den höchsten umfassen, beginnen, noch endlich sich bloss auf praktische Uebungen beschränken.

Ohne den Namen aber und ohne das Recht der Ertheilung akademischer Würden, würde sie immer nur wenig auswärtige Zöglinge zählen. Man würde im Auslande weder einen bestimmten Begriff von ihrer Beschaffenheit, noch eigentliches Vertrauen zu ihr haben, und sie mehr für einen wissenschaftlichen Luxus, als für ein ernstes und nützliches Institut halten.

Dagegen würde die Section bei Ew. Königl Majestät allerunterthänigst darauf antragen, Frankfurth und Königsberg bestehen zu lassen, damit jeder In- und Ausländer Freiheit behielte, Berlin entweder zu seiner ganzen, oder, wie es ehemals so häufig mit Göttingen geschah, nur, nachdem er eine andere Universität besucht hatte, bloss zu seiner höhern und letzten Ausbildung zu wählen.

Auch ist ausserdem die Beibehaltung Königsbergs wegen seiner Entfernung, und die von Frankfurth (wenigstens für jetzt) deswegen rathsam, weil es nie gut ist zu zerstören, ehe etwas Anderes völlig an die Seite getreten ist, und weil die ausländischen Besitzungen Frankfurths bei einer Aufhebung der Universität leicht eingezogen werden könnten. Wären indess diese Besitzungen einmal veräussert, und hätte sich Berlin auch als schlichte und einfache Universität bewährt; so könnte durch die Aufhebung Frankfurths alsdann das bewirkt werden, was allerdings das Wünschenswürdigste wäre, dass nämlich Berlin und Königsberg die beiden einzigen Universitäten der Preussischen Staaten blieben. Bis dahin müsste Frankfurth, jedoch nur mit wenig Aufwand, und bloss durch Berufung von immer und überall brauchbaren Männern, nicht durch Anlegung von Instituten verbessert werden.

Die Kosten der Unterhaltung und Vermehrung so vieler ansehnlichen Institute, als hier verbunden werden sollen, können nicht anders als sehr bedeutend seyn, und sind es, wenn man die ehemals zersplittert und einzeln gezahlten Summen, welche auf beide Akademien, die Sammlungen und Halle verwendet wurden, berechnet, immer gewesen.

Nach einer zwar nur ungefähren, allein weder zu reichlichen, noch allzu sparsamen Berechnung, lassen sie sich zu 150 000 Thlrn. jährlich anschlagen, wobei für die Akademie der Wissenschaften nur auf einen Zuschuss zu den ihr eigenthümlich zugehörenden Einkünften gerechnet ist.

Die Section des öffentlichen Unterrichts ist weit entfernt, Ew. Königl. Majestät zu bitten, eine solche Summe auf die Königlichen Cassen anzuweisen. Es wird vielmehr immer für dieselbe ein Hauptgrundsatz bei ihrer Verwaltung seyn:

> sich zu bemühen, es nach und nach (weil es auf einmal freilich unmöglich ist) dahin zu bringen, dass das gesammte Schul- und Erziehungswesen nicht mehr Ew. Königl. Majestät Cassen zur Last falle, sondern sich durch eignes Vermögen und durch die Beiträge der Nation erhalte.

Die Vortheile dabei sind mannigfaltig. Erziehung und Unterricht, die in stürmischen, wie in ruhigen Zeiten gleich nothwendig sind, werden unabhängig von dem Wechsel, den Zahlungen des Staates so leicht durch die politische Lage und zufällige Umstände erfahren. Auch ein unbilliger Feind schont leichter das Eigenthum öffentlicher Anstalten. Die Nation endlich nimmt mehr Antheil an dem Schulwesen, wenn es auch in pecuniairer Hinsicht ihr Werk und ihr Eigenthum ist, und wird selbst aufgeklärter und gesitteter, wenn sie zur Begründung der Aufklärung und Sittlichkeit in der heranwachsenden Generation thätig mitwirkt.

Es würde daher am zweckmässigsten seyn, wenn die Universität und die mit ihr verbundenen Institute ihr jährliches Einkommen durch Verleihung von Domainen-Gütern erhielten. Die Nachtheile, welche man bei der Dotation öffentlicher Anstalten gewöhnlich von schlechter Verwaltung und von der durch die Veränderung der Preise entstehenden Veränderung des Quanti selbst besorgt, sind zwar nicht abzuleugnen, lassen sich aber durch mehrere Mittel vermindern.

Damit jedoch der Staat nicht diese Domainen verliere, so könnte ein gleicher Betrag an katholisch geistlichen Gütern in Schlesien und Westpreussen säcularisirt und zu Domainen gemacht werden. Nur muss die unterzeichnete Section Ew. Königl. Majestät allerunterthänigst bitten, sie nicht unmittelbar an diese Güter zu verweisen. Denn ausserdem, dass es wünschenswerth ist, dass die Berlinischen wissenschaftlichen Institute, die, ihnen durch die Königliche Milde zu verleihenden Güter in der Nähe besitzen, um durch keinen Zufall von ihren Einkünften getrennt zu werden, ist es aus den vorhin ausgeführten Gründen, und bei der Ungewissheit aller Ereignisse in der That wichtig, dass dies Eigenthum der Nation für ihre höchsten wissenschaftlichen Bedürfnisse sobald als nur immer möglich zugesichert werde. Die Säkularisation jener Güter aber dürfte im gegenwärtigen Augenblick weder in politischer noch finanzieller Rücksicht rathsam sein.

Die Section wagt es daher, bei Ew. Königl. Majestät ehrerbietigst darauf anzutragen

1. Die Errichtung einer Universität in Berlin und die Verbindung der in Berlin bereits existirenden wissenschaftlichen Insti-

tute und Sammlungen, die medicinischen mit eingeschlossen, und der Akademie der Wissenschaften und Künste mit derselben förmlich zu beschliessen und der Section des öffentlichen Unterrichts aufzugeben, einen Plan dazu zu entwerfen, und sogleich nach und nach zur Ausführung desselben zu schreiten, als die Disposition über die Einkünfte möglich sein wird;

2. diesen sämmtlich unter der alleinigen Direction der Section des öffentlichen Unterrichts zu verbindenden Anstalten so viele Domainen-Güter, als nöthig sind, ein sicheres und reichliches Einkommen von jährlichen 150 000 Reichsth. zu bilden, und das Prinz Heinrichssche Palais unter dem Namen des Universitäts-Gebäudes und den Ueberrest des grossen viereckigen Gebäudes, in welchem sich die Akademien jetzt befinden, das ihnen aber jetzt nicht ganz gehört, zu verleihen, und dabei festzusetzen, dass diese Güter und Gebäude auf ewige Zeiten hinaus Eigenthum dieser Anstalten, und wenn dieselben einmal aufhören sollten, ein für die Unterhaltung und Verbesserung des Schulwesens bestimmtes Eigenthum der Nation bleiben sollen;

3. den von der Section anzufertigenden Vertheilungsplan dieser Güter der allerhöchsten Genehmigung vorzubehalten;

4. festzusetzen, dass zwar die Einkünfte dieser Güter vom Tage der Urkunde an zu laufen anfangen, und zugleich Eigenthum der Anstalten seyn, jedoch bis zur wirklichen successive von Ew. Königl. Majestät allergnädigst nachzugebenden Verwendung als ein dem Staat gemachtes Darlehn zur Disposition des Finanz-Ministerii bleiben sollen;

5. wegen dieser Verwendung, dass für jetzt soviel disponible gemacht werde, als erforderlich ist, die etatsmässigen Ausgaben der Akademie der Wissenschaften zu leisten, die Mitglieder der Akademie der Künste wieder in ihre nun schon seit so langer Zeit entbehrten Besoldungen einzusetzen, der Königlichen Bibliothek einigen Zuschuss zu den nothwendigsten Ausgaben zu verleihen, einige schon für die Universität in Berlin bestimmte und jetzt auf andere Cassen angewiesene Gelehrte auf diesen

Etat zu übernehmen, und einige andere, nur etwa drei oder vier, auswärtige vorzüglich wichtige sogleich zu berufen, ehe sie anderweitige Verbindungen eingehen, – der Ueberrest aber, sobald die Lage des Staats es erlaube, gleichfalls ganz, oder in zwei oder drei Theilen zur Disposition der Section gestellt werde;

6. dem Gross-Canzler und Finanz-Minister aufzugeben, mit dem Ministerium des Innern und der Section des öffentlichen Unterrichts in demselben die nöthige Rücksprache zu nehmen, wie eine solche Domainen-Verleihung auf die sicherste, der Landesverfassung angemessenste und der Universität vortheilhafteste Weise eingeleitet werden könne;

7. endlich die 7000 Thlr. des ehemaligen Schlesischen Jesuiten-Fonds, von denen 5000 Thlr. Halle gehörten, 2000 Thlr. aber neuerlich von Ew. Königl. Majestät zur Verbesserung des Schulfonds bestimmt sind, von jetzt an zur Verbesserung der Universität Frankfurth zu bestimmen, bis vielleicht auch für Frankfurth, Königsberg und die übrigen wissenschaftlichen Anstalten, welche jetzt Zuschüße aus Königlichen Cassen erhalten, statt dieser Zuschüße Domainen-Verleihung einzuführen für rathsam erachtet wird.

Die Section des öf. Unterr.
Humboldt

AN FRIEDRICH AUGUST WOLF.

Königsberg, 31. Juli 1809

[...] Ich kann von mir sagen, daß ich jetzt durchaus in unserm Geschäft lebe. Je mehr ich hineinkomme, desto mehr sehe ich ein, daß meine Vorgänger eigentlich von dem Umfang des ihnen anvertrauten Geschäfts keinen Begriff hatten. Sie dachten nicht einmal daran, sich Mitarbeiter zu schaffen, und Stellenbesetzungen und meist noch sehr kleinliche Geldarrangements war alles, worauf sie sich einließen. Damit allein aber ist wenig getan. Es muß Einheit in den Bestrebungen und ein guter lebendiger Geist herrschen; es müssen Grundsätze festgestellt, ausgeführt und durch die Ausführung selbst wieder berichtigt werden, und darum kommt es erstaunlich darauf an, nicht die krummen und einseitigen Ansichten eines einzelnen, sondern das gemeinschaftliche Nachdenken mehrerer an die Spitze zu stellen. Darum behandle ich mit jedem Tage die Sektion mehr als Sektion, räume, ohne es auszusprechen, der gemeinschaftlichen Meinung den Vorzug vor der einzelnen, selbst der meinigen, ein, und vertilge, so viel ich kann, das fatale ehemalige Ministerwesen, wo man nur den Einzelnen als allmächtig für sein Fach ansah und seine Räte höchstens als Leute betrachtete, die das Recht hatten, in den Wind zu reden. Sehr natürlich waren denn auch diese Räte von einem Geiste beseelt, wie wir ihn gekannt haben. Jede Meinung war modifiziert durch den Gedanken, ob sie auch bei dem Chef ausführbar sein werde, und selbst Subalternen, wie z. B. Schröder, hatten manchmal mehr Gewicht, als die wenigstens zum Ratgeben Bestellten. Bei uns ist dies um so nötiger, weil viele doch noch immer die Eitelkeit besitzen, lieber unter einem sogenannten Chef, als unter einem ordentlich und fest organisierten Kollegium zu stehen. Selbst die Passion, unmittelbar unter den König gesetzt zu sein, was gerade ebensoviel heißt, als von dem Menschen abzuhängen, der diese oder jene Kabinettsorder schreibt, vergeht den Leuten noch nicht, und die Akademie hätte nie, wie sie jetzt, wie ich höre, tut, aus ihrem allerdings sehr engherzigen und enggeistigen scripto diese bestimmte Bitte herausgelassen, wenn ich nicht in der Fehde mit Sack wegen der Kunstakademie einen so entschiedenen Sieg davon getragen und mit einem Schlage allem Kuratorunwesen ein Ende gemacht hätte.

Darum aber, lieber Freund, liegt mir nun auch so sehr daran, die Kollegien, mit denen ich arbeite, so gut als möglich zu machen, was zwar vorzüglich von den Personen, aber auch sehr viel und fast mehr von dem Geist abhängt, den man wirklich mit nicht schwerer Mühe, sobald man sich nur über Äußerlichkeiten und Egoismus hinwegsetzt, hineinbringen kann. Sowie ein Mensch fühlt, daß seine Stimme gilt, ist es ihm mehr Ernst um die Sache und handelt er selbst wenigstens mit voller Kraft. Die beiden Kollegien, auf die ich rechne, sind die Sektion selbst und die wissenschaftliche Deputation. Den Kultus lasse ich beiseite liegen und berühre ihn hier nicht. In der Sektion rechne ich für das, was eigentlich in höherem und tieferem Sinne Unterrichts- und Erziehungsgrundsatz ist, auf Sie, Süvern und, ich denke hinzusetzen zu können, auf mich, und ich glaube nicht, daß wir dazu eines Mitgliedes mehr bedürfen. Mit Süvern, gegen den Sie mit Unrecht sprechen, bin ich sehr zufrieden. Er hat viel Ernst, in eigentlich pädagogischen Dingen gute und tiefere Ansichten, gerade die Arbeitsamkeit, die nötig ist, und dabei kann man denn andre Kleinigkeiten wohl übersehen. Zu den ökonomischen Angelegenheiten suche ich jetzt noch einen Mann, und dann kann es mit der Sektion vollkommen gehen.

Die wissenschaftliche Deputation liegt mir ebensosehr, fast noch mehr am Herzen [...]

Leben Sie herzlich wohl, mein teurer guter Freund! Mit inniger Freundschaft Ihr H.

DER KÖNIGSBERGER SCHULPLAN

27. September 1809

A. Ueber die mit dem Koenigsbergischen Schulwesen vorzunehmende Reformen.

1.

Wie vielerlei Arten von Schulen soll es geben? wie viele von jeder Art? und welche?

Man ist sowohl in dem Möllerschen, als Hoffmannschen Plane, die beide viele zweckmässige Vorschläge enthalten, davon ausgegangen, dass es, ausser den Elementar- und gelehrten Schulen, noch Mittelschulen geben solle.

Diese Frage ist daher zuerst zu erörtern.

Ich bin dagegen.

Mittelschulen sollen entweder den Uebergang von den Elementar- zu den gelehrten Schulen ausmachen, so daß die letzteren gar keine sogenannten Bürgerklassen mehr haben; oder als eine eigne Art der Schulen für diejenigen bestimmt seyn, welche auf eigentlich wissenschaftliche Bildung und besonders auf Universitäts Studium Verzicht thun, oder endlich beide Zwecke zugleich erfüllen.

Die Trennung der Bürgerklassen von den gelehrten in zwei verschiedenen Anstalten stört offenbar die so nothwendige Einheit des Unterrichts, der in der Wahl der Lehrgegenstände, in der Methode und der Behandlung der Schüler von dem Augenblick an, wo das Kind die ersten Elemente gefasst hat, bis zu der Zeit wo der Schulunterricht aufhört, in einem so ununterbrochnen Zusammenhange stehen muss, dass Klasse auf Klasse und halbes Jahr auf halbes Jahr berechnet sey. Die Mittelschulen bei dieser Anordnung könnten, indem sie nach vollendetem Elementarunterricht anfiengen, und bei dem Beginnen des höheren gelehrten aufhören sollten, schlechterdings nur ein Stück des Unterrichts, und zwar ein, wenigstens in Absicht der Gränze nach oben, willkührlich abgeschnittenes behandeln. Es liegt nun aber in der Natur der Sache, dass eine Anstalt, die ganz dasselbe mit einer andern, dies aber nur bis zu einem gewissen Punkte treiben soll, also so dass sie ihr Complement immer ganz ausser sich sieht, auch innerhalb des bestimmten Punktes schlecht werde.

Es giebt, philosophisch genommen, nur drei Stadien des Unterrichts:

Elementarunterricht
Schulunterricht
Universitätsunterricht.

Der Elementarunterricht soll bloss in Stand setzen, Gedanken zu vernehmen, auszusagen, zu fixiren, fixirt zu entziffern, und nur die Schwierigkeit überwinden, welche die *Bezeichnung* in allen ihren Hauptarten entgegenstellt. Er ist noch nicht sowohl Unterricht, als er zum Unterricht vorbereitet, und ihn erst möglich macht. Er hat es also eigentlich nur mit Sprach-, Zahl- und Mass-Verhältnissen zu thun, und bleibt, da ihm die Art des Bezeichneten gleichgültig ist, bei der Muttersprache stehen. Wenn man, und mit Recht, noch andern Unterricht geographischen, geschichtlichen, naturhistorischen hinzufügt, so geschieht es theils um die durch den Elementarunterricht entwickelten, und zu ihm selbst nöthigen Kräfte durch mannigfaltigere Anwendung mehr zu üben, theils weil man für diejenigen, welche aus diesen Schulen unmittelbar ins Leben übergehen, den blossen Elementar-Unterricht überschreiten muss.

Der Zweck des Schulunterrichts ist die Uebung der Fähigkeiten, und die Erwerbung der Kenntnisse, ohne welche wissenschaftliche Einsicht und Kunstfertigkeit unmöglich ist. Beide sollen durch ihn vorbereitet; der junge Mensch soll in Stand gesetzt werden, den Stoff, an welchen sich alles eigne Schaffen immer anschliessen muss, theils schon jetzt wirklich zu sammeln, theils künftig nach Gefallen sammeln zu können, und die intellectuell-mechanischen Kräfte auszubilden. Er ist also auf doppelte Weise, einmal mit dem Lernen selbst, dann mit dem Lernen des Lernens beschäftigt. Aber alle seine Functionen sind nur relativ, immer einem Höheren untergeordnet, nur Sammeln, Vergleichen, Ordnen, Prüfen u.s.f. Das Absolute wird nur angeregt, wo es, wie es gar nicht fehlen kann, selbst in einem Subjecte zur Sprache kommt. Der Schulunterricht theilt sich in linguistischen, historischen und mathematischen; der Lehrer muss immer beobachten, bei welchem von diesen dreien der Schüler mit vorzüglicher Aufmerksamkeit verweilt, allein auch streng darauf sehen, dass der Kopf für alle drei zugleich gebildet werde. Denn die Schule soll eng verbinden, damit die Universität zu besserer Verfolgung des Einzelnen, ohne Schaden eilen könne. Der Schüler ist reif, wenn er so viel bei andern gelernt hat, dass er nun für sich selbst zu lernen im Stande ist. Sein Sprachunterricht z. B. ist auf der Schule geschlossen, wenn er dahin gekommen ist, nun mit eigner Anstrengung und mit dem Gebrauche der vorhandenen Hülfsmittel jeden Schriftsteller, insoweit er wirklich verständlich ist, mit Sicherheit zu verstehen, und sich in jede gegebene Sprache, nach seiner allgemeinen Kenntnis vom Sprachbau überhaupt, leicht und schnell hinein zu studiren.

Wenn also der Elementarunterricht den Lehrer erst möglich macht, so wird er durch den Schulunterricht entbehrlich. Darum ist auch der Universitätslehrer nicht mehr Lehrer, der Studirende nicht mehr Lernender, sondern dieser forscht selbst, und der Professor leitet seine Forschung und unterstützt ihn darin. Denn der Universitätsunterricht setzt nun in Stand, die Einheit der Wissenschaft zu begreifen, und hervorzubringen, und nimmt daher die schaffenden Kräfte in Anspruch. Denn auch das Einsehen der Wissenschaft als solcher ist ein, wenn gleich untergeordnetes Schaffen. Daher hat der Universitätsunterricht keine Gränze nach seinem Endpunkt zu, und für die Studirenden ist, streng genommen, kein Kennzeichen der Reife zu bestimmen. Ob, wie lange, und in welcher Art derjenige, der einmal im Besitze tüchtiger Schulkenntnisse ist, noch mündlicher Anleitung bedarf? hängt allein vom Subject ab. Das Collegienhören selbst ist eigentlich nur zufällig; das wesentlich Nothwendige ist, dass der junge Mann zwischen der Schule und dem Eintritt ins Leben eine Anzahl von Jahren ausschliessend dem wissenschaftlichen Nachdenken an einem Orte widme, der Viele, Lehrer und Lernende in sich vereinigt.

So wie es nun bloss diese drei Stadien des Unterrichts giebt, jedes derselben aber unzertrennt ein Ganzes macht, so kann es auch nur drei Gattungen *auf einander folgender* Anstalten geben, und ihre Gränzen müssen mit den Gränzen dieser Stadien zusammenfallen, nicht dieselben in der Mitte zerschneiden.

Auch ist die Idee zur Absonderung wohl nur daher entstanden, dass man sich unter Mittelschulen eine eigne Gattung von Schulen, die auf andre Kenntnisse, als die gelehrten Rücksicht nehmen, gedacht und nun besorgt hat, die gelehrten durch Verbindung beider zu verwickelt zu machen. Allein auch in dieser zweiten Absicht, dass die Mittelschulen für diejenigen, die auf höheren Unterricht Verzicht leisten, bestimmt seyn sollen, bestreite ich dieselben.

Da, um dies nur vorläufig zu bemerken, die Bestimmung eines Kindes oft sehr lange unentschieden bleibt, so bringen sie den Nachtheil hervor, dass leicht Verwechslungen vorgehen, der künftige Gelehrte zu lange in Mittelschulen, der künftige Handwerker zu lange in gelehrten verweilt, und daraus Verbildungen entstehen.

Aber ich läugne auch die Möglichkeit, ihnen auf eine zweckmässige Weise eine wesentlich verschiedne Einrichtung zu geben, und es ist leicht zu zeigen, dass die durch ihren Mangel entstehende Lücke vollkommen durch andre Einrichtungen ausgefüllt werden kann.

Der Unterschied zwischen den Mittel- und gelehrten Schulen soll entweder in der Wahl der Lehrgegenstände, oder in der Methode bestehen. Man hat überdies in beider Hinsicht bei ihnen eine doppelte Classe von Menschen im Auge, einmal die ärmere, die darum höherer Bildung entsagen muss, dann diejenige, welche sich nicht dem Universitätsstudium widmet. Allein beide lassen sich nach gleichen Grundsätzen beurtheilen.

Bei der Wahl der Lehrgegenstände schliesst man einige aus, und dies Loos trifft darin gewöhnlich beide alte Sprachen, oder eine derselben, nimmt andre auf, wie mehr neuere Sprachen, Technologie und Statistik u.s.f. und macht die zur Hauptsache, die man sich in den gelehrten Schulen als Nebensache denkt, wie Geographie, Geschichte, Physik u.s.f.

Allein man vermischt auf diese Weise immer auf eine klägliche Weise die vom Schulunterricht allemal zu fordernde allgemeine Uebung der Hauptkräfte des Geistes und die Einsammlung der künftig nothwendigen Kenntnisse, welche zum wirklichen Leben vorbereitet, da es hingegen allgemeiner Grundsatz seyn sollte:

Die Uebung der Kräfte auf jeder Gattung von Schulen allemal vollständig und ohne irgend einen Mangel vorzunehmen, alle Kenntnisse aber, die sie über-

haupt wenig oder zu einseitig befördern, wie nothwendig sie auch seyn mögen, vom Schulunterricht auszuschliessen, und dem Leben die speciellen Schulen vorzubehalten.

Auch würden diese Realschulen (und je besser und vornehmer sie wären, je mehr) nach und nach alle Disziplinen der gelehrten an sich reissen; viele Schüler würden Lateinisch, manche Griechisch lernen wollen, nur würde eigentliche Gelehrsamkeit vermieden werden, man würde Griechisch und Lateinisch wie Französisch und Englisch gleichsam aus dem Gebrauch und kursorisch lernen, viele Sprachen gewissermassen besitzen, und von keiner einen eigentlichen Begriff haben. Denn es ist sicher ein Vorurtheil, dass, wenn man (und kaum die) einige Kleinigkeiten (wie z. B. im Griechischen die Accentuation) abrechnet, ein künftiger Kritiker im Anfange auf andre Weise Griechisch lernen müsse, als jeder andre. Beide sollen mit Sicherheit verstehen, nicht rathen; und in der bestimmten Sprache die Sprache überhaupt anschauen. Ihre Wege gehen allerdings, aber immer erst spät, aus einander.

Ebensowenig lässt sich ein wesentlicher Unterschied in der Methode denken. Die Betrachtung der Länge oder Kürze der Jahre, welche in der Mittel- und in der gelehrten Schule dem Unterricht gewidmet wird, rechtfertigte einen solchen noch am meisten. Allein auch da lässt sich bei den Fundamenten nichts thun; nicht abkürzen, denn man bestimmt ja in jeder Disciplin die Menge des aufzunehmenden Stoffs im Verhältniss zu der Kraft, die er üben, und die ihn verarbeiten soll; nicht übereilen, denn die Entwicklung erfordert ihre natürliche Weile. Das Einzige, was hier geschehen könnte, wäre wieder dem Leben vorgreifen; man könnte nemlich, was in der gelehrten Schule nach Gründen gezeigt wird, in der Mittelschule mechanisch beibringen, z. B. chemische Mischungen, Rechnungsformeln u.s.f. Allein dies hiesse durchaus die Gränzen des Schulunterrichts verlassen, die zur Bildung bestimmte Zeit zur Abrichtung misbrauchen und die Köpfe verderben. Alle den gelehrten, als solchen, entgegengesetzte Mittelschulen sind also im besten Sinne Verbindungen allgemeiner Schulen mit speciellen, woraus, meiner Ansicht nach, immer Misgeburten entstehen.

Um dagegen alle Nachtheile, um derentwillen man sie einführen will, zu vermeiden, muss man nur überhaupt und bei den gelehrten für folgende Dinge sorgen.

1. dass es wenigstens in jeder grösseren Stadt eine oder einige so vorzügliche Elementarschulen gebe, dass es für keinen Nachtheil angesehen werden kann, wenn auch viele Bürger allein sie und nie eine andere Schule besuchen. Und wenn man bedenkt, dass der Elementarunterricht, wie er jetzt hier genommen wird, alles in sich fasst, wovon die Klarheit und Bestimmtheit der Begriffe abhängt, worauf, wie auf einem Fundament, die höchste Mathematik ruht, und was die Einbildungskraft zu den beiden Hauptgattungen der Kunst, der bildenden, und musikalischen, anregt, und dass dies alles auf eine die Empfindung stark bewegende Weise behandelt wird, so dürfte man gewiss in Versuchung gerathen, diese Erziehung der auf manchen unsrer jetzt berühmten Gymnasien vorzuziehen.

2. dass für die Güte der unteren, oder Bürgerklassen der gelehrten Schulen ebensosehr, als für die der höheren gesorgt werde; man aber den eigentlichen Elementarunterricht von ihnen absondere. Nehmen sie diesen auch nur einigermassen mit auf, so werden die eigentlichen Elementarschulen bald als Volksschulen im verächtlichen Sinne des Worts angesehen, was ihrer Verbesserung sehr nachtheilig ist. Folgen diese gut organisirten unteren Classen auf gute Elementarschulen, so lässt sich für sehr viele Zwecke des Lebens der Unterricht sehr gut bei ihnen beschliessen.

3. dass die gelehrten Schulen nicht bloss lateinische seyen, sondern der historische und mathematische Unterricht gleich gut und sorgfältig mit dem philologischen behandelt werde. Gegenwärtig, wo es sehr oft hieran mangelt, entsteht der

Nachtheil, dass derjenige, welcher für Sprachunterricht weniger Sinn hat, entweder die Schule zu früh verlassen oder unnütz auf derselben verweilen muss.

4. dass der Sprachunterricht wirklich Sprachunterricht und nicht, wie jetzt so oft, eine mit Alterthums und historischen Kenntnissen verbrämte, und hauptsächlich auf Uebung gestützte Anleitung zum Verständniss der classischen Schriftsteller sey. Denn die Kenntniss der Sprache ist immer, als den Kopf aufhellend, und Gedächtniss und Phantasie übend, auch unvollendet nützlich, die Kenntniss der Literatur hingegen bedarf, um es zu werden, einer gewissen Vollständigkeit, und anderer günstiger Umstände.

5. dass die Klassenabtheilung nicht durchweg, sondern nach den Hauptzweigen der Erkenntniss gehe, und die Lehrer erlauben und begünstigen, dass der Schüler, wie ihn seine Individualität treibt, sich des einen hauptsächlich, des andern minder befleissige, wofern er nur keinen ganz vernachlässigt. Eine Verschiedenheit der intellectuellen Richtung auf Sprachstudium, Mathematik und Erfahrungskenntnisse ist einmal unläugbar vorhanden, und es wäre ebenso wunderbar nur Eine begünstigen, als, sie in verschiedene Anstalten verweisend, sie noch mehr spalten zu wollen. Bloss die letztere muss man nie dulden, ohne sie fest an eine der andern zu knüpfen, da sie sonst nach und nach auch die Möglichkeit wahrer Wissenschaft in einem Kopfe zerstört.

6. dass es viele Special-Schulen gebe und kein bedeutendes Gewerbe des bürgerlichen Lebens eine entbehre. Was man in Bürgerschulen in Technologie lehrt, liesse sich sehr gut mit den Kunstschulen, in denen ja viele Handwerker schon jetzt unterrichtet werden, verbinden. Ausserdem könnten sie, wie in Berlin geschieht, technische und chemische Vorlesungen hören, und da viele doch wandern und reisen, so schadete es nichts, wenn diese nur an einigen Orten der Monarchie zu finden wären. Ackerbau-Handels-Steuermannsschulen giebt es schon

jetzt. Ebenso Anstalten für nicht wissenschaftlich gebildete Aerzte u.s.f.

Auf diese Weise sehe ich keinen Mangel, dem durch eine Mittelschule abgeholfen werden müsste. Der ganz Arme schulte seine Kinder in die wohlfeilsten, oder unentgeldlichen Elementarschulen; der weniger Arme in die besseren, oder wenigstens theureren. Wer noch mehr anwenden könnte, besuchte die gelehrten Schulen, bliebe bis zu den höheren Classen, oder schiede früher aus, triebe mehr Sprachunterricht oder mehr gemeinhin realen genannten. Auf diesen Schulunterricht folgten die Universität, eine Specialschule oder der Eintritt in das bürgerliche Leben selbst. Jeder, auch der Aermste, erhielte eine vollständige Menschenbildung, jeder überhaupt eine vollständige, nur da, wo sie noch zu weiterer Entwicklung fortschreiten könnte, verschieden begränzte Bildung, jede intellectuelle Individualität fände ihr Recht und ihren Platz, keiner brauchte seine Bestimmung früher als in seiner allmäligen Entwicklung selbst zu suchen, die meisten endlich hätten, auch indem sie die Schule verliessen, noch einen Uebergang vom blossen Unterricht zu der Ausführung in den Special Anstalten.

Nur noch ein Paar Winke jetzt über die Erlernung der alten Sprachen. Von dem Grundsatz ausgehend, einmal dass die Form einer Sprache, als Form, sichtbar werden muss, und dies besser an einer todten, schon durch ihre Fremdheit frappirenden, als an der lebendigen Muttersprache geschieht, dann dass Griechisch und Lateinisch sich beide gegenseitig unterstützen müssen, würde ich festsetzen:

dass alle Schüler, ohne Ausnahme, beide in der untersten Classe jede schlechterdings lernen müssten, es sey nun, dass sie beide zugleich, oder eine, und welche? zuerst anfiengen, damit keinen, wenn er nachher Lust erhält, die ersten Fundamente aufhalten, und auch keinen etwas ganz Unbekanntes zurückstösst,

dass, nach absolvierter untersten Classe, es zwar von jedem

abhängt, mit Zustimmung seiner Eltern oder Vormünder, eine aufzugeben, er aber die andere nothwendig forttreiben muss, auch wenn er nicht das Studium beider verbindet, niemals, welche Fortschritte er auch mache, in Rücksicht auf Sprachstudium eine Prämie oder Auszeichnung erhalten könne.

In Absicht des Hebräischen muss allerdings mehr Freiheit Statt finden. Allein es müsste gleichfalls sehr befördert werden, nicht bloss der Theologen wegen, sondern auch, weil sein grammatischer und lexikalischer Bau auf den ersten Anblick sehr von dem des Griechischen abweicht, nah verwandt ist mit dem Bau der Sprachen wilder Völker, und daher den Begriff von der Sprachform überhaupt nach einer sonst fast unbekannt bleibenden Seite hin erweitert.

Nach dieser allgemeinen Erörterung würde ich daher hier nur Elementar- oder Bürger- und gelehrte Schulen bestehen lassen. Da indess die Bürgerschulen nothwendig von sehr verschiedener Güte, einige sehr beschränkt, andere sehr gut und vollständig seyn würden, so können diese letzteren gewissermassen für das gehalten werden, was man mit den Mittelschulen abgezweckt hat. [...]

DER LITAUISCHE SCHULPLAN

Königsberg, 1809

[...] Alle Schulen aber, deren sich nicht ein einzelner Stand, sondern die ganze Nation, oder der Staat für diese annimmt, müssen nur allgemeine Menschenbildung bezwekken. – Was das Bedürfniss des Lebens oder eines einzelnen seiner Gewerbe erheischt, muss abgesondert, und nach vollendetem allgemeinen Unterricht erworben werden. Wird beides vermischt, so wird die Bildung unrein, und man erhält weder vollständige Menschen, noch vollständige Bürger einzelner Klassen.

Denn beide Bildungen – die allgemeine und die specielle – werden durch verschiedene Grundsätze geleitet. Durch die allgemeine sollen die Kräfte, d. h. der Mensch selbst gestärkt, geläutert und geregelt werden; durch die specielle soll er nur Fertigkeiten zur Anwendung erhalten. Für jene ist also jede Kenntniss, jede Fertigkeit, die nicht durch vollständige Einsicht der streng aufgezählten Gründe, oder durch Erhebung zu einer allgemeingültigen Anschauung (wie die mathematische und ästhetische) die Denk- und Einbildungskraft, und durch beide das Gemüth erhöht, todt und unfruchtbar. Für diese muss man sich sehr oft auf in ihren Gründen unverstandenes Resultate beschränken, weil die Fertigkeit da seyn muss, und Zeit oder Talent zur Einsicht fehlt. So bei unwissenschaftlichen Chirurgen, vielen Fabrikanten u.s.f. Ein Hauptzweck der allgemeinen Bildung ist, so vorzubereiten, dass nur für wenige Gewerbe noch unverstandene, und also nie auf den Menschen zurück wirkende Fertigkeit übrigbleibe.

Die Organisation der Schulen bekümmert sich daher um keine Kaste, kein einzelnes Gewerbe, allein auch nicht um die gelehrte – ein Fehler der vorigen Zeit, wo dem Sprachunterricht der übrige geopfert, und auch dieser – mehr der Qualität, als Quantität nach – zum äussern Bedarf (in Erlangung der Fertigkeit des Exponirens und Schreibens) nicht zur wahren Bildung (in Kenntniss der Sprache und des Alterthums) getrieben wurde.

Der allgemeine Schulunterricht geht auf den Menschen überhaupt, und zwar.

als gymnastischer
ästhetischer
didaktischer und in dieser letzteren Hinsicht wieder
als mathematischer
philosophischer, der in dem Schulunterricht
nur durch die Form der Sprache rein,
sonst immer historisch-philosophisch ist,
und
historischer

auf die Hauptfunktionen seines Wesens.

Dieser gesammte Unterricht kennt daher auch nur Ein und dasselbe Fundament. Denn der gemeinste Tagelöhner, und der am feinsten Ausgebildete muss in seinem Gemüth ursprünglich gleich gestimmt werden, wenn jener nicht unter der Menschenwürde roh, und dieser nicht unter der Menschenkraft sentimental, chimärisch, und verschroben werden soll.

Eher könnte es scheinen, dass bei der allmählig fortschreitenden Bildung die Methode insofern verschieden seyn müsste, als sich das Ziel derselben durch Unterricht als weit oder nahe gesteckt voraussehen lässt. Allein auch hier scheint mir der Unterschied nicht bedeutend. Bleibt man fest dabei stehen, Zahl und Beschaffenheit der Unterrichtsgegenstände nach der Möglichkeit der allgemeinen Bildung des Gemüths in jeder Epoche zu bestimmen, und jeden Gegenstand immer so zu behandeln, wie er am meisten und besten auf das Gemüth zurückwirkt, so muss eine ziemliche Gleichheit herauskommen. Auch Griechisch gelernt zu haben könnte auf diese Weise dem Tischler ebenso wenig unnütz seyn, als Tische zu machen dem Gelehrten. Indess lässt kleine Verschiedenheiten allerdings die Wahl des Stoffes, da jede Form nur an einem Stoffe geübt werden kann, zu und auf diese wird in der Folge auch Rücksicht genommen werden. Auch können die grellen Contraste immer vermieden werden, und es braucht nie dahin zu kommen, dass ein Handwerker Griechisch, kaum lateinisch gelernt habe.

Die Gränze des Unterrichts, da wo derselbe nicht seinen Endpunkt, die Universität, als die Emancipation vom eigentlichen Lehren (da der Universitäts-Lehrer nur von fern das eigene Lernen leitet) erreicht, kann nun durch nichts andres bestimmt werden, als durch die zu allem Unterricht nöthigen Bedingungen Kraft und Zeit. Soweit der Schüler das eine hergiebt, und zum andern Mittel hat, so weit kann der Lehrer ihn führen, und soweit muss der Staat dafür sorgen, dass er gebracht werden könne.

Die Pflicht der Schulbehörde bei der Organisation des Schulwesens ist nun, zu verhüten, dass der Schüler einen Weg mache der ihm unnütz seyn würde, wenn er ihn nun nicht auch noch weiter verfolgte. Leider aber ist dies fast immer jetzt bei unsern Schulen der Fall, wenn einer in *tertia* oder *secunda* stecken bleibt. Es wird aber nie Statt haben, wenn man (wie auf den sehr guten Schulen schon jetzt geschieht) beim Unterricht nicht auf das Bedürfnis des Lebens, sondern rein auf ihn selbst, auf die Kenntniss, als Kenntniss, auf die Bildung des Gemüths und im Hintergrunde auf die Wissenschaft sieht. Denn im Gemüth und in der Wissenschaft (die nur sein von allen Seiten vollständig gedachtes Object ist) steht jeder einzelne Punkt mit allen vorigen und künftigen in Contact, ist kein Anfang und kein Ende, ist alles Mittel und Zweck zugleich, und also jeder Schritt weiter Gewinn, auch wenn unmittelbar dahinter eherne Mauern gezogen würden.

Sind diese Grundsätze richtig und kommt man nun von ihnen auf die verschiedenen Gattungen der Schulen (Specialschulen immer ganz abgesondert), so ist wieder das erste und wichtigste Princip die Einheit und Continuität des Unterrichts in seinen natürlichen Stadien, da jede Theilung der Anstalt da, wo der Unterricht keine natürliche Theilung kennt, seine Folge zerreisst, Verschiedenheit in der Behandlung und dem Geiste derselben herhervorbringt, und selbst die Lehrer, die nur bis zu einem willkührlich angenommenen Punkt führen sollen, ungewiss und verwirrt macht.

Als natürliche Stadien aber kann ich nur anerkennen:

den Elementarunterricht
den Schulunterricht
den Universitätsunterricht.

Der Elementarunterricht umfasst bloss die Bezeichnung der Ideen nach allen Arten, und ihre erste und ursprüngliche Classification, kann aber, ohne Nachtheil, in dem Stoff zu dieser Form in Natur- und Erdkenntniss mehr oder minder Gegenstände mit aufnehmen. Er macht es erst möglich, eigentlich Dinge zu lernen, und einem Lehrer zu folgen.

Der Schulunterricht führt den Schüler nun in Mathematik, Sprach- und Geschichtskenntniss bis zu dem Punkte wo es unnütz seyn würde, ihn noch ferner an einen Lehrer und eigentlichen Unterricht zu binden, er macht ihn nach und nach vom Lehrer frei, bringt ihm aber alles bei, was ein Lehrer beibringen kann.

Der Universität ist vorbehalten, was nur der Mensch durch

und in sich selbst finden kann, die Einsicht in die reine Wissenschaft. Zu diesem SelbstActus im eigentlichsten Verstand ist nothwendig Freiheit, und hülfereich Einsamkeit, und aus diesen beiden Punkten fliesst zugleich die ganze äussere Organisation der Universitäten. Das Kollegienhören ist nur Nebensache, das Wesentliche, dass man in enger Gemeinschaft mit Gleichgestimmten und Gleichaltrigen, und dem Bewusstseyn, dass es am gleichen Ort eine Zahl schon vollendet Gebildeter gebe, die sich nur der Erhöhung und Verbreitung der Wissenschaft widmen, eine Reihe von Jahren sich und der Wissenschaft lebe.

Uebersieht man diese Laufbahn von den ersten Elementen bis zum Abgang von der Universität, so findet man, dass, von der intellectuellen Seite betrachtet, der höchste Grundsatz der Schulbehörde (den man aber selten aussprechen muss) der ist: die tiefste und reinste Ansicht der Wissenschaft an sich hervorzubringen, indem man die ganze Nation möglichst, mit Beibehaltung aller individuellen Verschiedenheiten, auf den Weg bringt, der, weiter verfolgt, zu ihr führt, und zu dem Punkte, wo sie und ihre Resultate nach Verschiedenheit der Talente und Lagen, verschieden geahndet, begriffen, angeschaut, und geübt werden können, und also den Einzelnen durch die Begeisterung, die durch reine Gesammtstimmung geweckt wird, zu Hülfe kommt.

Nicht überall aber kann der eigentliche Schulunterricht in Einer Anstalt vollendet dargestellt werden. Da indess diese Hindernisse nur zufällig sind, so ist auch, nach meiner Einsicht, jeder andere Unterschied, ausser dem oben angegebenen, nur ein zufälliger und nur als solcher zu behandeln.

Hieraus fliesst nun für die Schulbehörde der praktische Grundsatz:

an Orten, wo es gelehrte Schulen (d. h. solche, welche den Schulunterricht bis zu seinem Endpunkte führen) geben kann, müssen keine abgesonderte Bürger- sondern nur Elementarschulen seyn;

an Orten hingegen, wo dies nicht möglich ist, kann und muss es Bürgerschulen geben, welche indess dann nur die unteren Klassen der von ihnen abgesonderten gelehrten sind.

Wie es aber Pflicht jedes praktischen Verfahrens ist, dafür zu sorgen, dass die Einheit des Princips nicht die wohlthätige Mannigfaltigkeit der Wirklichkeit verschlinge, so können in dem ersten Falle Elementarschulen eine solche Ausdehnung erhalten, dass sie den Zögling gewiss weiter bringen als die Bürgerschulen von Einer Klasse des Plans. Nur müssen sie nie alsdenn ins Gebiet der gelehrten Schulen mit Unterricht im Lateinischen eingreifen. Sonst zerreissen sie die Einheit dieses Unterrichts. Auch in Geschichte müssen sie bei Gränzpunkten stehen bleiben. In der Mathematik aber können nur in solchem Fall die Talente des Lehrers und Schülers und die Zeit die Gränzen setzen. Es ist ein abgesondertes Fach, in dem der Begriff der Wissenschaft leichter errungen werden, und daher allgemeiner gewährt werden kann.

Aus gleichen Accommodationsmaximen muss im zweiten Fall die sogenannte Bürgerschule sich bequemen in Mathematik weiter zu gehen, als sonst die unteren Klassen der gelehrten thun würden, auch mehr bloss historische Kenntnisse aufzunehmen. [...]

AN FRIEDRICH AUGUST WOLF

Königsberg, den 13. Oktober 1809.

Es schmerzt mich recht tief, liebster Freund, daß ich so spät und auf einmal viele Ihrer Briefe beantworte, die mir eine innige und herzliche Freude gemacht haben. Sie glauben nicht, wie viel Sie mir durch Ihr häufiges und freundliches Schreiben gewähren. Es ist der einzige Ersatz für unsre leider noch immer unbestimmt fortdauernde Trennung. Allein, ich fühle es mit jedem Tage, nur ein schwacher Ersatz. Für mich, für unsre Freundschaft, für das Gemüt und die innere Empfindung kann man mit Recht behaupten, eigentlich keiner, und für die Geschäfte, wo mir Ihr Rat so oft so viel wert wäre, auch bei weitem kein hinlänglicher. Erst wenn wir zusammen in Berlin sind, können die Dinge eigentlich recht gut gehen, indes aber muß doch auch gehandelt werden. Wieviel mir das zu tun gibt, davon haben Sie keinen Begriff. Es ist die verschiedenartigste Tätigkeit, die man zugleich ausüben muß; andern kann ich doch nur die Ausführung überlassen, und auch da muß ich noch oft nachhelfen. Wo noch alles neu ist, wo noch nichts paßt und sich schickt, da ist schlechterdings die unmittelbare Leitung des Chefs an allen Ecken und Enden nötig. Daher habe ich nun zugleich zu kämpfen mit der Direktion und Abfertigung aller einzelnen Angelegenheiten im Erbrechen und Lesen, den Vorträgen, dem Revidieren der Konzepte und der Aufsicht auf Registratur und Kanzlei, mit der zweckmäßigen Einleitung der Hauptsachen, besonders neuer Reformen (mit Kleinigkeiten gebe ich mich selbst nie ab), da ich aus Erfahrung weiß, daß die wahrhaft wichtigen Dinge nie gehen, wenn ich nicht, meist mit schriftlichen Aufsätzen (von denen ich Ihnen schon mehrere habe schicken wollen) die Grundsätze angebe; dann mit dem Wichtigsten von allem, mit dem Nachsinnen über das, was geschehen muß, ohne daß es durch einzelne Eingaben hervorgelockt wird, dem Zusammenhalten und Fortbringen des Ganzen und endlich, was das Beschwerlichste und Zeitraubendste ist, mit dem Erhalten der persönlichen Verhältnisse, mit dem, was eigentlich die Politik der Geschäfte ist, ein um so schrecklicheres Kapitel, als wir hier eigentlich keine Verfassung haben und als es ohne Aufhören ein Aneinanderrennen der Menschen und Behörden gibt. In dies letzte Kapitel gehört auch der Hof, gehören Kabalen, Intrigen, denen jeder, ich nicht am wenigsten, ausgesetzt ist, und, wer weiß wie viele, odiosa. Damit fertig zu werden, oder nur wenigstens darin nicht stecken zu bleiben, ohne eigentlichen Freundesumgang, ohne den Rat, der, wie z. B. der Ihre, obgleich Sie für mich da sehr einzig stehn, außer der Rücksicht auf die Sache, noch die auf das Wohl und die Ehre der Person nimmt, dazu gehört, liebster Freund, wenigstens ein Sinn, der nicht von Unannehmlichkeiten ermüdet und nicht von Schwierigkeiten zurückgeschreckt wird, und das und daß ich mit den Menschen leichter fertig werde, mag mein größester Beruf zu meiner jetzigen, wahrlich nicht angenehmen Lage sein. Aber darum bedarf ich der Nachsicht in der Beurteilung. [...]

Im wahrhaft philologischen Studium bin ich seit unsrem Zusammensein und meinem Aufenthalt in Jena wohl nicht soviel mehr vorgerückt, als ich damals hätte erwarten können, und habe bloß, was mir da noch sehr fehlte, sehr viel mehr seitdem gelesen und wiedergelesen. Auch das ist mir ein Kummer, daß ich wohl fühle, daß mir jetzt ein anhaltendes Studium, wenn auch nur eines halben Jahres, nötig wäre, und daß es sogar Bedürfnis ist, wo möglich bald als Gelehrter in irgend einer Schrift aufzutreten. Allein Sie müssen auch - doch sei dies nicht zu meiner Rechtfertigung, sondern nur zu Ihrem Troste, wegen Ihres Anteils an mir gesagt - nicht vergessen, daß ich mich auf der einen Seite habe in vielerlei Fertigkeiten und Geschicklichkeiten zerstreuen und auf der andern auf einen Mittelpunkt konzentrieren müssen, der eigentlich nichts ausschließt. Ich habe im Ganzen von jeher mehr eine philosophische (womit ich hier gar nicht eine abgesondert metaphysische meine) Tendenz gehabt und in Fächern eigentlicher Gelehrsamkeit hätte ich schwerlich je viel geleistet. Auch läßt sich wohl behaupten, daß in meinem jetzigen Wirkungskreis mir dies nicht im Wege steht, sondern diese Eigentümlichkeit oft hilft. Nur ist sie mir selbst oft unangenehm und meinem Ruf nachteilig, da ich natürlich in jedem Fall nur mit dem einzelnen, der hier oder dort gilt, zu ringen habe, und das Verdienstliche, zu dem ich gelangen kann, sich nur im Ganzen zeigt und schwer übersehen läßt. Zuletzt aber kann ich nicht verhehlen, daß ich eine andre Eigentümlichkeit habe, die ich, selbst indem ich sie mißbillige, nicht ablegen kann, nämlich wenig auf meine Geschäftigkeit und auf alle Geschäftigkeit selbst und am wenigsten auf meinen Namen zu geben. Es ist und bleibt nun einmal ein Grundzug in mir, nur mich gern an allem nur irgend Möglichen zu versuchen und dadurch alles, auch das Heterogenste, kennen zu lernen und in innere oder äußere Verbindung zu setzen, auf die Resultate und ihr Gelingen unglaublich wenig Wert zu legen und von jeder, besonders einer irgend neuen, Tätigkeit unwiderstehlich angezogen zu werden. Dies möchte ich nur Ihnen sagen; denn eigentlich bricht das meinem ganzen Beruf zu einem irgend bedeutenden Amte den Stab, aber wahr ist es darum doch.

AN CAROLINE VON HUMBOLDT

Königsberg, 17. Oktober 1809

Du wirst meinen Brief aus Memel bekommen haben und wirst daraus wissen, wie es mit meiner öffentlichen Lage steht. Zu bleiben, was ich bin, ist peinlich, ungewiß und unangenehm. Ich muß Minister oder wieder Gesandter werden, oder nichts. Wenn Du hier wärest, würdest Du dieselbe Überzeugung haben. Mit den Ministern war in dieser Sache nichts anzufangen, sie wollen nicht an dem Jetzigen, wie unvollkommen es ist, rühren, sie sehen es ungern, wenn man sie in ihrem Schlaf weckt. Der König aber ist, wie ich jetzt immer mehr erfahre und fühle, tief und eigentlich gut und überaus richtig und hellsehend, ich entschloß mich also gleich, in Memel mit ihm zu sprechen. Nur die Gelegenheit zu finden, war schwer. So oft ich ihn auch sehe, so ist es nicht unbemerkt und nicht allein. Zu diesem Ball wurden nur junge Leute und niemand von der eigentlichen Regierung gebeten; ich kam, weil man sich gern einmal mit mir amüsiert, noch ein paar Stunden vor dem Anfang dazu. Ich habe dem König nun sehr rein meine Meinung gesagt, und er hat es sehr gut aufgenommen. Ich habe zwar angefangen, ihn zu bitten, mich ins auswärtige Departement zurückzuversetzen. Aber da er mich nach den Gründen fragte, so habe ich ihm sehr ruhig und sehr klar und ohne irgend jemandem zu schaden, die Mängel der jetzigen Verfassung auseinandergesetzt. Er war durchaus meiner Meinung, und ich versichere Dir, daß ich mit niemand, ohne Ausnahme, hätte verständiger darüber reden können. Ich habe ihm frei gesagt, daß ich glaubte, daß mein Departement ein Ministerium werden müßte, daß ich nicht die Meinung haben könnte, daß er es mir dann lassen würde und daß ich ihn deshalb, aber nur deshalb bäte, mich wieder zum Gesandten zu machen. Er hat mir gesagt, daß er gar nicht meinte, mir nicht das Departement lassen zu können, wenn es ein Ministerium würde, daß die Sache aber freilich zu wichtig sei, um sich gleich darüber zu entscheiden, daß es ihm aber lieb sei, meine Wünsche zu wissen, er werde zu rechter Zeit daran denken. Ich habe ihm, wie es wahr ist, freimütig gesagt, daß ich ihm auf immer und unverbrüchlich ergeben bin, daß ich meine und Deine Familienangelegenheiten darum hintansetze, daß ich es tun und seinen Dienst niemals verlassen werde, ohne dazu durch die Verhältnisse genötigt zu sein. Er ist hierauf und in jeder Rücksicht überaus gnädig gewesen und hat mir gesagt, daß auf jeden Fall bei einer Änderung ich nach meinen Wünschen berücksichtigt werden würde. Er hat mir geäußert, daß es ihm auch lieb gewesen sei, daß ich über die Verwaltung im allgemeinen mit ihm gesprochen. Daß er das ganze Gespräch gut aufgenommen, hat mir zugleich sein übriges Betragen gezeigt, da er nachher noch viel mit mir beim Zusehen des Tanzes gesprochen und gespaßt hat.

Es ist mir sehr peinlich, solche Schritte zu tun, ohne Deinen Rat zu haben. Du bist so klug und so gut. Wenn man Dir folgt, tut man immer das Rechte. Aber ich habe mich die ganze Reise über, wo ich viel allein und ungestört war, reiflich darüber bedacht und mich überzeugt, daß ich ein solches Gespräch wagen müßte. Es ist unendlich besser ausgefallen, als ich mir dessen schmeicheln konnte, und der erste Schritt ist nunmehr getan.

BERICHT DER SEKTION DES KULTUS UND UNTERRICHTS AN DEN KÖNIG

Dezember 1809

Durch die Reise, die ich mich, wider meinen Willen, zu unternehmen genöthiget sehe, verhindert, Ew. Königl. Majestät beim Ende des Jahres nahe zu sein, wage ich es, Allerhöchstdieselben ehrfurchtsvoll um die Erlaubniss zu bitten, den General-Bericht über die Geschäftsführung der mir anvertrauten Section schon gegenwärtig abstatten zu dürfen.

Es ist jetzt etwa ein Jahr, dass die Section des Cultus und öffentlichen Unterrichts ihre Thätigkeit begonnen hat, und ungefähr neun Monate, dass Ew Königl. Majestät mir die Leitung derselben anzuvertrauen huldreichst geruhet haben.

Die Nothwendigkeit, eine neue, nur erst entworfene Organisation durchzuführen, vieles zu ändern, was nur die Form des Geschäftsganges betrifft, und endlich die durch den Krieg verstopften Hülfsquellen fast aller wissenschaftlichen Anstalten wieder zu eröffnen, hat die Section einen grossen Theil dieser Zeit über auf eine Weise beschäftigt, die in diesem Bericht nicht erwähnt zu werden verdient. Schwierigkeiten, die aus der Neuheit der Verfassung und der getheilten Lage zwischen Königsberg und Berlin entstanden, haben sie anderes auszuführen verhindert. Indess hat sie den ihr vorgeschriebenen Zweck nie aus den Augen verloren und schon jetzt für denselben zu thun versucht, was nur irgend möglich war, und nur hiervon glaubt sie Ew. Königlichen Majestät Rechenschaft ablegen zu müssen, wenn sie sich genöthiget sehen sollte, mehr von ihrem Willen und den Grundsätzen zu reden, die sie sich zur Richtschnur genommen, als von dem Wenigen, was sie bisher auszuführen im Stande gewesen ist.

Der Wirkungskreis der Section des Cultus und öffentlichen Unterrichts ist von einem ungemein grossen Umfang; er umfasst zugleich die sittliche Bildung der Nation, die Erziehung des Volks, den Unterricht, der zu den verschiedenen Gewerben des Landes geschickt macht, die Verfeinerung, welcher die höheren Stände bedürfen, den Anbau der Gelehrsamkeit auf Universitäten und Akademien. Ich würde geglaubt haben, die Thätigkeit der Section nur auf eine nachtheilige Weise zu zerstreuen, wenn ich sie nach und nach auf alle diese Gegenstände einzeln gerichtet und nicht darüber gewacht hätte, immer mit derselben dasjenige im Auge zu behalten, wodurch alle jene einzelne Gegenstände von selbst gedeihen. Mein hauptsächlichstes Streben ist also nur, einfache Grundsätze aufzustellen, streng nach diesen zu handeln, nicht auf zu vielerlei Weise, aber bestimmt und kraftvoll zu wirken und das Uebrige der Natur zu überlassen, die nur eines Anstosses und einer ersten Richtung bedarf.

Die schwierige Aufgabe ist, die Nation geneigt zu machen und bei der Geneigtheit zu erhalten, den Gesetzen zu gehorchen, dem Landesherrn mit unverbrüchlich treuer Liebe anzuhängen, im Privatleben mässig, sittlich, religiös, zu Berufsgeschäften thätig zu sein und endlich sich gern, mit Verachtung kleinlicher und frivoler Vergnügungen, ernsthaften Beschäftigungen zu widmen.

Dahin aber gelangt die Nation nur dann, wenn sie auf der

einen Seite klare und bestimmte Begriffe über ihre Pflichten hat und diese Begriffe, vorzüglich durch Religiosität, in Gefühl übergegangen sind. Aus dieser Grundlage, die auch dem gemeinsten Volke unentbehrlich ist, entwickelt sich hiernach zugleich das Höchste in Wissenschaft und Kunst, das, auf einem andern Wege befördert, leicht in unfruchtbare Gelehrsamkeit oder schwärmerische Träumerei ausartet.

Das hauptsächlichste Bemühen muss daher dahin gehen, durch die ganze Nation, nur nach Massgabe der Fassungskraft der verschiedenen Stände, die Empfindung nur auf klaren und bestimmten Begriffen beruhen zu lassen und die Begriffe so tief einzupflanzen, dass sie im Handeln und dem Charakter sichtbar werden, und nie zu vergessen, dass religiöse Gefühle dazu das sicherste und beste Bindungsmittel an die Hand geben.

Die wohlthätigen Folgen aufgeklärter Religiosität und gut geordneter Erziehung recht eng zu verbinden, hat die Section auch noch eine andere dringende Veranlassung in der Langsamkeit gefunden, in der sonst die Erziehung allein mehr für die künftige als die jetzige Generation wirkt. Es ist durchaus ein Irrthum, wenn man glaubt, auch der beste Unterricht könne auf die Jugend seine wahrhaft heilsamen Folgen ausüben, wenn Moralität und Religiosität der Erwachsenen vernachlässigt bleiben.

Soll das Verbesserungsgeschäft der Nation mit Erfolg angegriffen werden, muss man es zugleich von allen Seiten beginnen, und nicht glauben, die jüngere Hälfte dem Vordertheil der ältern entreissen zu können. Wie also die Erziehung auf die Jugend, muss der Gottesdienst auf die Erwachsenen wirken, und nur wenn beide sich vollkommen unterstützen, ist der Erfolg erst wahrhaft segensreich. Denn es ist unleugbar, dass jetzt auf dem Lande die geringe Sorgfalt für die Erziehung der Kinder nachtheilig auf die Moralität erst der soeben der Schule entgangenen jungen Leute und dann auch der vollkommen Erwachsenen wirkt, und dass von wirklich streng und sittlich erzogenen Kindern von selbst eine moralische Scheu erst auf die noch nicht verdorbenen, nur gleichgültigen Eltern und dann auch auf die andern übergehen würde.

Auf diese Weise glaube ich Ew. Königl. Majestät versichern zu können, dass die Section zunächst und zuerst auf dasjenige ausgeht, was die Grundfeste aller Staaten ausmacht, und dass sie sich überall der einfachsten und natürlichsten Mittel, mit Uebergehung aller künstlichen, bedient, dass sie nirgend einseitig Gelehrsamkeit oder Verfeinerung, sondern die Verbesserung des Charakters und der Gesinnungen, nirgend einzelne Theile der Nation, sondern ihre ganze ungetrennte Masse vor Augen hat.

Die Abtheilung der Section für den Cultus ist am wenigsten bis jetzt im Stande gewesen, etwas zu thun, das einzeln aufgezählt werden könnte. Einen grossen Nachtheil hat sie in dem Mangel aller geistlichen Mitglieder bei ihrem Aufenthalte in Königsberg erfahren. Allein es ist überhaupt auch schwer, Religiosität durch einzelne geflissentliche Anstalten geradezu zu befördern.

Man hat mannigfaltige Vorschläge dazu gemacht, dem Gottesdienst mit Veränderung der bisherigen Liturgie mehr Feierlichkeit zu geben, den Geistlichen mehr äussere Ehre zu ertheilen, ja endlich wohl gar, zwar nicht durch eigentlichen Zwang, aber wenigstens durch eine an indirekte Nöthigung grenzende dringende Empfehlung zum Besuche des Gottesdienstes dem Uebel abhelfen zu wollen. Allein der protestantische Gottesdienst ist in seiner Einfachheit so ehrwürdig, dass der von dieser Einfachheit durchdrungene Zuhörer nur durch eine ihm gewissermassen fremd angehängte Sinnlichkeit in seiner Rührung und Erbauung gestört werden würde; der Geistliche, der eine andere Achtung suchen kann, als die unmittelbar aus der Würde seines Amtes herfliesst, zeigt schon dadurch, dass er seinen hohen Beruf verkennt, und alles endlich, was die Freiheit in Religionssachen im mindesten beschränkt, ist nicht nur Ew. Königl. Majestät billigen und toleranten Gesinnungen durchaus zuwider, sondern befördert auch unausbleiblich mehr oder minder versteckte Heuchelei und führt zu dem, alle ächte Religiosität untergrabenden Grundsatz, dass man nur erst den äussern Schein gewinnen müsse, um nach und nach auch zur innern Wahrheit zu gelangen.

Religiöse Gesinnungen allgemein zu verbreiten und in ihrer Reinheit zu erhalten, muss in einer Nation Vieles zusammenkommen, und die wichtigste Wirkung muss man von der Erziehung und der allgemeinen Bildung, vorzüglich von dem weiter oben erwähnten Bemühen, klare und bestimmte Begriffe so tief einzupflanzen, dass sie zugleich als Gefühle Triebfedern und als Grundsätze Richtschnur des Handelns werden, erwarten.

Denn ein natürliches, gesundes und sittlich reines Gefühl wird von selbst zu einem religiösen, und was der Religiosität entgegensteht, ist aus Verderbtheit des Herzens oder blossen Mangel an Ernst entspringende Unfähigkeit, sich zu höhern Ideen zu erheben, gleichgültige Gefühllosigkeit oder einseitige geistige philosophische oder gelehrte Bildung.

Geht eine solche Vorbereitung vorher, so muss allerdings nur wirkliche und unmittelbare Beförderung der Religiosität hinzutreten, und hier muss vorzüglich die Section für den Cultus geschäftig sein.

Allein hier ist, meiner Ueberzeugung nach, auch wieder, wenn nicht das Einzige, doch das Wichtigste, was sie thun kann, den geistlichen Stand in sich würdiger und auf seinem Standpunkt im Staat und in der Gesellschaft freier und angesehener zu machen. Der Erfolg hievon wird selbst nicht einmal so langsam sein, als es vielleicht scheinen könnte, da, sobald ein besserer Geist sich in einem Stande auch nur zu zeigen anfängt, er leicht und schnell sich allgemein verbreitet und die Verbesserung durch die Regierungen in allen Provinzen zugleich und durch Behörden, deren Aufmerksamkeit auf ein einzelnes, ihnen durchaus bekanntes Departement gerichtet ist, geschieht. [...]

Die Section des öffentlichen Unterrichts hat die Grundsätze, die ihr zur Richtschnur bei ihrer Geschäftsführung gedient haben, und die sie mehr praktisch bis jetzt befolgt als nachdrücklich ausgesprochen hat, auf die im Eingange dieses Berichts entwickelten Ideen gegründet.

Sie berechnet ihren allgemeinen Schulplan auf die ganze Masse der Nation und sucht diejenige Entwickelung der menschlichen Kräfte zu befördern, welche allen Ständen gleich nothwendig ist und an welche die zu jedem einzelnen Beruf nöthigen Fertigkeiten und Kenntnisse leicht angeknüpft werden können. Ihr Bemühen ist daher, den stufenartig verschiedenen Schulen eine solche Einrichtung zu geben, dass jeder Unterthan Ew. Königl. Majestät darin zum sittlichen Menschen und guten Bürger gebildet werden könne, wie es ihm seine Verhältnisse erlauben, allein keiner den Unterricht, dem er sich widmet, auf eine Weise empfange, die ihm für sein übriges Leben unfruchtbar und unnötig werde; welches dadurch zu erreichen steht, dass man bei der Methode des Unterrichts nicht sowohl darauf sehe, dass dieses oder jenes gelernt, sondern in dem Lernen das Gedächtniss geübt, der Verstand geschärft, das Urtheil berichtigt, das sittliche Gefühl verfeinert werde.

Auf diese Weise ist nun die Section zu einem viel einfachern Plan gelangt, als neuerlich in einigen deutschen Ländern beliebt worden ist. In diesen, namentlich in Bayern und Oestreich, hat man fast für jeden einzelnen Stand besonders zu sorgen gesucht. Meiner Ueberzeugung nach ist dies aber durchaus unrichtig und verfehlt selbst den Endzweck, den man dabei im Auge hat.

Es giebt schlechterdings gewisse Kenntnisse, die allgemein sein müssen, und noch mehr eine gewisse Bildung der Gesinnungen und des Charakters, die keinem fehlen darf. Jeder ist offenbar nur dann ein guter Handwerker, Kaufmann, Soldat und

Geschäftsmann, wenn er an sich und ohne Hinsicht auf seinen besondern Beruf ein guter, anständiger, seinem Stande nach aufgeklärter Mensch und Bürger ist. Giebt ihm der Schulunterricht, was hiezu erforderlich ist, so erwirbt er die besondere Fähigkeit seines Berufs nachher sehr leicht und behält immer die Freiheit, wie im Leben so oft geschiehet, von einem zum andern überzugehen.

Fängt man aber von dem besondern Berufe an, so macht man ihn einseitig, und er erlangt nie die Geschicklichkeit und Freiheit, die nothwendig ist, um auch in seinem Berufe allein nicht bloss mechanisch, was Andere vor ihm gethan, nachzuahmen, sondern selbst Erweiterungen und Verbesserungen vorzunehmen. Der Mensch verliert dadurch an Kraft und Selbständigkeit, und da mehrere Berufe, wie der des Soldaten und Geschäftsmannes, vom Staate abhängen, so ladet sich der Staat, wenn er Menschen ausschliessend zu diesen erzieht, die Last auf, diese auch dazu gebrauchen und versorgen zu müssen. Der Geschäftsdienst aber würde viel besser und Ew. Königl. Majestät weit erspriesslicher werden, wenn er gar nicht als eine Versorgung angesehen würde, wenn ihn jeder mehr aus Neigung zu einer wichtigern Thätigkeit als des Unterhalts wegen übernähme, und der Staat nicht, wenn er einen Menschen gern von seinem Posten entfernte, immer den leidigen Gedanken haben müsste, ihn um sein Brod zu bringen, sondern sich darauf verlassen könnte, dass ihm bei seinem Abgange ein anderer Erwerbszweig nicht fehlen würde.

Es tritt endlich die Schwierigkeit ein, dass sich der künftige Beruf oft nur sehr spät richtig bei einem Kinde oder jungen Menschen bestimmen lässt und dass sein natürliches Talent, das ihn vielleicht einem andern widmen würde, bald nicht erkannt, bald erstickt wird.

Die Section des öffentlichen Unterrichts lässt daher, so weit ihre Wirksamkeit reicht, die Spezial-Schulen für Handwerker, Kaufleute, Künstler u.s.f. überall dem allgemeinen Unterricht nachfolgen und hütet sich, die Berufsbildung mit der allgemeinen zu vermischen. Die allgemeinen Schulanstalten sieht sie als allein sich anvertraut an, über die Special-Schulen tritt sie mit den sich auf sie beziehenden andern Staatsbehörden in Verbindung.

Dem Plan der Section nach soll es daher auch in den Städten nur

Elementar- und gelehrte Schulen

geben. In den Elementar-Schulen soll nur gelehrt werden, was jeder als Mensch und Bürger nothwendig wissen muss, in den gelehrten sollen stufenweise diejenigen Kenntnisse beigebracht werden, die zu jedem, auch dem höchsten Berufe nothwendig sind, und der Grad der Ausbildung, den jeder erlangt, muss nur von der Zeit abhängen, die er in der Schule zubringt, und der Classe, die er darin erreicht. Da aber nicht alle Schüler einer Stadt gleich sein können noch gleich sein sollen, so wird es Elementar-Schulen geben, die, weil reichere Leute in derselben ein höheres Schulgeld für ihre Kinder bezahlen, dem Unterricht mehr Ausdehnung und Vollständigkeit geben können. Auf der andern Seite werden kleinere Städte, die nicht grosse bis zur Universität führende gelehrte Schulen haben können, Anstalten besitzen, auf denen nur ein Theil des Unterrichts der eigentlich gelehrten Schulen ertheilt wird.

Auf diese Weise wird es auch an denjenigen Schulen nicht fehlen, die man sonst Mittel- und Bürgerschulen zu nennen pflegt, und keinem Stand wird es an einer zu seiner Ausbildung bestimmten Unterrichtsanstalt mangeln. Nun wird überall Einheit des Planes sein, so dass der Uebergang von einer Schule zur andern ohne Lücke geschehen kann.

Die gelehrten Schulen hatten bisher den Fehler, dass die gelehrten Sprachen zu ausschliessend auf denselben getrieben und auf eine Weise behandelt wurden, dass, wenn der Unterricht nicht bis zu Ende verfolgt wurde, die darauf gewandte Zeit fast gänzlich verloren war.

Beidem kann und wird die Section abhelfen. Sie wird auf jeder gelehrten Schule, und hat hiezu schon den Anfang gemacht, den mathematischen und historischen Unterricht gleich gut mit dem in den alten Sprachen einrichten, so dass jeder Schüler, ohne dass ihm gestattet werde, einen von diesen darin ganz zu venachlässigen, sich nach seinem Talent einem wird vorzugsweise widmen können.

Bei dem Sprachunterricht aber wird die Section diejenige Methode immer allgemeiner machen, welche, wenn man auch die Sprache selbst wieder vergisst, doch ihre angefangene Erlernung, und nicht bloss als Gedächtnisübung, sondern auch zur Schärfung des Verstandes, zur Prüfung des Urtheils und zur Gewinnung allgemeiner Ansichten immer und auf die ganze Lebenszeit nützlich und schätzbar macht.

Ein besonderes Augenmerk richtet die Section darauf, dass Niemand von einer niedrigern Schule zu einer höhern und in dieser von einer Classe zur andern übergehe, ehe seine Fähigkeit zu diesem Uebergange gehörig geprüft ist und der bisherige Lehrer den Schüler dem folgenden mit der lebendigen Ueberzeugung übergeben kann, dass er die bisherige Stufe erreicht hat und nun zur nächsten reif ist. Der Uebergang zur Universität soll schlechterdings nie vor vollendetem 18. Jahre erlaubt sein.

Die Unterhaltung und Verbesserung des städtischen Schulwesens wünscht die Section mit Beibehaltung der jetzt durch Ew. Königl. Majestät Huld aus Staatskassen bewilligten Summen vorzüglich den städtischen Communen zu übertragen. Obgleich ein erster Versuch hierin hieselbst misslungen ist, muss ich Ew. Königl. Majestät dringend bitten, die Sache im Allgemeinen nicht aufzugeben. Sie ist nicht nur den Schulen nothwendig, denen sonst nicht zu helfen steht, sondern auch den Bürgern heilsam, die mehr Bürgersinn gewinnen, wenn sie Schulverbesserung als ihr Werk ansehen, mehr Interesse am Unterricht selbst nehmen, die gewiss bessere öffentliche Erziehung der Privat-Erziehung vorziehen, wenn ihre öffentlichen Schulen ihnen selbst einige, wenn gleich mässige, Kosten machen, und endlich moralischer werden, wenn sie für die Moralität ihrer Kinder mit einiger Aufopferung Sorge tragen. Auch darf man bei hier und dort vielleicht entstehendem Widerspruch nicht übersehen, dass, ehe sich wirklicher Gemeingeist gebildet hat, was von der gewiss trefflichen Städteordnung in so kurzer Zeit mit Recht noch nicht erwartet werden kann, Corporationen oft widersprechen, wo die einzelnen Mitglieder ihre Einstimmung (?) geben würden, und dass unter diesen die Gutgesinnten sich freuen, wenn den andern abgenöthiget wird, wozu sie auch durch die überzeugendsten Gründe nicht bewogen werden können.

Für das Elementar Schulwesen, vorzüglich auf dem Lande, hat die Section für den öffentlichen Unterricht vor meinem Antritte meines Amtes, als der Staatsrath Nicolovius der Section unter der unmittelbaren Leitung des Ministers des Innern vorstand, eine Veranstaltung getroffen, die meiner innersten Ueberzeugung nach überaus wohlthätige Früchte verspricht; ich meine die Berufung des Regierungsraths Zeller, die Stiftung des Normal-Instituts im hiesigen Waisenhause und die planmässige Verbreitung einer bessern Unterrichts-Methode über das ganze Land. Obgleich der Regierungsrath Zeller einige bedeutende Verbesserungen in der Pestalozzischen Methode vorgenommen hat, so ist auch seine Lehrart doch dem Wesentlichen nach Pestalozzisch.

Da ich nun aus eigener Erfahrung weiss, wie schwer es ist, sich von dieser Methode einen bestimmten und deutlichen Begriff zu machen, so verzeihen mir Ew. Königl. Majestät vielleicht, wenn ich es wage, in wenigen Worten die Eigenthümlichkeiten der Zellerschen Erziehungs- und Lehrweise anzugeben, dieselbe sei nun Pestalozzisch oder nicht. Denn die Section und ich dürfen gewiss zu Ew. Königl. Majestät das sichere Vertrauen hegen, dass Sie nicht glauben werden, dass wir eine neue Methode als solche, gleichsam versuchsweise, in Allerhöchstihre Staaten einzuführen gesonnen wären, sondern dass wir zwar denjenigen, der eine neue Verbesserung unternimmt, mit nöthiger Freiheit handeln lassen, allein schrittweise sein Verfahren prüfen und ihm nur so weit vorzuschreiten gestatten, als wir es unserer innersten Ueberzeugung nach zu billigen im Stande sind.

Die Eigenthümlichkeiten des Zellerschen Instituts lassen sich in Absicht auf die Erziehung der Zöglinge, ihren Unterricht und endlich die Absicht, diese Erziehung und diesen Unterricht weiter zu verbreiten, beurtheilen.

In Betracht der Erziehung zeichnet sich das Institut dadurch aus, dass

1. Erziehung und Unterricht durchaus und schlechterdings immer mit einander verbunden sind. Es werden keine eigentliche Lehrstunden gegeben, auf welche nun Freistunden, wie in andern Schulen, folgen.

Die Kinder sind den ganzen Tag beschäftiget, immer unter den Augen eines Lehrers, immer so, dass sie deutlich wissen, was sie thun wollen und auf welche Weise sie es anfangen müssen. Der Unterricht ist also fortdauernd in ihr ganzes Leben verwebt.

2. Die Erziehung wird unmittelbar auf religiöse Gefühle gegründet, auf Furcht und Liebe zu einem immer allgegenwärtigen höhern Wesen.

Belohnungen und Bestrafungen werden dadurch fast unnütz, körperliche Strafen werden durchaus nicht geduldet. Das gemeinsame, regelmässige, durch Wohlwollen und Liebe geleitete Leben, verbunden mit einem Gottesdienst und Religionsunterricht, der ihnen nur die einfachsten Vorschriften der Religion, die zehn Gebote und die ersten Lehren des Christenthums, vorlegt, übrigens aber auf das Herz wirkt, bringt die Kinder meistentheils von selbst zum Selbstbekenntniss, zur Reue und Besserung.

3. Die Kinder erziehen sich unter einander selbst und führen gegenseitig die Aufsicht eins über das andere.

Es giebt mehrere von ihnen besorgte Aemter; sie wechseln darin mit einander ab und wählen sich selbst dazu, und dies ist so wenig ein Spielwerk, dass es ohne diese Einrichtung wohl schwer sein dürfte, 30 Kinder allein von zwei Lehrern unterrichten und in Aufsicht halten zu lassen. Durch die Rechte und Pflichten eines Amtes gewöhnen sich die Kinder an Ordnung, Strenge und Gerechtigkeit.

4. Zu gleicher Zeit flösst eine andere Einrichtung ihnen gegenseitige Liebe ein. Die ältern nämlich oder verständigern sind Lehrer und Vormünder der jüngern und schwächern. Sie kommen ihnen nicht von der Seite, sie sorgen in jeder Art für sie, und es entstehen auf diese Weise früh Bande auf Sorge und Dankbarkeit gegründeter Zuneigung, wie sie sonst nur spät das wirkliche Leben bildet.

5. Es herrscht im ganzen Hause ein durchgängiger ununterbrochener Ernst, alles, mancher neuern Erziehungs-Methode eigne, Spielende und Tändelnde ist verbannt, allein der Ernst kann nie zurückschreckend sein, da überall Wohlwollen herrscht und Furcht verscheucht ist und jedes Kind der Freiheit geniesst, die unter Beobachtung des allgemeinen Gesetzes möglich ist:

Bei dem Unterricht geht

1. der Gesichtspunkt nicht, wie bisher gewöhnlich, davon aus, dass das Kind nur lesen, schreiben, rechnen u.s.f. lernen, sondern dass alle Hauptfähigkeiten seines Körpers und seiner Seele in möglichster Zusammenstimmung entwickelt und geübt werden, wodurch denn jene Fertigkeiten von selbst entstehen.

Dies macht den Unterschied, dass man bei der bisherigen Methode nur kurz und oft ohne Anführung selbst der unmittelbarsten Gründe die Art angiebt, wie z. B. diese oder jene Rechnung gemacht werden soll, bei der neuen hingegen das Kind übt, die

Zahlenverhältnisse überhaupt, durch welche hernach fast alle Rechnungen möglich sind, schnell und sicher aufzusuchen.

Bei jener Methode hat also der Schüler nur die wirklich erlernte Rechnung inne, kann sich, wenn ein etwas veränderter Fall kommt, nicht mehr helfen und vergisst ohne Uebung auch das Erlernte, hat überdies, ohne dass sein Verstand weiter an Kraft gewonnen hat, nur eine einzelne Fertigkeit erlangt. Der Schüler der neuen Lehrart hingegen weiss sich überall zu helfen und kann nie vergessen, weil er nichts eigentlich auswendig gelernt, sondern die Kraft erlangt hat, die wirklichen Zahlenverhältnisse einzusehen.

2. Hierdurch bestimmen sich nun auch die Gegenstände des Unterrichts: der Körper wird durch Leibesübungen gestärkt und entwickelt, Auge und Ohr durch Zeichnen und Musik zur Richtigkeit und Freiheit gewöhnt, der Kopf durch die Zahlenverhältnisse (von denen das Rechnen ein Theil ist), durch die Grössenverhältnisse (wobei die Elemente der Mathematik vorkommen), durch eine richtige Kenntniss der Muttersprache, die vorzüglich darauf hingeht, dass das Kind bei jedem Wort einen bestimmten und klaren Begriff habe, Kopf und Herz endlich durch Religionsunterricht und die Entwickelung der natürlichsten sittlichen Gefühle gebildet. Lesen und Schreiben sind dann eine natürliche Zugabe theils zum Sprach-, theils zum Zeichenunterricht, und mit den Leibesübungen sind Arbeiten, Anweisungen zu einigen der nothwendigsten Handwerke, Schneidern, Schuhmachen, Weben u.s.w., zum Garten- und Ackerbau verbunden. So lernt auch der Bauer und niedrige Städter schlechterdings nichts, was über seinen Kreis hinausginge. Denn wollte man auch jede andere Rücksicht vergessen, so sind die Grundbegriffe der Mathematik dem künftigen Landmann, Handwerker und Soldaten äusserst nützlich, ebenso das Zeichnen, und ein richtiger Gesang dient zur erbaulichen Abwartung des öffentlichen Gottesdienstes.

3. Um in jedem dieser Gegenstände den beabsichtigten Zweck

zu erreichen, muss alles nur irgend Mechanische entfernt werden, und es ist also der Hauptgrundsatz der ganzen Methode, dass das Kind immer das volle und deutliche Bewusstsein haben muss, was es in jedem Augenblick hört, sagt und thut, und warum so und nicht anders gehandelt wird.

Indem es so gezwungen und gewöhnt wird, von jeder, auch der kleinsten Sache Rechenschaft zu geben, lernt es zu gleicher Zeit klar denken, bestimmt *wollen* und vernehmlich sprechen.

Es entwickelt alle Begriffe aus sich selbst und erfindet sie gleichsam unter der Anleitung des Lehrers. Es lernt nichts auswendig und bedarf daher auch fast keiner Bücher und Unterrichtsmittel.

4. Es kommt also Alles darauf an, mit mathematischer Genauigkeit und Gewissheit angeben zu können, was das Kind wirklich gefasst hat und zum Begreifen von was es noch nicht gelangt ist. Drum ist der ganze Unterricht jedes Gegenstandes in gewisse Stufen vertheilt, und der Lehrer geht nie zu einer folgenden über, wann er nicht unumstösslich aller vorigen bei dem Lehrling gewiss ist.

5. Dadurch endlich, dass, wie im Vorigen bemerkt worden, die weiter vorgerückten Kinder die schwächern selbst unterrichten, werden sie jedes Lehrgegenstandes mächtiger, da sie, um sich ihren kleinen Lehrlingen verständlich zu machen, oft das auf verschiedene Art selbst Gelernte anders und anders herumdrehen müssen.

Eine solche klare, bestimmte und selbstthätige Unterrichts-Methode wirkt auch im Charakter wieder nothwendig auf deutlich erkanntes, bestimmtes und entschiedenes Handeln zurück.

So beschaffen, bietet nun diese Methode weit mehr als jede andere eine grosse Leichtigkeit dar, ähnlich eingerichtete Schulen auch in kurzer Zeit allgemeiner zu verbreiten. [...]

In Absicht der Censur hat die Section gesucht, den möglichst hohen Grad der Liberalität mit den Rücksichten zu verbinden, welche vorzüglich die Sicherheit des Staats erfordert. Auch hat sich glücklicher Weise kein wichtiger Fall ereignet, wo sie entweder hätte die Freiheit der Schriftsteller beschränken oder diese gegen die bestellten Censoren in Schutz nehmen müssen. Am zuträglichsten und auch dem Beispiele, das neulich ein benachbarter Staat gegeben hat, angemessen würde ich es halten, wenn das jetzige Censur-Edict ganz abgeschafft, die Censur für wissenschaftliche Werke und eigentliche Bücher ganz aufgehoben und bloss auf Zeitungen und diejenigen periodischen Schriften, die darauf berechnet sind, auf das Volk zu wirken, beschränkt würde. Ich habe nur in jeder Rücksicht ruhige Zeiten abwarten wollen, um einen Vorschlag zu wagen, welcher sich von Ew. Königl. Majestät gerechten, billigen und jeder gesetzmässigen Freiheit so günstigen Gesinnungen mit Recht eine huldreiche Aufnahme versprechen darf.

Dies wäre nunmehr ein kurzer Abriss dessen, was die Section des Cultus und öffentlichen Unterrichts in dem ihr angewiesenen Wirkungskreis theils wirklich geleistet hat, theils zu leisten gewünscht hätte. Es hat mir nothwendig geschienen, die Absichten und Plane derselben ausführlicher anzudeuten, damit Ew. Königl. Majestät genau von den Grundsätzen unterrichtet sind, nach welchen Angelegenheiten, die durch ihren wichtigen Einfluss auf das Glück und den Werth der Nation Ihrem Herzen theuer sind, verwaltet werden. Die Section erwartet jetzt, um in denselben fortzufahren oder sie anders zu modificiren, Ew. Königl. Majestät allergnädigste Befehle.

AN CAROLINE VON HUMBOLDT

Berlin, 7. April 1810

Ich habe diese Tage fürchterlich zu tun gehabt. Aber es ging nicht anders, und ich konnte es nicht hindern. Der König und die Königin beweisen mir wirklich ein sehr großes Zutrauen, und Du weißt, daß es einmal meine Art ist, wenn ich etwas übernehme, zu machen, daß man auf mich rechnen kann. Aber ungeachtet dieses Zutrauens ist auch meine individuelle äußere Lage sehr prekär, ich rede nicht mehr davon, weil das Reden über's Ungewisse nichts hilft, allein wenn sich eine Änderung zuträgt, erfährst Du es sogleich und auf einmal. Sei überzeugt indes, mein einzig teures Wesen, daß ich nicht unvernünftig, nicht übereilt, am wenigsten unedel handeln werde. In dem, was einem immer das Liebste sein muß, geht mir noch alles sehr gut. Das Publikum hebt mich, zeichnet mich aus und setzt sein Vertrauen auf mich. Meine Geschäfte gehen glücklicher, schneller und regelmäßiger wie alle anderen von statten, und man erweist mir die Gerechtigkeit, zu bekennen, daß meine Partei die einzige fortschreitende ist. Sei sicher, daß ich es dabei erhalten werde. Das übrige Drückende, Ärgerliche, Störende ertrage ich und ertrage es eigentlich leicht. Seitdem ich im Dienst bin, habe ich mich nicht einmal geärgert. Der große Grundsatz, nie auf das einmal Geschehene zurückzukommen, und was abzuändern unmöglich ist, und wäre es auch böser Wille der Menschen, wie eine Naturbegebenheit anzusehen, hilft mir immer durch [...]

ÜBER PRÜFUNGEN FÜR DAS HÖHERE SCHULFACH

11. April 1810

Ich muss in meiner bisherigen Meynung beharren, dass ich die Verordnung heilsam und sogar nothwendig finde. Die blossen Prüfungen zu einer bestimmten Stelle sind ein viel zu geringes Sicherungsmittel gegen das Einschleichen mittelmässiger oder schlechter Lehrer, und es ist sowohl für die anstellende Behörde selbst, als für die Schulpatrone, die nur Vorschlags-Recht haben, äusserst wichtig, schon im Voraus einen bestimmteren Begriff von dem Subjecte fassen zu können. Eine solche Einrichtung ist ferner der einzige Damm, den man dem Missbrauch der Patronatsrechte entgegen setzten kann, da die bestätigende Behörde nun schon, ohne noch den Vorgeschlagenen weiter selbst geprüft zu haben, in seinem mehr oder minder guten Zeugniss ein, wenn nicht unfehlbares, doch ziemlich sicheres Mittel in Händen hat, auch die Güte der Wahl des Patrons zu beurtheilen, und ihm gegen eine unangemessene sogleich Vorstellungen zu machen. Endlich ehrt es das Bildungsgeschäft im Staate selbst, wenn jeder, welcher sich damit befasst, vorher Beweise seiner Tüchtigkeit dazu geben muss und mit der Zeit bildet sich auch unter denen, die sich diesem Geschäfte widmen, und durch die öffentliche Approbation gleichsam einen geschlossenen Kreis ausmachen, ein Geist, der ohne Zunftgeist zu seyn, eine feste und sicher zum gemeinschaftlichen Ziel hinstrebende Richtung hat. Es entsteht eine pädagogische Schule, und eine pädagogische Genossenschaft, und wenn es wichtig ist, durch Zwang bewirkte Einheit der Ansichten zu verhüten, so ist es ebenso wichtig, durch eine gewisse Gemeinschaft (die nie ohne eine Absonderung des nicht zu ihr Gehörenden denkbar ist) eine Kraft und einen Enthusiasmus hervorzubringen, welche dem einzelnen und zerstreuten Wirken immer fehlen, welche den Schlechten von selbst entfernen, den Mittelmässigen heben und leiten, und die Fortschritte auch der Besten noch befestigen und beflügeln. Dieser letzte und wichtigste Zweck kann aber nur erreicht werden, wenn es dahin kommt, dass man die Prüfungen mit einer gewissen Freudigkeit ergreift und sie als eine Gelegenheit, seine Kräfte zu üben und zu beweisen ansieht.

Um dies zu erreichen, wäre es vielleicht gut, der Verordnung zugleich einem befehlenden und einen bloss auffordernden und einladenden Theil zu geben; den Befehl auf die Anstellungen in öffentlichen Schulen zu beschränken, die blosse Aufforderung aber an diejenigen ergehen zu lassen, die Privat-Erziehungsanstalten anlegen, oder Hauslehrer werden wollen.

Zugleich halte ich es für gut, die schon in Absicht der Ascension ergangene Verfügung in diese allgemeine noch einmal mit aufzunehmen, und nun zugleich näher zu bestimmen.

Hiernach würden die einzelnen Bestimmungen der Verordnung also folgendergestalt theils nach dem ersten Project unverändert bleiben, theils anders bestimmt werden:

Es wird bei den wissenschaftlichen Deputationen gesetzlich eine Prüfung für alle, die sich dem Erziehungs- oder Lehrerfach widmen, festgesetzt, die, ohne Rücksicht auf eine besondere Stelle, nur um ihre Tauglichkeit zu den verschiedenen Arten von Lehr- und Erziehungsämtern im Allgemeinen zu bekunden bestimmt ist.

Von diesen Prüfungen sind nur diejenigen ausgeschlossen, welche sich einzig und allein dem Elementarunterricht widmen, es sey denn, dass sie in diesem mit neuer oder doch veränderter Methode auftreten wollten.

Unter Elementarunterricht wird Unterricht im Lesen, Schreiben, den einfachsten Zahl- und Massverhältnissen und den Grundregeln der Muttersprache verstanden.

Zu diesen Prüfungen kann sich jeder frei melden, ohne dass Ihn die Deputationen zurückweisen dürfen; er kann auch selbst bestimmen, ob er nur in dieser oder jener Wissenschaft, oder in allen, welche den Kreis des Schulunterrichts ausmachen, geprüft seyn will. Nur muss das ihm nach der Prüfung zu ertheilende Zeugniss nicht bloss diese Schranke der Prüfung angeben, sondern auch zugleich immer bestimmen, in welchen Grade der Geprüfte den übrigen Fächern, und welchen? fremd gewesen ist.

Die Zeugnisse der Deputationen könnten von dreifacher Art seyn.

Die erste bekundete einen gewissen Grad der Vollendung in der Wissenschaft; es würde dazu alles dasjenige zu leisten erfordert, was ein auf Universitäten rechtmässig erworbener Doctortitel voraussetzen sollte.

Die zweite spräche die Tauglichkeit zum Unterricht auf den oberen Klassen,

die dritte die zum Unterricht auf den unteren Klassen gelehrter Schulen aus.

Die verschiedenen Nuancen würden besonders angegeben.

Von Fähigkeit zum Directorate kann bei denen, die erst ins Erziehungsfach eintreten, nicht die Rede seyn.

Wer auf einer Universität nach vorhergängigem Examen eine akademische Würde erlangt hätte, würde mit allem mündlichen Examen verschont, und bedürfte zur Erlangung des Zeugnisses nur der Ausarbeitung schriftlicher Arbeiten und der Haltung von Probelectionen.

Gezwungen sich einer solchen Prüfung zu unterwerfen wären nur alle, die an öffentlichen Schul- oder Erziehungsanstalten angestellt sein wollten, und hier träten die Bestimmungen des Projects ein.

Hiervon dispensiren könnte bloss die Section.

Wer nur mit einem Zeugniss eines Unterlehrers angestellt worden wäre, müsste, wenn er zu obern Klassen gesetzt würde, aufs neue geprüft werden.

Wer von der Stelle eines Oberlehrers zu einem Rectorat erhoben würde, unterzöge sich bloss einem Gespräch über rein pädagogische Gegenstände, keiner Prüfung von Kenntnissen, und einer schriftlichen Arbeit über einen ähnlichen Gegenstand.

So hätte jeder immer nur aufs höchste und wenn er auch ganz stufenweise ginge, zwei Prüfungen und ein Colloquium zu bestehen.

Die Prediger, als solche, glaube ich, kann man nicht, wie das Projekt der Verordung zu wollen scheint, zu einer Prüfung verbindlich machen. Sie können künftig nur als Mitglieder der städischen Schul-Commissionen Inspection über gelehrte oder höhere Bürgerschulen ausüben, und in diesen Commissionen werden doch immer mehrere sitzen, welche sich keiner Prüfung unterzogen haben.

Privaterzieher wären der Prüfung nicht unterworfen, als insofern sie es selbst wünschten.

Es ist in der That nicht ungegründet, dass bei Pensionsanstalten dem freien Unternehmungsgeist Raum gestattet und dies Beginnen nur nach seinen nachherigen Resultaten beurtheilt werden muss, und bei Hauslehrern ist die Controlle unmöglich.

Aber eingeladen, an den Prüfungen Theil zu nehmen, könnten auch diese werden, indem man in der Verordnung selbst sagt, dass diejenigen Pensionsanstalten, die nur geprüfte Lehrer besitzen, schon dadurch sich ein grösseres Vertrauen beim Staat erwerben würden, und dass von allen Geprüften Listen geführt werden sollten, welche zur Kenntniss der oberen Behörden kämen, und daher den auf ihnen Verzeichneten eine vorzügliche Hoffnung zur Berücksichtigung bei jeder sich ereignenden Gelegenheit gäben.

11. April 1810. Humboldt.

UEBER DIE INNERE UND ÄUSSERE ORGANISATION DER HÖHEREN WISSENSCHAFTLICHEN ANSTALTEN IN BERLIN. 1809/10

Der Begriff der höheren wissenschaftlichen Anstalten, als des Gipfels, in dem alles, was unmittelbar für die moralische Cultur der Nation geschieht, zusammenkommt, beruht darauf, dass dieselben bestimmt sind, die Wissenschaft im tiefsten und weitesten Sinne des Wortes zu bearbeiten, und als einen nicht absichtlich, aber von selbst zweckmässig vorbereiteten Stoff der geistigen und sittlichen Bildung zu seiner Benutzung hinzugeben.

Ihr Wesen besteht daher darin, innerlich die objective Wissenschaft mit der subjectiven Bildung, äusserlich den vollendeten Schulunterricht mit dem beginnenden Studium unter eigener Leitung zu verknüpfen, oder vielmehr den Uebergang von dem einen zum anderen zu bewirken. Allein der Hauptgesichtspunkt bleibt die Wissenschaft. Denn sowie diese rein dasteht, wird sie von selbst und im Ganzen, wenn auch einzelne Abschweifungen vorkommen, richtig ergriffen.

Da diese Anstalten ihren Zweck indess nur erreichen können, wenn jede, soviel als immer möglich, der reinen Idee der Wissenschaft gegenübersteht, so sind Einsamkeit und Freiheit die in ihrem Kreise vorwaltenden Principien. Da aber auch das geistige Wirken in der Menschheit nur als Zusammenwirken gedeiht, und zwar nicht bloss, damit Einer ersetze, was dem Anderen mangelt, sondern damit die gelingende Thätigkeit des Einen den Anderen begeistere und Allen die allgemeine, ursprüngliche, in den Einzelnen nur einzeln oder abgeleitet hervorstrahlende Kraft sichtbar werde, so muss die innere Organisation dieser Anstalten ein ununterbrochenes, sich immer selbst wieder belebendes, aber ungezwungenes und absichtsloses Zusammenwirken hervorbringen und unterhalten.

Es ist ferner eine Eigenthümlichkeit der höheren wissenschaftlichen Anstalten, dass sie die Wissenschaft immer als ein noch nicht ganz aufgelöstes Problem behandeln und daher immer im Forschen bleiben, da die Schule es nur mit fertigen und abgemachten Kenntnissen zu thun hat und lernt. Das Verhältniss zwischen Lehrer und Schüler wird daher durchaus ein anderes als vorher. Der erstere ist nicht für die letzteren, Beide sind für die Wissenschaft da; sein Geschäft hängt mit an ihrer Gegenwart und würde, ohne sie, nicht gleich glücklich von statten gehen; er würde, wenn sie sich nicht von selbst um ihn versammelten, sie aufsuchen, um seinem Ziele näher zu kommen durch die Verbindung der geübten, aber eben darum auch leichter einseitigen und schon weniger lebhaften Kraft mit der schwächeren und noch parteiloser nach allen Richtungen muthig hinstrebenden.

Was man daher höhere wissenschaftliche Anstalten nennt, ist, von aller Form im Staate losgemacht, nichts Anderes als das geistige Leben der Menschen, die äussere Musse oder inneres Streben zur Wissenschaft und Forschung hinführt. Auch so würde Einer für sich grübeln und sammeln, ein anderer sich mit Männern gleichen Alters verbinden, ein Dritter einen Kreis von Jüngern um sich versammeln. Diesem Bilde muss auch der Staat treu bleiben, wenn er das in sich unbestimmte und gewissermassen zufällige Wirken in eine festere Form zusammenfassen will. Er muss dahin sehen,

1. die Thätigkeit immer in der regsten und stärksten Lebendigkeit zu erhalten;
2. sie nicht herabsinken zu lassen, die Trennung der höheren Anstalt von der Schule (nicht bloss der allgemeinen theoretischen, sondern auch der mannigfaltigen praktischen besonders) rein und fest zu erhalten.

Er muss sich eben immer bewusst bleiben, dass er nicht eigentlich dies bewirkt noch bewirken kann, ja, dass er vielmehr immer hinderlich ist, sobald er sich hineinmischt, dass die Sache an sich ohne ihn unendlich besser gehen würde, und dass es sich eigentlich nur so damit verhält:

> dass, da es nun einmal in der positiven Gesellschaft äussere Formen und Mittel für jedes irgend ausgebreitete Wirken geben muss, er die Pflicht hat, diese auch für die Bearbeitung der Wissenschaft herbeizuschaffen;
> dass etwa nicht bloss die Art, wie er diese Formen und Mittel beschafft, dem Wesen der Sache schädlich werden kann, sondern der Umstand selbst, dass es überhaupt solche äussere Formen und Mittel für etwas ganz Fremdes giebt, immer nothwendig nachtheilig einwirkt und das Geistige und Hohe in die materielle und niedere Wirklichkeit herabzieht;
> und dass er daher nur darum vorzüglich wieder das innere Wesen vor Augen haben muss, um gut zu machen, was er selbst, wenngleich ohne seine Schuld, verdirbt oder gehindert hat.

Ist dies auch nichts als eine andere Ansicht desselben Verfahrens, so muss sich doch der Vortheil dann auch im Resultat ausweisen, da der Staat, wenn er die Sache von dieser Seite betrachtet, immer bescheidener eingreifen wird, und im praktischen

Wirken im Staat auch überhaupt eine theoretisch unrichtige Ansicht, was man immer sagen möge, nie ungestraft bleibt, da kein Wirken im Staat bloss mechanisch ist.

Dies vorausgeschickt, sieht man leicht, dass bei der inneren Organisation der höheren wissenschaftlichen Anstalten Alles darauf beruht, das Princip zu erhalten, die Wissenschaft als etwas noch nicht ganz Gefundenes und nie ganz Aufzufindendes zu betrachten, und unablässig sie als solche zu suchen.

Sobald man aufhört, eigentlich Wissenschaft zu suchen, oder sich einbildet, sie brauche nicht aus der Tiefe des Geistes heraus geschaffen, sondern könne durch Sammeln extensiv aneinandergereiht werden, so ist Alles unwiederbringlich und auf ewig verloren; verloren für die Wissenschaft, die, wenn dies lange fortgesetzt wird, dergestalt entflieht, dass sie selbst die Sprache wie eine leere Hülse zurücklässt, und verloren für den Staat. Denn nur die Wissenschaft, die aus dem Innern stammt und in's Innere gepflanzt werden kann, bildet auch den Charakter um, und dem Staat ist es ebenso wenig als der Menschheit um Wissen und Reden, sondern um Charakter und Handeln zu thun.

Um nun auf immer diesen Abweg zu verhüten, braucht man nur ein dreifaches Streben des Geistes rege und lebendig zu erhalten:

einmal Alles aus einem ursprünglichen Princip abzuleiten (wodurch die Naturerklärungen z. B. von mechanischen zu dynamischen, organischen und endlich psychischen im weitesten Verstande gesteigert werden);
ferner Alles einem Ideal zuzubilden;
endlich jenes Princip und dies Ideal in Eine Idee zu verknüpfen.

Allerdings lässt sich das geradezu nicht befördern, es wird aber auch Niemand einfallen, dass unter Deutschen dies erst befördert zu werden brauchte. Der intellectuelle Nationalcharakter der Deutschen hat von selbst diese Tendenz, und man braucht nur zu verhüten, dass sie nicht, sei es mit Gewalt oder durch einen sich freilich auch findenden Antagonismus, unterdrückt werde.

Da jede Einseitigkeit aus den höheren wissenschaftlichen Anstalten verbannt sein muss, so werden natürlich auch viele in denselben thätig sein können, denen dies Streben fremd, einige, denen es zuwider ist; in voller und reiner Kraft kann es überhaupt nur in wenigen sein; und es braucht nur selten und nur hier und da wahrhaft hervorzutreten, um weit umher und lange nachher zu wirken; was aber schlechterdings immer herrschend sein muss, ist Achtung für dasselbe bei denen, die es ahnen, und Scheu bei denen, die es zerstören möchten.

Philosophie und Kunst sind es, in welchen sich ein solches Streben am meisten und abgesondertsten ausspricht. Allein nicht bloss dass sie selbst leicht entarten, so ist auch von ihnen nur wenig zu hoffen, wenn ihr Geist nicht gehörig oder nur auf logisch oder mathematisch formale Art in die anderen Zweige der Erkenntniss und Gattungen der Forschung übergeht.

Wird aber endlich in höheren wissenschaftlichen Anstalten das Princip herrschend: Wissenschaft als solche zu suchen, so braucht nicht mehr für irgend etwas Anderes einzeln gesorgt zu werden. Es fehlt alsdann weder an Einheit noch Vollständigkeit, die eine sucht die andere von selbst und beide setzen sich von selbst, worin das Geheimniss jeder guten wissenschaftlichen Methode besteht, in die richtige Wechselwirkung.

Für das Innere ist alsdann jede Forderung befriedigt.

Was nun aber das Aeussere des Verhältnisses zum Staat und seine Thätigkeit dabei betrifft, so hat er nur zu sorgen für Reichthum (Stärke und Mannigfaltigkeit) an geistiger Kraft durch die Wahl der zu versammelnden Männer und für Freiheit in ihrer Wirksamkeit. Der Freiheit droht aber nicht bloss Gefahr von ihm, sondern auch von den Anstalten selbst, die, wie sie beginnen, einen gewissen Geist annehmen und gern das Aufkommen eines anderen ersticken. Auch den hieraus möglicherweise entstammenden Nachtheilen muss er vorbeugen.

Die Hauptsache beruht auf der Wahl der in Thätigkeit zu setzenden Männer. Bei diesen wird sich ein Correctiv, eine mangelhafte zu verhüten, erst bei der Eintheilung der Gesammtanstalt in ihre einzelnen Theile angeben lassen.

Nach ihr kommt es am meisten auf wenige und einfache, aber tiefer als gewöhnlich eingreifende Organisationsgesetze an, von denen eben wiederum nur bei den einzelnen Theilen die Rede sein kann.

Endlich müssen die Hülfsmittel in Betracht gezogen werden, wobei nur im Allgemeinen zu bemerken ist, dass ja nicht die Anhäufung todter Sammlungen für die Hauptsache zu halten, vielmehr ja nicht zu vergessen ist, dass sie sogar leicht beitragen, den Geist abzustumpfen und herabzuziehen, weshalb auch ganz und gar nicht die reichsten Akademien und Universitäten immer diejenigen gewesen sind, wo die Wissenschaften sich der tiefsten und geistvollsten Behandlung erfreuten. Was aber in Absicht der Thätigkeit des Staates von den höheren wissenschaftlichen Anstalten auch in ihrer Gesammtheit gesagt werden kann, betrifft ihr Verhältniss als höhere Anstalten zur Schule und als wissenschaftliche zum praktischen Leben.

Der Staat muss seine Universitäten weder als Gymnasien noch als Specialschulen behandeln, und sich seiner Akademie nicht als einer technischen oder wissenschaftlichen Deputation bedienen. Er muss im Ganzen (denn welche einzelnen Ausnahmen hiervon bei den Universitäten stattfinden müssen, kommt weiter unten vor) von ihnen nichts fordern, was sich unmittelbar und geradezu auf ihn bezieht, sondern die innere Ueberzeugung hegen, dass, wenn sie ihren Endzweck erreichen, sie auch seine Zwecke und zwar von einem viel höheren Gesichtspunkte aus erfüllen, von einem, von dem sich viel mehr zusammenfassen lässt und ganz andere Kräfte und Hebel angebracht werden können, als er in Bewegung zu setzen vermag.

Auf der anderen Seite aber ist es hauptsächlich Pflicht des Staates, seine Schulen so anzuordnen, dass sie den höheren wissenschaftlichen Anstalten gehörig in die Hände arbeiten. Dies beruht vorzüglich auf einer richtigen Einsicht ihres Verhältnisses zu denselben und der fruchtbar werdenden Ueberzeugung, dass nicht sie als Schulen berufen sind, schon den Unterricht der Universitäten zu anticipiren, noch die Universitäten ein blosses, übrigens gleichartiges Complement zu ihnen, nur eine höhere Schulklasse sind, sondern dass der Uebertritt von der Schule zur Universität ein Abschnitt im jugendlichen Leben ist, auf den die Schule im Falle des Gelingens den Zögling so rein hinstellt, dass er physisch, sittlich und intellectuell der Freiheit und Selbstthätigkeit überlassen werden kann und, vom Zwange entbunden, nicht zu Müssiggang oder zum praktischen Leben übergehen, sondern eine Sehnsucht in sich tragen wird, sich zur Wissenschaft zu erheben, die ihm bis dahin nur gleichsam von fern gezeigt war.

Ihr Weg, dahin zu gelangen, ist einfach und sicher. Sie muss nur auf harmonische Ausbildung *aller* Fähigkeiten in ihren Zöglingen sinnen; nur seine Kraft in einer möglichst geringen Anzahl von Gegenständen an, so viel möglich, allen Seiten üben, und alle Kenntnisse dem Gemüth nur so einpflanzen, dass das Verstehen, Wissen und geistige Schaffen nicht durch äussere Umstände, sondern durch seine innere Präcision, Harmonie und Schönheit Reiz gewinnt. Dazu und zur Vorübung des Kopfes zur reinen Wissenschaft muss vorzüglich die Mathematik und zwar von den ersten Uebungen des Denkvermögens an gebraucht werden.

Ein so vorbereitetes Gemüth nun ergreift die Wissenschaft von selbst, da gleicher Fleiss und gleiches Talent bei anderer Vorbereitung sich entweder augenblicklich oder vor vollendeter Bildung in praktisches Treiben vergraben und sich dadurch auch für dieses unbrauchbar machen, oder sich, ohne das höhere wissenschaftliche Streben, mit einzelnen Kenntnissen zerstreuen.

AN CAROLINE VON HUMBOLDT

Berlin, 14. April 1810

Die Krise, liebe Li, von der ich Dir längst schrieb, scheint im jetzigen Augenblick wenigstens einigermaßen gekommen und veranlaßt mich, Dir eiligst über Deine eignen Entschlüsse zu schreiben.

Die Sache ist nämlich diese: Seit langer Zeit soll hier ein Staatsrat gebildet werden. Nach der ursprünglichen Idee und der Verordnung, welche der König im Jahre 1808 unterschrieben hat, sollen in diesem Staatsrat die Geheimen Staatsräte gleiche Stimme mit den Ministern und folglich auf jeden Fall eine entscheidende haben. Auf diese Verordnung hin bin ich eigentlich berufen und angestellt. Seit dieser Zeit hat man den Staatsrat nicht organisiert, offenbar weil man Eifersucht gegen die Geheimen Staatsräte hatte und von ihnen überstimmt zu werden fürchtete. In diesem Augenblick haben nun die Minister oder einige von ihnen den König bewogen, unterm 31. März eine Kabinettsorder zu unterschreiben, in welcher ein interimistischer Staatsrat eingerichtet wird. In diesem sollen die Geheimen Staatsräte keine entscheidende, sondern nur, gleich den Staatsräten, eine beratende Stimme haben. Die Kabinettsorder ruht noch für den Augenblick bei den Ministern, allein sie ist ergangen, und Dohna hat sie mir gezeigt. Wenn sie nun wirklich bekanntgemacht und die Sache ausgeführt wird, so bleibe ich nicht, sondern fordere augenblicklich meinen Abschied. Du mußt Dich darüber nicht wundern, teures Herz. Ich weiß, daß Du gegen das Abschiednehmen bist, aber wenn Du hier wärest, würdest Du es selbst billigen, davon bin ich überzeugt, und tätest Du es nicht, so könnte ich mir hierin nicht helfen, sondern müßte, so ungern ich es täte, gegen Deinen Willen handeln. Es widerspricht geradezu meinem Ehrgefühl, mir eine solche Zurücksetzung gefallen zu lassen, und außerdem verliere ich auch dermaßen an Gewicht und Ansehn dadurch, daß ich selbst in meinem Departement nicht mehr gleich nützlich als jetzt sein kann. Es ist möglich, daß sich die Sache noch wendet. Denn da ich schon meine Gesinnung erklärt habe und man sie im Ministerium und bei Hofe weiß, so ist es möglich, daß man die Order zurücknimmt oder Modifikationen macht. Allein es ist mir nicht wahrscheinlich, und die Sache ist so, daß sie sich schnell entscheiden muß. Ich bitte Dich also, wenn Du noch in Rom oder Neapel bist, nicht abzureisen, bis Du einen anderen Brief von mir bekommst.

Mein Plan ist nämlich der: Wenn ich meinen Abschied nehme, so gehe ich nie wieder in Dienst. Denn ich diene einmal fest und gewiß keinem andern Lande wie Preußen. Ich komme also dann nach Italien zu Dir und bin vermutlich in wenig Monaten bei Dir. Wir überlegen dann, ob wir in Italien bleiben oder im Herbst oder Frühjahr hierher zurückkommen. Wenn ich sage hierher, meine ich nur Deutschland. Denn in Berlin hat keiner von uns beiden ein Interesse zu leben und es ist für unser Vermögen verderblich. Nur ein Umstand ist bedenklich und traurig. Theodor kann ich jetzt nicht mitbringen. [...]

Ich bin übrigens ganz ruhig und so heiter, als Du mich immer kennst. Niemand gewiß hat mir in diesen Tagen einige Bewegung angemerkt. Muß ich bleiben, so arbeite ich für eine Sache, die mir lieb ist, die ich verstehe, in der ich jetzt mich ganz zu finden weiß. Gehe ich, so ist mir auch nicht bange. Du wirst mich nicht tadeln, das weiß ich. Wenn auch unsere Vermögensumstände so schlecht ständen, als sie jetzt leidlich sind, täte ich dasselbe. Daran kann und muß man, wie sehr und innig man die Seinigen auch liebt, nie seine Dienstverhältnisse hängen. Ich weiß, daß dies durchaus Deine Meinung ist, und wie es kommen möchte, werde ich für Dich und die Kinder zu sorgen wissen, wie ich es so lange, ehe Du selbst Vermögen besaßest, getan habe. Ich weiß ferner wohl, daß ich nicht frei von übler Nachrede bleiben werde. Man wird mich des Stolzes, des falschen Ehrgeizes beschuldigen, man wird vielleicht gar sagen, es hätte mir nur daran gelegen, Preußen zu verlassen, und ich hätte daher gern diesen Vorwand ergriffen. Man wird endlich vielleicht sogar darin Ungehorsam gegen die königlichen Befehle finden. Aber in solchen Dingen folge ich nun einmal nur mir und kehre mich nicht an das Reden der Menschen.

Lebe jetzt wohl, ewig geliebtes, teures Wesen. Welche Ungewißheit, Dich hier zu sehen oder dort zu finden, aber immer habe ich Dich, und das ist die Hauptsache, die einzige, in der ich lebe und bin und ewig leben werde! Ewig Dein H.

ENTLASSUNGSGESUCH

29. April 1810

Allerdurchlauchtigster Grossmächtigster König
Allergnädigster König und Herr.

Ew. Königlichen Majestät wagte ich im verwichenen Herbst in Königsberg mündlich meinen Wunsch zu äussern, aus meinem jetzigen Geschäftskreise in eine andere Laufbahn versetzt zu werden. Ew. Königliche Majestät geruhten mich damals mit Herablassung anzuhören und mir huldreichst zu versprechen auf mein Gesuch Rücksicht zu nehmen. Die Gründe, welche dasselbe zu jener Zeit veranlassten, haben sich seitdem in steigendem Masse vermehrt und jetzt sind Umstände eingetreten, welche mich zu dem schmerzlichen Schritte nöthigen, Ew. Königliche Majestät ehrfurchtsvoll um die Erlaubniss zu bitten, mein gegenwärtiges Amt als Chef der Sectionen für den Cultus, öffentlichen Unterricht und das Medicinal-Wesen völlig niederlegen zu können.

Dasselbe ehrerbietige Vertrauen, das mich damals leitete, macht mich auch jetzt so dreist, Ew. Königlichen Majestät die Gründe auseinander zu setzen, welche mich zu einem Entschlusse bringen, der meinem Herzen, wie ich mit voller Wahrheit versichern kann, unendlich schwer wird.

In einem mir von Ew. Königlichen Majestät Staats-Ministerio offiziell angekündigten interimistischen Staatsrathe sollen die Geheimen Staats-Räthe zwar in Angelegenheiten ihres besonderen Ressorts ein volles Votum, übrigens aber (nach den ausdrücklichen Worten der Verfügung) gleich den Staats- und Geheimen Ober-Justiz-Räthen nur ein Votum consultativum haben.

Die unerwartete Anordnung ändert meine ganzen bisherigen Verhältnisse dergestalt ab, und setzt den mir von Ew. Königlichen Majestät allergnädigst anvertrauten Posten zu so etwas Anderem herunter, als er bei meinem Antritt desselben war, dass es mir unmöglich ist, ihn ferner beizubehalten. Ich fühle lebhaft wie wenig es fruchten kann, wenn bei Einrichtungen, welche Ew. Königliche Majestät auf Antrag Ihres Staats-Ministerii Allerhöchstselbst zu billigen geruht haben, ein Einzelner sich über erlittenes Unrecht beklagt; allein ich hege zu Ew. Königlichen Majestät so oft bewiesene Gerechtigkeits-Liebe das sichere Vertrauen, dass Sie diesem alsdann nicht übel deuten werden, wenn er bescheiden das einzige ihm übrig bleibende Mittel, das Zurücktreten aus dem umgeänderten Verhältniss, ergreift, und mein gegenwärtiger Entschluss wird, meiner innersten Ueberzeugung nach, durch die triftigsten, mit Ew. Königlichen Majestät Dienst selbst in der nächsten Verbindung stehende Gründe gerechtfertiget.

Ich kann einen Staats-Rath, wie der beschlossene ist, nicht für denjenigen halten, dessen die allerdings noch sehr mangelhafte Verwaltung des Staats schon seit lange bedurfte, und welcher den Erwartungen der Nation und den Hoffnungen des Bessren, die man noch allgemein auch von Preussens innerer Verwaltung hegt, entsprechen könnte; ich bin in meinem Innersten überzeugt, dass die veränderte Stellung der Geheimen Staats-Räthe im Staatsrath, auch ihre Wirksamkeit als Sections-Chef vernichtet; und ich fühle mich endlich, wie ich freimüthig eingestehe, tief gekränkt, durch die Herabsetzung, mit welcher die Geheimen Staatsräthe auf einmal im Staatsrath denjenigen gleich gesetzt werden, welche, der bisherigen Verfassung gemäss, keine Ansprüche auf eine regelmässige und wirksame Theilnahme an denselben machen konnten, und die in allen andern Hinsichten den Sections-Chefs untergeordnet sind.

Der Staatsrath, welchen die Verordnung vom 24. November 1808 festsetzte, und dessen Suspension im Publicando vom 16. Dezember ejusd. gewiss von höchst nachtheiligen Folgen gewesen ist, hatte offenbar zum Zweck, Einheit in die Maschine der Staats-Verwaltung zu bringen und Ew. Königlichen Majestät über diejenigen Angelegenheiten, welche zu Allerhöchstihrer eigenen Entscheidung gelangen, mit der Pluralität der Meinungen derer bekannt zu machen, welchen diese Verwaltung anvertrauet ist. Es waren daher, nach einem einfachen, aber festen Prinzip, die Staatsräthe, welchen in der That in der Verwaltung keine selbständige Leitung eingeräumt ist, davon ausgeschlossen; die Sections-Chefs hingegen hatten, da sie nach dieser Verordnung und auch nach dem bestehenden Gebrauch wahrhaft selbständige Administratoren, nur unter der Controlle der Minister, sind, völlig gleiches Stimmrecht mit diesen darin. Zu dem nunmehr angeordneten Staatsrath sollen, ausser sämtlichen Geheimen Staatsräthen, noch Staatsräthe, wie es scheint, in unbestimmter Anzahl, entweder bloss aus den Ministerien, oder auch den Sectionen, zugezogen werden, alle aber nur berathende Stimme haben.

Der eine Zweck, Ew. Königliche Majestät mit der Meinung aller Administratoren bekannt zu machen, fällt daher von selbst hinweg, der andere der Einheit findet, (auch vorausgesetzt, dass alle wichtige Angelegenheiten wirklich vor den Staatsrath gebracht würden) nur insofern Statt, als freilich alle Administratoren von jeder Sache Kenntniss empfingen, auch über jede, jedoch ohne weitere Wirksamkeit ihre Meinung sagen könnten, womit sicherlich bei weitem nicht dasjenige erreicht wird, was man unter administrativer Einheit verstehen muss. Auch kommt noch überdiess hinzu, dass es, ausser dem Staatsrath, über viele Gegenstände der Administration Ministerial-Konferenzen geben soll, bei welchen die Geheimen Staatsräthe nur einzeln und bisweilen zugezogen werden. Dieser Staatsrath kann daher höchstens soviel erreichen, dass bei mehr regelmässiger mündlicher Berathung der Schriftwechsel vermindert wird und dass Ew. Königlichen Majestät Staats-Ministerium die Vorschläge und Erinnerungen einer grösseren Anzahl von Personen, als jetzt officieller Weise vernimmt. Allein dies letztere wird auch schwerlich völlig erreicht werden, da sich nicht erwarten lässt, dass diejenigen, die mit dem Bewusstsein reden, dass ihre Meinung ebenso gut verworfen als angenommen werden kann, mit Freimüthigkeit und dem wahren lebhaften Interesse sprechen werden, ohne welche nichts recht Gutes zu Stande kommt. Ein solcher Staatsrath kann, meiner Ueberzeugung nach, nicht viel mehr als ein blosser Name seyn, wohl aber dadurch noch schädlich werden, dass er den Beschlüssen einiger Weniger scheinbar ein grösseres Gewicht beileget. Ich empfinde es tief wie viel ich wage, mich gegen eine Anordnung zu äussern, welche Ew. Königliche Majestät zu sanctioniren einmal geruhet haben. Ich fühle aber auch ebenso lebhaft, dass es nur aus Eifer für Ew. Königlichen Majestät Allerhöchsten Dienst geschieht. Vielleicht reicht auch dieser kaum hin, eine solche Freiheit zu rechtfertigen; allein gewiss würde ich nichts von allem diesen zu erwähnen wagen, wenn es nicht meinem Herzen zugleich Pflicht und Bedürfniss wäre, mein Entlassungsgesuch in Ew. Königlichen Majestät Augen aus den Gründen zu rechtfertigen, aus welchen es herfliesst.

Ich habe übrigens die obigen Behauptungen mit um so grösserer Zuversicht gewagt, als auch bei den allgemeinen Vorträgen welche im Jahre 1808 vor Einführung der jetzigen Verfassung Statt fanden, ausser den Ministern noch damals Geheime Finanz-Räthe gegenwärtig waren, und die Frage ausdrücklich debattirt ward, ob dieselben eine bloss berathende oder entscheidende Stimme haben sollten? Mit Unterstützung der Minister selbst wurde damals für das Letztere aus dem Grunde entschieden, dass die volle Verantwortlichkeit auch volles Interesse und daher volle Theilnahme voraussetze und es ist niemals ein Nachtheil dieser Anordnung bemerkt worden. Es würde tief kränkend für diejenigen seyn, welche, der bisherigen Verfassung nach, jetzt Mitglieder des Staatsrathes seyn sollten, wenn man ihrer Freimüthigkeit nicht die Bescheidenheit und Mässigung zutraute, welche die damaligen Mitglieder bewiesen, und welche in jeder deliberirenden Versammlung gleich anständig und nothwendig ist.

Will ich aber auch nur streng auf die Erfüllung meiner Pflichten als Sections-Chef sehen; so fühle ich mich auch in dieser durch die neue Anordnung gänzlich gehemmt. Denn wenn auch wirklich geäussert ist, dass die Sectionen in ihren übrigen Verhältnissen wie bisher, verbleiben sollen; so ist dies, wenn man den Geist der Verordnung vom 24. November 1808 erwägt, doch in sich unmöglich; die gemachte Abänderung greift weit tiefer ein, als es beim ersten Anblick scheint; sie vernichtet nicht bloss die Vorrechte der Geheimen Staatsräthe im Staatsrath, sondern sie untergräbt dieselben auch in den Sectionen, und zerstört in der That das Wesen des durch jene Verordnung eingeführten Verwaltungs-Systems. Es ist nämlich eine Eigenthümlichkeit von diesem, dass die Chefs der Sectionen wichtigen Parthien der Administration nicht als blosse Organe der Minister, sondern selbständig und so vorstehen, dass sie nur der Controlle der Minister unterworfen sind, allein nur zu äusserst wenigen Dingen ihrer Zustimmung bedürften. Diese Selbständigkeit ist mit dem vollen Antheil derselben am Staatsrath in so enger wechselseitiger Verbindung, dass die erstere nicht mehr mit Nutzen ohne den letztern bestehen kann. Werden dieselben nun im Staatsrath den blossen Staatsräthen gleichgesetzt, so verlieren sie nothwendig und ohne dass man es hindern kann, auch als Sections-Chefs alles Ansehen und alles Gewicht; die Minister müssen mehr in ihre Verwaltung eingreifen und da sie dieselbe doch nicht ganz übernehmen und nicht von jedem Detail unterrichtet seyn können, so muss die Sache darunter leiden; es findet weder wahres gemeinschaftliches Handeln, noch abgesondertes in rein geschiedenen Grenzen Statt, und die wahre Verantwortlichkeit, an welcher allein Ew. Königlichen Majestät gelegen sein kann, und die unmöglich darin bestehen darf, dass jeder seine einzelnen beschränkten Maassregeln vertritt, sondern darin, dass er für eine mit Freiheit verwaltete Parthie einsteht, fällt von selbst hinweg. Fühlten daher die Sectionen in ihrer Wirksamkeit bisher den Mangel eines Staatsrathes; so werden sie noch weit nachtheiliger den Einfluss eines solchen empfinden, in welchem ihre Vorsteher eine ihnen gänzlich unangemessene Stelle einnehmen. Die volle Stimme der Geheimen Staatsräthe in ihren eigenen Angelegenheiten kann diesen Schaden nicht aufheben. Denn wenn damit auch eine wirklich entscheidende gemeint seyn sollte; so ist sie immer nur eine einzelne, auch besitzen die Sections-Chefs diese von selbst dadurch, dass ihre Berichte Ew. Königlichen Majestät vor Augen gelegt werden.

Ich wage noch hinzuzufügen, dass die hier angeführten Nachtheile meine Parthie doppelt treffen, da die Ueberzeugungen von den in sie einschlagenden Gegenständen nur bei anhaltender Beschäftigung mit denselben richtig entstehen, und sich abändern können, da es nicht immer möglich ist, sich mit Personen, die einmal von Grund aus andere Ansichten hegen, darüber durch blosse Gründe zu verständigen, auch die mit auswärtigen Gelehrten anzuknüpfenden Verhältnisse nur dann gelingen können, wenn den Chef der Section das gehörige Gewicht zugetraut werden kann. Ich würde daher durchaus gegen meine Pflicht handeln, wenn ich Ew. Königlichen Majestät nicht freimüthig erklärte, dass ich ausser Stande bin, Geschäften ferner vorzustehen, die nach dieser Abänderung, nur von dem Minister selbst mit Fortgang geleitet werden können.

Freilich ist die neue Anordnung nur interimistisch; allein sollte den Geheimen Staatsräthen künftig zugestanden werden, was ihnen jetzt versagt wird? auf jeden Fall würde auch selbst in kurzer Zeit der Nachtheil der Schwächung ihres Ansehens immer fühlbar seyn, und endlich wird die Zurücksetzung durch den interimistischen Zustand um nichts weniger empfindlich und kränkend.

Denn ich scheue mich nicht, vor Ew. Königlichen Majestät, deren unpartheiische Gerechtigkeits-Liebe eine sichere Zuflucht für jeden Ihrer Unterthanen ist, auch diesen Punkt zu berühren. Er bezieht sich allerdings auf etwas Persönliches. Allein es giebt bei dem Dienste im Staate ein Ehrgefühl, das mit dem Pflichtgefühl so enge verbunden ist, dass sich nicht das eine ohne das andre abstumpfen lässt, und wem Ew. Königliche Majestät einmal einen Posten zu ertheilen geruhet haben, der würde Ew. Königlichen Majestät huldreiches Vertrauen nicht ehren, wenn er sich mit Gleichgültigkeit plötzlich die wichtigsten Vorzüge desselben entreissen, und sich denen gleichsetzen liesse, welche bis dahin unter ihm standen. Als Ew. Königliche Majestät die Gnade hatten, mir meinen jetzigen Posten zu verleihen, musste ich mit Recht diejenigen Vorrechte damit verknüpft glauben, welche die Verordnung vom 24. November 1808 ihm zusichert: Ew. Königliche Majestät hatten diese Verordnung Allerhöchst selbst vollzogen, das Publicandum vom 16. Dezember ejd. war nur ein Auszug daraus; der Staatsrath war freilich suspendirt, allein nirgends verlautete, dass er überhaupt, geschweige denn in seinen wesentlichsten Bestimmungen, geändert werden sollte.

Jetzt verliere ich auf einmal das wichtigste Vorrecht meines Amtes; es bleibt nunmehr nichts als der blosse Vorsitz in der Section, den auch Staatsräthe haben können, und wirklich haben, übrig. Ew. Königliche Majestät sind zu gerecht, als dass

Sie es ungnädig aufnehmen sollten, wenn ich unter diesen Umständen nicht weiter fortdienen kann, sondern um die Erlaubniss bitte, meinen Posten Ew. Königlichen Majestät ehrfurchtsvoll zu Füssen legen zu dürfen.

Ich kann zwar, da Ew. Königliche Majestät geruhet haben, mich unverdienterweise immer persönlich einer Gnade zu würdigen, für welche meine tiefe Dankbarkeit unauslöschlich bleiben wird, nicht das Gefühl unterdrücken, dass der Ausgang meiner Dienstlaufbahn jetzt überaus traurig für mich ist. Ew. Königliche Majestät geruhen sich zu erinnern, dass ich meinen jetzigen Posten keineswegs suchte, ich wagte vielmehr die Bitte, mich in meinem alten Verhältnisse zu lassen. Die Gewährung dieses Wunsches hätte mir die Collisionen erspart, die mich jetzt gänzlich aus dem Dienst zu treten nöthigen.

Zwar dürfte ich es vielleicht wagen, Ew. Königliche Majestät jetzt an Ihr mir huldreichst gegebenes bestimmtes Versprechen zu erinnern, mich, wenn meine jetzige Lage meiner Neigung nicht angemessen seyn sollte, in dem Auswärtigen Departement in meine vorige zurückzuversetzen. Allein es ist meinem Herzen zu wichtig Ew. Königl. Majestät auf keine Weise über die wahren Gründe meines jetzigen Entschlusses zweifelhaft zu lassen, als dass ich auf diese Allerhöchste Gunst gegenwärtig Anspruch machen sollte.

Ich bescheide mich daher gern, mich in die Einsamkeit zurückzuziehen. Da ich meine Kräfte immer nur habe ausschliesslich Ew. Königlichen Majestät und meinem Vaterlande widmen wollen; so wird meine Treue an Allerhöchst Ihre Person unerschütterlich dieselbe bleiben, und ich werde es zu meinem grössten Glücke rechnen, wenn Ew. Königliche Majestät diese Gesinnungen anzuerkennen geruhen wollen. Ich darf mir alsdann mit der sicheren Hoffnung schmeicheln, dass Ew. Königliche Majestät huldreichst verzeihen werden, wenn ich meine ehrfurchtsvolle Bitte wiederhohle, mich nicht länger in einer Lage zu lassen, in der ich an sich den Geschäften nicht mehr nützlich werden kann, in der es mir ausserdem nicht mehr möglich ist, mit Muth und Freudigkeit zu arbeiten, und die aus diesen beiden Gründen mein Leben nothwendig verbittern müsste.

Ich ersterbe in tiefster Ehrfurcht

Ew. Königlichen Majestät

alleruntertähnigster

Humboldt.

Berlin, den 29ten April 1810.

An

Seine Königliche Majestät.

AN CAROLINE VON HUMBOLDT

28. Juli 1810

[…] In Deiner Ansicht des öffentlichen und Privatlebens stimme ich Dir ganz bei. Ich bin zum ersten immer und mit allen meinen Kräften bereit; aber das letztere stimmt mehr mit meiner Neigung, ich möchte fast sagen, auch mit meinem Geschick. Ich müßte mich ganz über meine Bestimmung irren, oder ich bin nicht gemacht, etwas Äußeres zu gründen und zu stiften. Alexander schreibt mir noch neulich bei Gelegenheit seines Ablehnens der hiesigen Anträge: »Das Leben des Menschen muß Einklang haben«, und es hat mich frappiert, weil in ihm damit unstreitig ein Vorwurf gegen meine jetzige Änderung und meine nunmehrige Lage war. Allein ich bin in mir gewiß, daß es als Vorwurf gegen mich ganz unbegründet ist. Jeder Mensch hat notwendig eine innere Bestimmung, wenn auch nicht jeder so glücklich ist, sie bald und immer zu finden. Die meinige ist nun, wie ich deutlich und immer gefühlt habe, durch sehr verschiedene Lagen zu gehen, tiefer und mannigfaltiger als andere alles Menschliche zu kennen und zu empfinden und mit dieser inneren Einheit und Selbständigkeit mich vielem und verschiedenartigem Wirken anzubilden. Es ist doch darum nicht gesagt, daß nicht äußerer Nutzen auf vielfache Weise daraus hervorgehen sollte. Er ist es doch schon bis jetzt, vorzüglich in diesem letzten Jahr, und dann berechnet man immer zu wenig das, was die bloße menschliche Existenz in einer bestimmten, konsequenten Art wirkt.

Auch mein äußeres Glück hat bei dieser Art zu sein bis jetzt immer noch gewonnen. Jede Hauptwendung unseres Schicksals, wie ich zuerst den Dienst verließ, wie wir auf Reisen gingen, wie ich den römischen Posten annahm, wie ich meinen vorigen einging, alle diese Schritte konnten und mußten bedenklich scheinen und fanden manchen Widerspruch, bis jetzt aber haben wir uns immer gut herausgewunden, und es ist das also ein deutlicher Beweis, daß ich mehr Talent habe, eine gegebene Lage zu benutzen als eine selbst und mit Fleiß zu schaffen. Ich muß daher fortfahren, mich gewissermaßen hinzugeben, die Einheit im Wechsel, die Selbständigkeit in der Nachgiebigkeit zu finden, wirkliche Macht und Herrschaft aber immer nur durch den Einfluß auszuüben, den man durch das innere Sein, wie es sich ankündigt, haben kann. Daran muß man aber unablässig arbeiten, und dies innere Rückwirken auf sich selbst muß nie einen Stillstand erleiden. Je mehr und leichter die verschwindende Jugend zu Starrheit und Eintönigkeit führt, desto mehr muß man Frische und Neuheit in sich erhalten, nur immer wenig erwarten und Unendliches noch zu erringen glauben, vor allem aber immer demütiger werden und anspruchsloser, sich immer williger beugen unter höhere, innere Gefühle und der Gewalt langbewährter Liebe, tiefer in den eignen Busen greifen, ernster mit sich und sanfter mit anderen, immer williger auch das eigenste Glück, wenn es nötig wäre, denen opfern, die man liebt, immer unbedingter nur für sie leben und sich eine Einsamkeit bauen, die kein Gefühl des Unmuts von der Außenwelt trennt, aber die still zurücktritt, wo ihm die Begegnung versagt wird. Nur so bildet sich eine Kraft, die vom Höchsten genährt, als Macht und ohne falsche Schonung gegen das minder Hohe auftritt, die wohl versteht, andere zu beherrschen, nachdem sie sich selbst beherrscht hat, und es übt, wo sie es will, der im Innern nichts widerstehen mag und die im Äußeren manchen Widerstand überwindet, weil am Ende das Schicksal, wie blind man es nennt, doch immer der Kraft, und am liebsten der höchsten, zusagt. So, mein ewig teures, holdes Wesen, verstehe ich das Leben des Menschen.

Erreichen werde ich nur wenig davon, aber man muß darum nicht minder die Bahn wandeln, die einsam genug ist. Du wirst mich darum auch sehr ruhig und selbst heiter wiederfinden. Wenn ich jetzt schwermütig bin, ist es nur die Trennung von Dir, die es macht. Gott! ist es denn so wenig, von seinem besten Sein fast zwei Jahre getrennt zu sein? Muß man es nicht in jedem Gedanken, jeder Empfindung fühlen? Mich bringt schwerlich wieder je etwas auf Erden zu solch einer Trennung. Es ist nicht bloß ein Entbehren des höchsten Genusses, es ist Stillstand in allem freien Emporstreben zum Besseren. Denn ich bin nun einmal durch Dich einzig und allein, was ich bin.

ANMERKUNGEN

Vorwort:
Die hier dargelegten Überlegungen und Deutungen schließen sich in Gedankengängen, Argumenten und Wendungen an frühere, sehr viel umfassendere Ausführungen an, die für den vorliegenden Band nun jedoch in bündiger Form noch einmal gezielt fortentwickelt wurden, um die willensstarke Selbstbildung als Humboldts elementares Lebensprinzip so deutlich wie möglich herauszuarbeiten. Grundlegend dazu: Manfred Geier: Die Brüder Humboldt. Eine Biographie, Reinbek bei Hamburg 2009.

Bruchstück einer Selbstbiographie, 29. Januar 1816.
Während seiner Tätigkeit als Bevollmächtigter Preußens bei den Territorialverhandlungen in Frankfurt am Main schrieb Humboldt dieses Fragment.

»Idealische Beschäftigung«: an Ideen orientiert.

»Seit meinem 12. Jahre«: am 6. Januar 1779, ein halbes Jahr vor seinem zwölften Geburtstag, war sein Vater Alexander Georg von Humboldt gestorben, was zu seinem Rückzug in sich selbst beitrug.

»Stoiker«: Philosophen des antiken Stoizismus (Seneca, Epiktet, Marcus Aurelius u. a.), die nur das eigene Wollen und Können, das sie selbst beherrschen, wichtig nehmen, während ihnen alles als gleichgültig gilt, was dem Menschen von außen zustößt und nicht in seiner Macht liegt. Nur so lasse sich Seelenruhe (ataraxia) erreichen.

»Erst als ich in Rom war«: von 1802 bis 1808 war Humboldt als Diplomat in Rom und am Vatikan tätig.

»bei Engel«: Johann Jakob Engel (1741–1802), Schriftsteller, Theaterdirektor und Philosoph, der die Brüder Humboldt zwei Semester lang 1785/86 philosophisch unterrichtet hat.

»Mein Bruder Alexander«: der zwei Jahre jüngere Alexander von Humboldt (1769–1859) war Natur- und Kulturwissenschaftler, der vor allem durch seine Forschungsreisen weltberühmt wurde.

An Joachim Heinrich Campe, 31. August 1781.
Campe (1746–1818) war ein einflussreicher Kinder- und Jugendbuchautor, Sprachforscher, Pädagoge und Verleger der Aufklärung. Von 1769 bis 1773 war er Hofmeister bei den Humboldts in Tegel, wo er sich hauptsächlich um die Erziehung von Heinrich Ludwig von Holwede kümmerte, Sohn von Humboldts Mutter aus erster Ehe, aber auch die frühe Kindheit der Brüder Humboldt begleitete. Zu seinen Büchern, die auch die beiden Brüder lasen, gehören: *Kleine Kinderbibliothek*. Zwölf Bändchen, Hamburg 1779–1784; *Robinson, der Jüngere*, Hamburg 1779; *Kleine Seelenlehre für Kinder*, Hamburg 1780; *Die Entdeckung von Amerika*, Hamburg 1781. Quellenangaben zu den erwähnten Büchern, die Wilhelm von Humboldt auf Anregung von Campe und den ihm nachfolgenden Hauslehrern las oder studierte, finden sich bei Hanno Schmitt (Hg.): Briefe von und an Joachim Heinrich Campe. Band 1. Briefe von 1766–1788, Wiesbaden 1996, S. 302–306.

»Mein seliger Vater«: Alexander Georg von Humboldt (1720–1779), preußischer Major, Kammerherr, seit 1769 Privatier.

»Meine Mutter«: Marie Elisabeth von Humboldt (1741–1796), geborene Colomb, verwitwete von Holwede, hat 1766 A. G. v. Humboldt geheiratet und so das Holwede-Schloss in Tegel in die Familie Humboldt eingebracht.

»Herr Kunth«: Gottlob Johann Heinrich Kunth kam als 22-jähriger Hofmeister im Herbst 1777 zu den Humboldts und begleitete die beiden Brüder bis in ihr Universitätsstudium in Göttingen (1789).

»Herr Koblank«: Johann Heinrich Sigismund Koblanck war, nach Campe, Hauslehrer bei den Humboldts 1773 bis Herbst 1775. Nach ihm kam nur für ein Jahr »Herr (Johann) Clüsener«, bevor dann Kunth zwölf Jahre lang die Anleitung übernahm.

»Herr Heim«: Ernst Ludwig Heim, Familien-Hausarzt bei den Humboldts, der als Liebhaberbotaniker 1781 die Brüder Humboldt mit dem Pflanzensystem Carl von Linnés vertraut machte.

An Henriette Herz, Februar 1788.
1785 wurden Wilhelm und Alexander von Humboldt durch ihren Lehrer Kunth in den Berliner Salon von Henriette Herz, geborene de Lemos (1764–1847), eingeführt, Ehefrau des Arztes und Philosophen Marcus Herz, der bei Immanuel Kant in Königsberg studiert hatte. 1787 bietet sie ihm an, dem von ihr initiierten »Tugendbund« beizutreten, in dem es um Übungen in werktätiger Liebe gehen sollte.

»Brenna«: Brendel Veit, Tochter von Moses Mendelssohn, die ebenfalls Mitglied im Tugendbund war.

An Friedrich Heinrich Jacobi, 17. November 1788.
Glaubens- und Gefühlsphilosoph (1743–1819), mit dem sich Humboldt Ende Oktober auf seiner politisch-philosophischen Reise nach dem Reich 1788 in Pempelfort bei Düsseldorf anfreundet.

»Wolffische Schule«: Christian Freiherr von Wolff (1679–1754), bedeutendster Denker der Aufklärung zwischen Leibniz und Kant. Autor zahlreicher systematisch und beweisführend aufgebauter Gedanken über das ganze Gebiet der Philosophie.

»Ehe ich Kant las«: Humboldt begann sich besonders seit Beginn seines Studiums in Göttingen (Sommersemester 1788) intensiv mit Kants Philosophie zu beschäftigen.

An Caroline von Dacheröden, 22. Mai 1789.
Caroline von Dacheröden, genannt Lina oder Li, die Humboldt im August 1788, vermittelt durch den Tugendbund um Henriette Herz, kennengelernt hat. Hochzeit am 29. Juni 1791.

»Kunth«: Gottlob Johann Christian Kunth, Humboldts Erzieher ab 1777 bis 1789.

»Wie Caroline, wie die Weiber und Carl«: Mitglieder des Tugendbundes: Caroline von Beulwitz, geborene von Lengefeld, Schwester von Lotte von Lengefeld, der späteren Ehefrau von Friedrich Schiller;

»die Weiber« Henriette Herz, Brendel Veit und Rahel Levin; Carl Laroche, Freund von Caroline von Dacheröden, der sie in den Tugendbund einführte.

An Georg Forster, 8. Februar 1790.
Berühmter Naturforscher (1754–1794), der an der zweiten Weltumsegelung von James Cook (1772–1775) teilgenommen hat, über die er einen ausführlichen Bericht verfasst hat: *A Voyage Round the World*, London 1777. Humboldt lernte ihn 1788 während seines Studiums in Göttingen kennen und besuchte ihn und seine Frau Therese während seiner Reise nach dem Reich 1788 in Mainz.

»Der Heynische Ausspruch«: Christian Gottlob Heyne, Professor der Altphilologie an der Universität Göttingen, Vater von Therese Forster. Am 24. Januar 1790 hatte er seinem Schwiegersohn Georg Forster empfohlen, »das Große und Ganze«, in dem man wirken wolle, doch im kleinen Kreis zu suchen, in dem man erfolgreich sein könne.

Über Religion und Gesetzgebung, 1790.
Humboldts engagiertes Plädoyer für »Freiheit und Aufklärung«, für freien Forschergeist und Selbstdenken, moralische Bildung aus sich selbst, Geistesfreiheit und selbstwirksam sich entwickelnde Religiosität, war gegen das am 9. Juli 1788 erlassene Edikt, die Religionsverfassung in den preußischen Staaten betreffend, gerichtet, das eine dogmatisierte christliche Lehre ganz unter die Kontrolle der preußischen Staatsgewalt bringen wollte, um sie vor allen aufklärerischen Irrlehren zu schützen. Das Religions-Edikt wurde am 19. Dezember 1788 flankiert durch das Erneuerte Zensuredikt von König Friedrich Wilhelm II. für die Preußischen Staaten, das sich gegen die Zeitschriften und Bücher einer sich selbst aufklärenden Öffentlichkeit richtete.

An Georg Forster, 16. August 1791.

»Von allen Geschäften losgemacht, Berlin verlassen und geheiratet«: Aus seiner Tätigkeit als Jurist beim Stadtgericht Berlin ließ sich Humboldt am 19. Mai 1791 entlassen, aus seiner Anstellung im auswärtigen Amt ließ er sich nur beurlauben. Wilhelm und Caroline von Humboldt heirateten am 29. Juni 1791. Die kommenden zweieinhalb Jahre lebte das Ehepaar meist auf Gut Auleben und Burg Örner, die zum Besitz von Humboldts Schwiegervater Carl Friedrich von Dacheröden gehörten.

Über die Gesetze der Entwicklung der menschlichen Kräfte, 1791.

Ein erster geschichtsphilosophischer Entwurf, der Gedanken der vergleichend-anthropologischen Studien vorwegnimmt.

An Friedrich Gentz, Winter 1791.

Mit Friedrich von Gentz (1764–1832), Schriftsteller, Publizist und Politiker, der seit 1785 im preußischen Staatsdienst arbeitete, war Humboldt seit 1790 befreundet. Seine Konzentration auf die »sinnlichen Begierden des Tiers« verweist auf gemeinsame amouröse Erlebnisse während seiner Berliner Zeit.

Ideen über Staatsverfassung, durch die neue französische Constitution veranlasst.

Im August 1791 schrieb Humboldt einen Brief an Friedrich Gentz, in dem er ihm seine Gedanken über die Französische Revolution und die Verfassungsgebende Nationalversammlung mitteilte, deren Augenzeuge er während seiner Reise nach Paris im August 1789 gewesen war, die er gemeinsam mit seinem ersten Hauslehrer Campe unternommen hatte. Dieser Brief an einen Freund vom August 1791 wurde anonym in der *Berlinischen Monatsschrift* vom 19. Januar 1792 veröffentlicht.

An Georg Forster, 1. Juni 1792.

»Dalberg«: Karl Theodor Freiherr von Dalberg war Statthalter des Mainzer Kurfürsten und Erzbischofs im kurmainzischen Erfurt, auch Mentor und väterlicher Freund Caroline von Humboldts. Er forderte Humboldt auf, seine anonym in der *Berlinischen Monatsschrift* publizierten Ideen über Staatsverfassung auszuarbeiten.

Ideen zu einem Versuch, die Gränzen der Wirksamkeit des Staats zu bestimmen, 1792.

Auf Anregung Dalbergs entstand im Sommer 1792 dieses große Manifest für eine liberale Staatspolitik, die sich auf die Sicherheit der Bürger zu begrenzen habe. Einzelne Kapitel erschienen bereits 1792 in Schillers *Neuer Thalia* und in der *Berlinischen Monatsschrift*. Das ganze Werk, auf das Humboldt als *Das grüne Buch* stolz war, wurde erst 1851 publiziert. Seine Ideen greifen Überlegungen aus Humboldts Studienzeit auf.

»Kultur und Aufklärung«: Diese Verbindung übernahm Humboldt von Moses Mendelssohn, der in seinem Aufsatz *Über die Frage: Was heißt aufklären?* (in: *Berlinische Monatsschrift*, September 1784) praktische Kultur und theoretische Aufklärung unter dem Oberbegriff »Bildung« verknüpft hatte, drei Monate vor Immanuel Kants *Beantwortung der Frage: Was ist Aufklärung?*, ebenfalls in der *Berlinischen Monatsschrift* publiziert.

»Platos Republik, nach Rousseaus äusserst wahrer Bemerkung«: Jean-Jacques Rousseau: *Emile oder Über die Erziehung* [1762]. 1. Buch: »Wollt ihr euch eine Vorstellung von öffentlicher Erziehung machen? Lest Platos ›Staat‹! Das ist keineswegs eine politische Arbeit, so wie jene denken, die die Bücher nach ihren Titeln beurteilen. Es ist die schönste Abhandlung über die Erziehung, die je geschrieben wurde.«

»Der selbst, welcher die Moralität in ihrer höchsten Reinheit sah und darstellte«: Immanuel Kant: *Grundlegung zur Metaphysik der Sitten* (1785); I. Kant: *Kritik der praktischen Vernunft* (1788).

»Aristotelische Ethik«: Nikomachische Ethik 1178 a. Dt. EA Danzig 1791.

»Bildung«: Den naturwissenschaftlichen Bezug der »Bildung« im Hinblick auf die organische Pflanzenentwicklung und das Geschlecht der Pflanzen übernahm Humboldt von seinem Göttinger Professor Johann Friedrich Blumenbach: *Über den Bildungstrieb und das Zeugungsgeschäft*, Göttingen 1781, und von Johann Wolfgang Goethe: *Versuch die Metamorphose der Pflanzen zu erklären* (1790).

»Einrichtungen des Lykurgus«: sagenhafter spartanischer Gesetzgeber.

»Ferguson«: Adam Ferguson (1723–1816), mit Bezug auf dessen *Essay of the History of Civil Society* (1766).

»Mirabeau«: Mehrmals spielt Humboldt auf den *Travail sur l'éducation* des französischen Politikers, Schriftstellers und Publizisten Honoré Gabriel de Riqueti, Comte de Mirabeau (1749–1791) an, der postum Paris 1791 erschienen war. Die deutsche Übersetzung *Herrn Mirabeau des Älteren Discours über die Nationalerziehung* von Freiherr Eberhard von Rochow erschien 1792 in Berlin.

An Carl Gustav von Brinckmann, 3. September 1792.
Brinckmann (1764–1847), Legationssekretär bei der schwedischen Gesandtschaft, gehörte mit Friedrich von Gentz zu den engsten Freunden Humboldts während seiner Berliner Zeit als Jurist. Der Brief dokumentiert Humboldts zunehmendes Interesse an der griechischen Antike während seiner Existenz als freischwebender Intellektueller.

An Friedrich August Wolf, 31. MÄRZ 1793.
Wolf (1759–1824) war Altphilologe und Altertumswissenschaftler, seit 1783 Professor an der Universität in Halle. Humboldt hatte ihn dort zum ersten Mal im Sommer 1792 aufgesucht und dann mit ihm einen regen Briefwechsel begonnen. Philip Mattson (Hg.): Wilhelm von Humboldt. *Briefe an Friedrich August Wolf*, Berlin-New York 1990. An Wolf war Humboldts Schrift *Über das Studium des Alterthums, und des griechischen insbesondere* adressiert. Die griechischen Menschen galten Humboldt als Repräsentanten einer ganzheitlichen Kraft/Energie, die zur »höchsten, proportionierlichsten Ausbildung« befähige und das einzeln Hervorgebrachte/Ergon übersteige. Auch Schiller, Dalberg und Körner haben sich mit Humboldts Manuskript befasst.

»ein pis-aller«: ein in die Irre führender Irrweg.

An Christian Gottfried Körner, 19. November 1793.
Körner (1756–1831), Schriftsteller und Jurist, war seit 1785 ein enger Freund von Friedrich Schiller und wurde, durch Schillers Vermittlung, ein geschätzter Briefpartner Humboldts. Albert Leitzmann (Hg.): *Wilhelm von Humboldts Briefe an Christian Gottfried Körner*, Berlin 1940. Der Brief dokumentiert, wie Humboldt eine »Theorie der Bildung des Menschen« anstrebte, in der Immanuel Kants »feste, auf streng bewiesenen Grundsätzen mit kritischer Genauigkeit aufgeführte Philosophie« mit dem

vergegenwärtigenden historischen »Studium der Griechen« verknüpft werden sollte.

Theorie der Bildung des Menschen. Bruchstück. 1794/95.

In diesem Fragment erweitert Humboldt die historische Perspektive, die er in seinem Brief an Körner skizziert hat. Er strebt einen rein philosophischen Zugang zum Menschen im ganzen Umfang seiner Kräfte an, die sich in der Wechselwirkung von Mensch und Nicht-Mensch, Innen und Außen, Ich und Welt entwickeln und erproben.

Über den Geschlechtsunterschied und dessen Einfluss auf die organische Natur, 1795.

Die Studie erschien anonym im Ersten Band, Zweites Stück, der von Friedrich Schiller neu gegründeten und herausgegebenen Kulturzeitschrift *Die Horen*. Der Unterschied der Geschlechter, den Humboldt in seinem nächsten *Horen*-Beitrag 1795 *Über die männliche und weibliche Form* fortsetzte, diente Humboldt als naturkundlich-organische Bestätigung seines allgemeinen Bildes vom Ganzen der Natur und der Menschheit, das die unterschiedlichen, miteinander in Wechselwirkung stehenden Kräfte anstreben. Der menschliche Bildungstrieb ist organisch begründet, wobei Lebenskraft und Zeugungsfähigkeit eine treibende Rolle spielen. Auf heterosexuelle Konstellationen der Liebe in den Beziehungen zwischen Schiller, Humboldt und ihren Frauen spielt der Schlusssatz an, in dem Eros, der griechische Gott der Liebe, zur Sprache kommt.

Über Denken und Sprechen, 1795/96.

Diese früheste sich mit dem Wesen der Sprache beschäftigende Aufzeichnung knüpft an Überlegungen der beiden *Horen*-Aufsätze an. Sowohl das »Reflectiren«, als Unterscheiden und Entgegensetzen von Subjekt und Objekt, als auch das produktive Spannungsverhältnis zwischen geistiger Reflexion und sinnlichen Sprachzeichen folgt dem Muster des Geschlechtsunterschieds.

An Friedrich August Wolf, 23. Dezember 1796.

»Wiederholtes Lesen Ihrer Prolegg.«: 1795 war das Hauptwerk des Altphilologen und Altertumswissenschaftlers Wolf in Halle erschienen: *Prolegomena ad Homerum, ein Versuch, die alleinige Verfasserschaft Homers an den homerischen Epen Odyssee und Ilias zu widerlegen*.

»Die Charakteristik unsrer Zeit«: Hinweis auf Humboldts Arbeit an seiner Untersuchung *Das achtzehnte Jahrhundert.*

Plan einer vergleichenden Anthropologie, 1797.

»Rassen / halbschlächtige Blendlinge«: Im Anschluss an die 1775 veröffentlichte Doktorarbeit *De generis humani varietate nativa* (Über die natürlichen Verschiedenheiten im Menschengeschlechte) des Göttinger Naturwissenschaftlers Johann Friedrich Blumenbach, bei dem Humboldt 1788/89 studierte hatte, charakterisierte Immanuel Kant die als menschliche Rassen bezeichneten unterschiedlichen Erscheinungsbilder des Menschen als Ab- oder Ausartungen (progenies) eines anfänglich einheitlichen Menschenstamms. Kinder, die von Menschen verschiedener Rassenzugehörigkeit gezeugt werden, nannte Kant »halbschlächtige Blendlinge«, von englisch »to blend« (vermischen). Vgl, I. Kant: *Bestimmung des Begriffs einer Menschenrasse.* In: Werke in sechs Bänden. Hg. von Wilhelm Weischedel. Band VI, Frankfurt am Main 1964, S. 65–82. Vgl. dazu auch Manfred Geier: *Philosophie der Rassen. Der Fall Immanuel Kant*, Berlin 2022.

Das achtzehnte Jahrhundert, 1797.

Seine Ideen zu einer empirischen und philosophischen Anthropologie wollte Humboldt in historischen Studien konkretisieren, wobei er auch verschiedene Nationalcharaktere zu bestimmen versuchte. Das Werk blieb unvollendet. Nur die Einleitung wurde ausgearbeitet.

»Wie einige Philosophen uns zu überreden versucht haben«: Humboldt, für den die geistigen Kräfte und moralischen Freiheiten des Menschen eine wesentliche Rolle spielten, richtete sich kritisch gegen die Versuche vor allem französischer Philosophen und Naturwissenschaftler (Julien Offray de La Mettrie, Claude-Adrien Helvétius, Paul Henry Thiry d'Holbach u. a.), den Menschen naturalistisch als Resultat eines »bloßen Naturmechanismus« zu thematisieren.

Über den Geist der Menschheit, Dezember 1797.

Humboldt schrieb diese Studie als Entwurf für ein Werk, in dem er die »Bestimmung des Menschen als eines freien und selbstthätigen Menschen« aufklären wollte. »Die lebendige Kraft des Geistes«, die den Menschen innerlich »beseelt«, wird als idealistische Gegenkraft zu einer rein materialistischen Vergegenständlichung zu behaupten versucht.

An Friedrich Schiller, Rom, 30. April 1803.
Humboldt und Schiller hatten sich Ende 1789 in Weimar angefreundet, vermittelt über ihre Geliebten, Caroline von Dacheröden bzw. Charlotte von Lengefeld. Im Februar 1794 war Humboldt nach Jena gezogen, um Schiller nahe zu sein. In diesem Jahr vertiefte sich auch die Beziehung zu Johann Wolfgang von Goethe, der 1794 mit Schiller Freundschaft schloss. Ende April 1797 begann Humboldt mit seiner Familie zu reisen (Wien, Paris, Spanien), so dass das »schöne Zusammenleben« mit Schiller zu Ende kam. Bei einem kurzen Aufenthalt in Weimar, August 1802, trafen sich Schiller und Humboldt zum letzten Mal, bevor er mit seiner Familie nach Rom reiste, wo er am 25. November ankam und als preußischer Ministerresident beim päpstlichen Stuhl zu arbeiten begann. Die »metaphysischen Ideen«, »Schellingschen Bücher« und »eignen Offenbarungen« beziehen sich auf Friedrich Wilhelm Joseph Schelling (1775–1854), der mit Johann Gottlieb Fichte und Georg Wilhelm Friedrich Hegel ein Hauptvertreter des deutschen Idealismus war, zu dem auch Humboldt neigte. Das betraf vor allem Schellings Schriften *Vom Ich als Prinzip der Philosophie*, Tübingen 1795, und *Erster Entwurf eines Systems der Naturphilosophie*, Jena und Leipzig 1799, in dem Schelling eine dynamische Philosophie gegen das mechanistische Naturmodell entwickelt hatte, wobei »Lebenskraft« und »Bildungstrieb« eine zentrale Rolle spielten.

An Carl Gustav von Brinckmann, 22. Oktober 1803.
Humboldt hatte den jungen Schweden aus altem ostfriesischem Geschlecht, der sich gerade auf eine diplomatische Laufbahn im auswärtigen Staatsdienst vorbereitete, Anfang 1790 in Berlin kennengelernt. Nachdem Brinckmann bereits im Herbst 1790 Berlin verlassen hatte, blieb der Kontakt brieflich erhalten. Albert Leitzmann (Hg.): *Wilhelm von Humboldts Briefe an Karl Gustav von Brinkmann*, Leipzig 1939. »Aufenthalt in Paris, oder in Berlin«: Im November 1797 zog Humboldt mit seiner Familie nach Paris, im Sommer 1801 kehrte er nach Deutschland zurück und verbrachte den Winter in Berlin.

»Deutsche Metaphysik«: Nach-kantische Philosophie, vor allem von Fichte, Schelling und Hegel.

»Fichtes absolutes Ich«: zur Selbstsetzung eines absoluten Ich als höchster Vereinigungspunkt über der Disjunktion von teilbarem Ich und Nicht-Ich vgl. Johann Gottlieb Fichte: *Grundlage der gesammten Wissenschaftslehre*, Leipzig 1794.

»Schellingscher Pantheismus«: Friedrich Wilhelm Joseph Schelling: *Ideen zu einer Philosophie der Natur*, Leipzig 1797; *Von der Weltseele*, Hamburg 1798.

»Jacobi«: Friedrich Heinrich Jacobi: *Über das Unternehmen des Kriticismus, die Vernunft zu Verstande zu bringen*, Hamburg 1801.

»a priori« und »Kant«: Immanuel Kant hat in seiner *Kritik der reinen Vernunft*, Berlin 1781, versucht, die menschliche Vernunft in Ansehung aller Erkenntnisse, zu denen sie streben mag, unabhängig von aller Erfahrung (d. h. a priori) kritisch zu analysieren.

»Mein Sprachstudium«: Humboldt begann sich etwa um 1795, während er sich in Tegel aufhielt, intensiv mit der Sprache zu beschäftigen.

»Vaskenwerkchen«: Im Anschluss an seine Reise durch das Baskenland (19. April bis 14. Juni 1801) begann Humboldt seine gemachten Erfahrungen und gesammelten Informationen für historische und sprachliche Untersuchungen zu ordnen und auszuarbeiten. Vgl. *Die Vasken*, in: Werke II, S. 418–627; *Fragmente der Monographie über die Basken* (1801/02), in: Werke V, S. 113–112.

An Caroline von Humboldt, 19. Juni 1804.

»Deine Schilderung Burgörners«: Anfang März 1804 hat Caroline Rom verlassen und ist nach Paris gereist, mit Zwischenaufenthalt im väterlichen Burgörner.

»Wie mit Dir und den Kleinen glücklich beschäftigt ich gelebt habe«: Caroline hatte bereits fünf Kinder zur Welt gebracht: Caroline (1792), Wilhelm (1794), Theodor (1797), Adelheid (1800) und Gabriele (1802). Wilhelm, der erstgeborene Sohn, war am 15. August 1803 gestorben. Sohn Theodor und Tochter Caroline begleiteten Caroline nach Paris.

»Vom ersten Mal in Burgörner an«: Im August 1788 hat Humboldt in Burgörner Caroline von Dacheröden zum ersten Mal getroffen, die sich sofort in ihn verliebte.

An Johann Wolfgang von Goethe, 23. August 1804.

»Meine beiden kleinen Mädchen«: Adelheid und Gabriele waren bei ihrem Vater in Rom geblieben.

»Schelling hat, denke ich, irgend einmal gesagt«: F. W. J. Schelling: *Vorlesungen über die Methode des akademischen Studiums, Zweyte Vorlesung: Ueber die wissenschaftliche und sittliche Bestimmung der Academien*, Tübingen 1803, S. 33 f.:

»Die neuere Welt ist in allem, und besonders in der Wissenschaft eine getheilte Welt, die in der Vergangenheit und Gegenwart zugleich lebt.« Die spätere Zeit muss von dem historischen Wissen ausgehen, dass sie eine untergegangene Welt hinter sich hat, von der sie durch eine unübersteigbare Kluft, »eine Masse von Barbarei«, getrennt ist.

»Horaz: beatus ille qui procul negotiis«: »Gesegnet, wer von allen Pflichten frei, (wie einst das Urgeschlecht der Menschen.)« Anfangszeile der Epode 2 in Horaz: *Oden und Epoden*. Nach der Übersetzung von Will Richter, Darmstadt 2010, S. 11.

»Zoega«: Johann Georg Zoega (1755–1809), dänischer Altertumsforscher, der seit 1783 in Rom lebte und oft Humboldt durch die römischen Ruinenstätten begleitete.

An Christian Gottfried Körner, 8. Juni 1805.

»Nach Schillers Tode«: Am 9. Mai 1805 war Friedrich Schiller gestorben. Die große Bedeutung Schillers für Humboldts Denken wird deutlich im *Briefwechsel zwischen Friedrich Schiller und Wilhelm von Humboldt*. Zwei Bände. Hg. von Siegfried Seidel, Berlin 1962; und in Humboldts später Erinnerungsschrift *Über Schiller und den Gang seiner Geistesentwicklung* (1830). In: Werke II, S. 357–394.

Latium und Hellas oder Betrachtungen über das classische Altertum, Frühjahr 1807.

»Die Verschiedenheit der Geschlechter«: Verweis auf Humboldts Aufsatz *Über den Geschlechtsunterschied* in Schillers *Horen*, 1795. Der Widerstreit zwischen verschiedenen Individualitäten und zwischen Individuum und Idee, der durch ein »gewisses Streben« aufgehoben werden soll, verweist auf die libidinöse Energie in heterosexuellen Liebesverhältnissen.

Über den Charakter der Griechen, 1807.

Entwurf für die größere Schrift über den Verfall und Untergang der griechischen Stadtstaaten. Der griechische Charakter gilt Humboldt als Muster für das Zusammenwirken von körperlich-geistigem Lebenstrieb und persönlichem Freiheitsdrang.

Geschichte des Verfalls und Unterganges der griechischen Freistaaten, Herbst 1807.
»Freistaat« wird seit Ende des 18. Jahrhunderts synonym für »Republik« gebraucht. Humboldt benutzt den Begriff als Sammelbegriff für autonome, nicht von einer fremden Macht beherrschte Staaten. Seine Geschichte kann als historische Analogie zur Niederlage Preußens im Krieg mit Frankreich (1806) verstanden werden.

»Sehnsucht und Streben«: Anspielung auf Johann Gottlieb Fichtes *Grundlage der gesammten Wissenschaftslehre*, Leipzig 1794. Erster Theil, S. 302: »Das Sehnen ist demnach die ursprüngliche, völlig unabhängige Äußerung des im Ich liegenden Strebens.« S. 304: »Dieses Sehnen ist wichtig, nicht nur für die praktische, sondern für die gesammte Wissenschaftslehre. Lediglich durch dasselbe wird das Ich in sich selbst – ausser sich getrieben; lediglich durch dasselbe offenbart sich in ihm selbst eine Aussenwelt.«

An Caroline von Humboldt, 16. November 1808.
Am 14. Oktober 1808 hat Humboldt Rom verlassen, um »Urlaub« in seiner Heimat zu machen. Er sah Rom nicht wieder.

»Stein«: In Erfurt erfuhr er, dass Heinrich Friedrich Karl vom und zum Stein, der sich für eine tief greifende Reform Preußens engagierte, ihn an die Spitze des Preußischen Unterrichtswesen berufen wollte.

An Caroline von Humboldt, 18. Dezember 1808.
Am 15. Dezember hat König Friedrich Wilhelm III. eine Kabinettsorder unterzeichnet, die Humboldt auf die für ihn vorgesehene Stelle berief, ihm allerdings die Annahme anheim stellte.

»Dohna«: Nachdem Freiherr vom Stein, der Humboldt »hineinziehen wollte«, auf persönlichen Wunsch Napoleons entlassen worden war, wurde Alexander Burggraf von Dohna-Schlobitten (1771–1831) preußischer Innenminister.

»Kunth«: Humboldts früherer Hauslehrer und Erzieher (1777 bis 1789) Gottlob Heinrich Johann Kunth hatte sich als Mitarbeiter des Preußischen Reformers Steins entschieden für die Berufung Humboldts eingesetzt.

An Caroline von Humboldt, 28. Dezember 1808.
»Die kleinen Mädchen«: Adelheid und Gabriele waren mit ihrer Mutter Caroline in Rom geblieben.

An Caroline von Humboldt, 19. Januar 1809.
In seinem Brief vom 17. Januar an König Friedrich Wilhelm III. hatte Humboldt die Kabinetttsorder seiner Berufung zurückgewiesen.

»Wolf«: der Altphilologe und Altertumswissenschaftler Friedrich August Wolf war im April 1807, nachdem Napoleon die Universität Halle hatte schließen lassen, nach Berlin gezogen und an der Preußischen Akademie der Wissenschaften tätig geworden.

»Beyme«: Geheimer Kabinettsrat Karl Friedrich von Beyme (1765–1838), preußischer Reformpolitiker, der nach der Entlassung Steins zum Preußischen Großkanzler (Leitender Justizminister) ernannt wurde.

An Georg Heinrich Ludwig Nicolovius, 25. März 1809.
Mit Kabinettsorder vom 10. Februar 1809 war Humboldt zum Geheimen Staatsrat und Direktor der Sektion für Kultus und Unterricht im Ministerium des Inneren ernannt worden. Am 28. Februar hatte er auf Drängen Steins die Ernennung bestätigt und seine Dienstgeschäfte begonnen. G. H. L. Nicolovius (1767–1839), Jurist und Theologe, hatte bei Immanuel Kant in Königsberg studiert und war auch mit Goethe und Jacobi gut bekannt. Seit 1808 war er Mitglied des Departements für das geistliche, Schul- und Armenwesen. Als Staatsrat beim Innenministerium hat er interimistisch die Sektion des Kultus und des öffentlichen Unterrichts geleitet, bevor er nach Humboldts Amtsantritt zum Leiter der Abteilung Kultus wurde.

»Königsberg«: nach der Niederlage gegen Napoleon war der Regierungssitz in die ostpreußische Metropole verlegt worden, in der Humboldt erst am 13. April 1809 eintraf.

»Pestalozzische Methode«: Humboldt hatte sich früher skeptisch über die »Idee der Elementarbildung« des Schweizer Pädagogen (1746–1827) geäußert, schloss sich dann aber der unter preußischen Reformern vorherrschenden Hochschätzung von Pestalozzis Methode an, die eine »naturgemäße« harmonische Entfaltung der Kräfte des Kopfes, des Herzens und der Hand anstrebte.

An Caroline von Humboldt, 21. April 1809.
Nach der Niederlage gegen Napoleon war König Friedrich Wilhelm III. mit seinem Hof am 6. Januar 1807 nach Königsberg geflohen. Dort sollte auch die neue Sektion mit Humboldt als Leiter tätig werden. Humboldt kam am 13. April 1809 in seiner neuen Wirkungsstätte an.

»Krieg zwischen Frankreich und Österreich«: Der Fünfte Koalitionskrieg 1809, in dem Österreich seine alte Machtstellung, die es 1805 verloren hatte, wiedergewinnen wollte, endete mit der Niederlage Österreichs, das am 14. Oktober zusammen mit Preußen ins napoleonische Hegemonialsystem integriert wurde. Er wurde initiiert von Kaiser Franz I. und seinem zweitjüngsten Bruder, Erzherzog Karl Ludwig von Österreich.

An Caroline von Humboldt, 2. Juni 1809.
»Die Nachricht Deiner glücklichen Entbindung«: Am 4. Juni erhielt Humboldt aus Rom diese erhoffte Nachricht von der Geburt seines vierten, letzten Sohnes Hermann (1809–1870).

»Wie es in der ›Resignation‹ heißt«: Gedicht von Friedrich Schiller, 1786 in der Zeitschrift *Thalia* veröffentlicht. Die Gedichtzeilen »Wer dieser Blumen eine brach, begehr die Schwester nicht« bezogen sich auf die beiden Blumen-Schwestern Hoffnung und Genuss.

Antrag auf die Errichtung der Universität Berlin, 24. Juli 1809.
Durch die nach dem verlorenen Krieg gegen Napoleon erfolgten Friedensverhandlungen und Gebietsregelungen in Tilsit (7.–9. Juli 1807) waren die ehemals preußischen Universitäten in Halle, Erlangen, Erfurt, Münster, Paderborn und Duisburg verlorengegangen. Geblieben waren nur die Albertina in Königsberg und die Viadrina in Frankfurt an der Oder. Zur Neuordnung preußischer Universitäten und Akademien hatten schon andere vorgearbeitet (J. J. Engel, K. F. von Beyme, J. G. Fichte, F. A. Wolf, F. Schleiermacher), aber erst Humboldt fasste die Pläne zusammen und machte die Gründung der Universität in Berlin zum Signal einer grundlegenden Universitätsreform. Einen ersten Antrag richtete er zwischen dem 12. und 14. Mai 1809

an den Finanzminister Karl Freiherr vom Stein zum Altenstein. Er musste überarbeitet werden und wurde am 25. Juli den Ministern zum Vortrag beim König überwiesen.

»Prinz Heinrichssche Palais«: Als Universitätsgebäude wurde das »Unter den Linden« gelegene Palais des Prinzen Heinrich von Preußen (1726–1802), des jüngeren Bruders Friedrichs II., zur Verfügung gestellt.

»Gross-Canzler«: Justizminister Karl Friedrich von Beyme.

An Friedrich August Wolf, 31. Juli 1809.

»Gemeinschaftliche Meinung«: Humboldt führte einen kollegialen Arbeits- und Denkzusammenhang ein, in dem zwar seine Führungsrolle anerkannt war, aber seine Mitarbeiter selbstständig ihre jeweiligen Funktionen wahrnehmen konnten.

»Süvern«: Johann Wilhelm Süvern (1775–1829) hatte bei J. G. Fichte und F. A. Wolf Philosophie und Altertumswissenschaften studiert. 1807 war er Professor für Geschichte an der Universität Königsberg geworden. Als Sektionsmitarbeiter war er vor allem für den öffentlichen Schulunterricht zuständig.

Der Königsberger Schulplan, 27. September 1809.

»Möllersche und Hoffmannsche Pläne«: Ludwig Gottlieb Möller (1779–1846), Schulrektor und Mitglied des Königsberger Schulkollegiums, hatte ein Gutachten zur Neuordnung des Königsberger Schulwesens vorgelegt; Johann Gottfried Hoffmann (1765–1847), Nationalökonom und seit 1807 Professor in Königsberg, hatte ebenfalls ein entsprechendes Gutachten verfasst.

»Philosophisch genommen«: gemeint ist eine prinzipielle Unterscheidung der drei Unterrichtsstadien, die sich an den zu erwerbenden Kompetenzen der Schüler und Studenten orientiert.

Der Litauische Schulplan, Königsberg 1809.

Die Sektion hatte am 5. August die Litauer Regierung aufgefordert, einen Plan für die Verbesserung des Schulwesens zu entwerfen. Zu diesem Plan verfasste Humboldt am 27. September 1809 als Gutachten seinen Litauischen Schulplan.

An Caroline von Humboldt, 17. Oktober 1809.

»Zu bleiben, was ich bin, ist peinlich, ungewiß und unangenehm«: Humboldt war nur Geheimer Staatsrat, der dem Innenministerium unterstellt war, und als Direktor der Sektion war seine Macht eingeschränkt, weil er nicht das gleiche Stimmrecht wie die Minister besaß. Seinem Wunsch, dass seine Sektion des Kultus und Unterrichts ein eigenständiges Ministerium werden sollte, wurde nicht entsprochen.

Bericht der Sektion des Kultus und Unterrichts an den König, Dezember 1809.

»Reise«: Aus Anlass des Todes seines Schwiegervaters, Karl Friedrich von Dacheröden, reiste Humboldt vom 5. Dezember 1809 bis zum 26. Januar 1810 nach Burgörner in Thüringen.

»Getheilte Lage zwischen Königsberg und Berlin«: am 6. Januar 1807 war der König mit seinem Hof nach Königsberg gezogen, am 23. Dezember 1809 kehrte er nach Berlin zurück.

»Regierungsrath Zeller«: Carl August Zeller, Anhänger Pestalozzis, der 1803 mehrere Monate bei dem Schweizer Pädagogen in Burgdorf verbracht hatte. In Zürich und ab 1808 als Schuldirektor in Heilbronn hatte er sich für Pestalozzis elementare Erziehungsmethode engagiert. Dann war er nach Königsberg berufen worden, um das dortige Waisenhaus vorbildlich zu organisieren.

»In Absicht der Censur«: Humboldt bezog sich auf das Edikt vom 19. Dezember 1788, das alle publizierten Schriften der Zensurpflicht unterworfen hatte. Im »benachbarten Staat«, dem Königreich Westfalen, war am 7. März 1809 die Zensur aufgehoben worden, mit Ausnahme der politischen Zeitschriften. Humboldt war am 27. Februar 1809 aufgefordert worden, einen Plan für die politische und literarische Zensur vorzulegen. Am 8. April übersandte er dem Innenminister seinen Entwurf (Werke IV, S. 4–24), der jedoch nicht in Kraft gesetzt wurde.

Über Prüfungen für das höhere Schulfach, 11. April 1810.

Auf Anregung Humboldts, der klare Vorschriften für die Anstellung und Beförderung von Lehrern an höheren Schulen anstrebte, hatte Süvern im Februar 1810 eine Verordnung entworfen. Da es dagegen in der Sektion zu Bedenken kam, schrieb Humboldt sein Gutachten.

Über die innere und äussere Organisation der höheren Wissenschaftlichen Anstalten in Berlin, 1809/1810.
Humboldts letzter großer Entwurf für eine Bildungstheorie und -politik, die sich an den Maximen (Einsamkeit, Freiheit und Geselligkeit) orientiert, nach denen er sich in seiner eigenen Entwicklung gerichtet hat. Stets wollte er die eigenständige Aneignung des Wissens und Forschens, die zu keinem Ende kommen können, mit dem geselligen Zusammenwirken verbinden, »damit die gelingende Thätigkeit des Einen den Anderen begeistere und Allen die allgemeine, ursprüngliche, in den Einzelnen nur einzeln oder abgeleitet hervorstrahlende Kraft sichtbar werde«.

An Caroline von Humboldt, 14. April 1810.
»Die Krise«: Humboldt klärt seine Frau über seine Gründe auf, die Stellung des Sektionsleiters aufzugeben und nach Rom zu reisen, um dort mit Caroline über ihre gemeinsame Zukunft nachzudenken. Was er bereits in seinem Brief vom 17. Oktober 1809 befürchtet hatte, war eingetreten. Seit dem 31. März 1810 war durch Kabinettsorder seine Wirksamkeit als Sektionschef stark eingeschränkt worden.

»Theodor«: der 1797 zweitgeborene Sohn, der zusammen mit seinem Vater Rom verlassen hatte.

Entlassungsgesuch, 29. April 1810.
Am 23. April 1810 hatte Humboldt von der Kabinettsorder am 31. März erfahren. Da sie seinen Vorschlägen zur Organisation der Sektion und zur Stellung der Geheimen Staatsräte widersprach, bat er den König um seine Entlassung. Sein Gesuch wurde bewilligt, und Humboldt übernahm den ihm angebotenen Posten des preußischen Gesandten in Wien. Am 23. Juni 1810 übergab er seine Amtsgeschäfte an Nicolovius.

An Caroline von Humboldt, 28. Juli 1810.
»Das Leben des Menschen muß Einklang haben.« Nach seinem Entschluss, die Leitung der Sektion aufzugeben, hatte Wilhelm von Humboldt seinen Bruder Alexander als möglichen Nachfolger vorgeschlagen. Alexander wies diese Empfehlung mit entrüstetem, aber auch scherzhaftem Ton zurück. Vgl. Anna von Sydow (Hg.): Wilhelm und Caroline von Humboldt in ihren Briefen 1787–1835., Berlin 1916–1916, Band III, S. 432. Nach seiner amerikanischen Forschungsreise von 1799 bis 1804 hatte er sich in Paris niederge-

lassen, wo er im Einklang mit sich selbst als freier Gelehrter vor allem an der Ausarbeitung seiner astronomischen, zoologischen und botanischen Werke arbeitete. Deshalb wollte er keinesfalls nach Berlin und in den märkischen Sand zurückkehren, um dort staatlich vorgegebene Pflichten zu erfüllen.

EDITORISCHE NOTIZ

Bereits im frühesten Jugendalter begann Wilhelm von Humboldt damit, seinen Gedanken über die beste Gestalt einer umfassenden Bildung sowie über die Erziehung zur Mündigkeit des freien und selbsttätigen Individuums schriftlich Ausdruck zu verleihen – und er reflektierte auch noch, wie es in einem seiner späten Gedichtverse hieß, im Alter »von hohen funfzig Jahren« mit kühlem Verstand und leidenschaftlicher Energie über seinen nicht abebbenden Bildungstrieb und Freiheitsdrang. Was er an Überlegungen zu Papier brachte, nahm dabei ganz unterschiedliche Formen an: Er erarbeitete Denkschriften und Diskussionsvorlagen für das preußische Ministerium, in dem er als Staatsdiener wirkte; er verfasste als Privatgelehrter brillante Essays mit eingängigen Wendungen von aphoristischer Prägnanz, die seinen Ruf als Klassiker der Bildungsgeschichte begründeten; er scheute sich auch nicht davor, lose Blätter zu entwerfen, die nur Bruchstücke und Fragmente seines Denkens einfingen; vor allem aber schrieb er sein Leben lang Briefe – an seine Frau Caroline, aber auch an gute Freunde wie Friedrich Schiller oder Johann Wolfgang von Goethe – in denen er einige seiner interessantesten Ansichten zur Thematik entwickelte.

Wer Humboldts vielfältige Gedanken über Bildung, Freiheit und Mündigkeit studieren will, muss daher sehr unterschiedliche Schriften aus allen seinen Lebensphasen zur Kenntnis nehmen. Wenn Selbstbildung sein durchgängiges Lebensprinzip war, dann können wir seinem Begriff davon nur dann auf die Spur kommen, wenn wir ihn als Autor lesen, der sich von seiner Jugend bis ins fortgerückte Alter in seinen schriftlichen Äußerungen vorsätzlich, planvoll und erkennbar immer weiterentwickelte. Und da er in seinem Entwicklungsprozess – trotz seiner Liebe zur immer wieder aufgesuchten Einsamkeit – ganz entscheidend auf den Austausch mit der Welt und seinen besten Freunden angewiesen war, kommt der Lektüre seiner Briefe, die von diesen Wechselbeziehungen zeugen, besondere Bedeutung zu. In der für den Band getroffenen Auswahl der einschlägigen Schriften Humboldts nehmen daher eben diese Briefe einen großen Umfang ein; in ihrem Rang stehen sie hinter den Aufsätzen und offiziellen Bildungsplänen, die Humboldt für staatliche Stellen entworfen hat, nicht zurück.

Nicht alle in diesem Band versammelten Schriften und Briefe wurden in voller Länge abgedruckt, doch sind die sparsam vorgenommenen Auslassungen allesamt als solche gekennzeichnet. In jedem Fall finden sich in der Auswahl aber die wichtigsten und sprechendsten Passagen aus Humboldts Werk versammelt, in denen seine unausgesetzte Beschäftigung mit dem Bildungsbegriff in allen seinen Facetten sichtbar wird, aber auch in all seiner Vorläufigkeit, die nach immer weiteren Anstrengungen verlangt. Überhaupt ist das Segmentartige und Torsohafte durchaus ein Charakteristikum des Humboldtschen Denkens, das deshalb nicht weniger sprühend, originell, präzise, elegant und anregend ist. Es ist deshalb auch kein Zufall, dass sein Entwurf einer Selbstbiographie oder sein Versuch über die Theorie der Bildung die Kennzeichnung »Bruchstück« oder »Fragment« schon im Titel führen.

Als Druckvorlage der in diesem Band wiedergegebenen Schriften Humboldts diente vor allem die hervorragende, zwischen 1960 und 1981 im Stuttgarter Verlag Cotta herausgegebene und von Andreas Flitner und Klaus Giel besorgte Werkausgabe in fünf Bänden. Bei den Briefen wurden mit den – allesamt im Literaturverzeichnis aufgeführten – Ausgaben von Rößle, Nette und Freese jeweils verschiedene Editionen als Vorlage herangezogen. In Einzelfällen konsultiert wurden darüber hinaus auch noch die – ebenfalls im Literaturverzeichnis aufgelisteten – Ausgaben von Albert Leitzmann, Anna von Sydow, Clemens Menze und Hanno Schmitt. Beibehalten wurde dabei – gemäß den historisch-kritischen editorischen Prinzipien der benutzten Druckvorlagen – Humboldts mitunter vom heutigen Gebrauch stark abweichende Interpunktion und Orthographie.

LITERATURVERZEICHNIS

Wilhelm von Humboldt: Gesammelte Schriften. Ausgabe der Preußischen Akademie der Wissenschaften, hg. von Albert Leitzmann, Bruno Gebhardt, Wilhelm Richter, Berlin 1903–1936 [Nachdruck 1968].

Wilhelm von Humboldt: Werke in fünf Bänden, hg. von Andreas Flitner und Klaus Giel, Stuttgart 1960–1981 [Neudruck Darmstadt 2002].

Wilhelm und Caroline von Humboldt in ihren Briefen. 1787–1835, hg. von Anna von Sydow, Berlin 1906–1916.

Wilhelm von Humboldt: Briefe an eine Freundin, hg. von Alexander von Gleichen-Rußwurm, Berlin 1912.

Wilhelm von Humboldt: Briefe. Auswahl von Wilhelm Rößle, München 1952.

Wilhelm von Humboldt. Sein Leben und Wirken. Dargestellt in Briefen, Tagebüchern und Dokumenten seiner Zeit. Ausgewählt und zusammengestellt von Rudolf Freese, Berlin 1955.

Wilhelm und Caroline von Humboldt: Ein Leben in Briefen. Ausgewählt und eingeleitet von Herbert Nette, Düsseldorf 1956.

Wilhelm von Humboldt: Briefe. Historisch-kritische Ausgabe. Hrsg. und kommentiert von Philip Mattson. Berlin-Boston 2014 ff. [diese Ausgabe ist auf insgesamt 15 Bände angelegt. Bisher sind jedoch erst vier publiziert (die frühen Jahre)].

Briefe von und an Joachim Heinrich Campe. Band 1 – Briefe von 1766–1788, hg. von Hanno Schmitt, Wiesbaden 1996.

Mitchell G. Ash (Hrsg.): Mythos Humboldt. Vergangenheit und Zukunft der deutschen Universitäten, Wien 1999.

Dietrich Benner: Wilhelm von Humboldts Bildungstheorie. Eine problemgeschichtliche Studie zum Begründungszusammenhang neuzeitlicher Bildungsreform, Weinheim 1990, Erw. Aufl. 2003.

Cord-Friedrich Berghahn: Das Wagnis der Autonomie. Studien zu Karl Philipp Moritz, Wilhelm von Humboldt, Heinrich Gentz, Friedrich Gilly und Ludwig Tieck, Heidelberg 2012.

Tilman Borsche: Wilhelm von Humboldt, München 1990.

Martina Bretz: Wilhelm von Humboldt und die Bildung der Nation, in: Patrick Bahners, Gerd Roellecke (Hrsg.): Preußische Stile. Ein Staat als Kunststück, Stuttgart 2001, S. 225–248.

Martin Eichler: Die Wahrheit des Mythos Humboldt, in: Historische Zeitschrift 294/1 (2012), S. 59–78.

Lothar Gall: Wilhelm von Humboldt. Ein Preuße von Welt, Berlin 2011

Bruno Gebhardt: Wilhelm von Humboldt als Staatsmann, 2 Bde, Stuttgart 1896–1899 [Neudruck Aalen 1965].

Manfred Geier: Die Brüder Humboldt. Eine Biographie, Reinbek bei Hamburg 2009.

Manfred Geier: Aufklärung. Das europäische Projekt, Reinbek bei Hamburg 2012 [darin das Humboldt-Kapitel über die Erziehung zur Mündigkeit S. 333–372].

Manfred Geier: Die Liebe der Philosophen, Reinbek bei Hamburg 2020 [darin das fünfte Kapitel über die Liebesgeschichten der beiden Brüder Humboldt S. 153–189].

Johannes Giesinger: Bildung im liberalen Staat. Von Humboldt zu Rawls, in: Hans-Christoph Koller, Roland Reichenbach und Norbert Ricken (Hrsg.): Das Pädagogische und das Politische, Paderborn 2016.

Ulrich Hermann: Bildung durch Wissenschaft? Mythos »Humboldt«, in: Christoph Jamme und Asta von Schröder (Hrsg.): Einsamkeit und Freiheit. Zum Bildungsauftrag der Universität im 21. Jahrhundert, München 2011, S. 193–220.

Ruprecht Mattig: Wilhelm von Humboldt als Ethnograph. Bildungsforschung im Zeitalter der Aufklärung, Weinheim 2019.

Michael Maurer: Wilhelm von Humboldt. Ein Leben als Werk, Köln/Weimar/Wien 2016.

Clemens Menze: Wilhelm von Humboldts Lehre und Bild vom Menschen, Ratingen 1965.

Clemens Menze (Hrsg.): Wilhelm von Humboldt. Bildung und Sprache, Paderborn 1974.

Clemens Menze: Die Bildungsreform Wilhelm von Humboldts, Hannover 1975.
Jürgen Overhoff: Die Trümmer der Bastille – Zeuge des welthistorischen Augenblicks: Wie der deutsche Pädagoge und Verleger Joachim Heinrich Campe das Paris der Revolution erlebte, in: DIE ZEIT, Nr. 29, 10. Juli 2008, S. 94.
Jürgen Overhoff: Staatsmann wider Willen – Wilhelm von Humboldts sokratisch-platonisches Bildungsideal zwischen wissenschaftlicher Neigung und politischer Pflicht, in: Georg Eckert, Carola Groppe, Ulrike Höroldt (Hrsg.) Preußische Staatsmänner – Herkunft, Erziehung und Ausbildung. Karrieren, Dienstalltag und Weltbilder zwischen 1740 und 1806, Berlin 2023 [Im Erscheinen]
Sylvia Paletschek: Die Erfindung der Humboldtschen Universität. Die Konstruktion der deutschen Universitätsidee in der ersten Hälfte des 20. Jahrhunderts, in: Historische Anthropologie 10 (2002), S. 183–205.
Hazel Rosenstrauch: Wahlverwandt und ebenbürtig. Caroline und Wilhelm von Humboldt, Frankfurt am Main 2009.
Paul R. Sweet: Wilhelm von Humboldt oder die Idee des Menschen. Eine Biographie, Paderborn 2008.
Heinz-Elmar Tenorth: Wilhelm von Humboldt. Bildungspolitik und Universitätsreform, Paderborn 2018.
Jürgen Trabant: Weltansichten. Wilhelm von Humboldts Sprachprojekt, München 2012.
Jürgen Trabant (Hrsg.): Wilhelm von Humboldt. Sprache, Dichtung und Geschichte, München 2018.
Hans-Josef Wagner (Hg.): Wilhelm von Humboldt. Anthropologie und Theorie der Menschenkenntnis, Darmstadt 2002.
Erhard Wicke (Hg.): Menschheit und Individualität. Zur Bildungstheorie und Philosophie Wilhelm von Humboldts, Weinheim 1997.

REGISTER

D

E

F

G

N

P

R

S

Z